Miriam Weinstein

Jiddisch

Eine Sprache reist um die Welt

Aus dem Amerikanischen
von Mirjam Pressler

verlegt bei Kindler

1. Auflage März 2003
Copyright © 2003 der deutschsprachigen Ausgabe
by Kindler Verlag GmbH, Berlin
Copyright © 2001 by Miriam Weinstein
Die Originalausgabe erschien unter dem Titel
«Yiddish. A Nation of Words» bei
Steerforth Press, South Royalton, Vermont
Umschlaggestaltung Gudrun Fröba, Berlin
Karte auf den Seiten 14/15: Peter Palm, Berlin
Satz aus der Life PostScript QuarkXPress
bei KCS GmbH, Buchholz/Hamburg
Druck und Bindung Clausen & Bosse, Leck
Printed in Germany
ISBN 3 463 40378 1

Die Schreibweise entspricht den Regeln
der neuen Rechtschreibung.

און ווי דער אוראלטער קערנדל
וואס האט זיך פארוואנדלט אין זאנג-
וועלן די ווערטער אויך נעהרן,
וועלן די ווערטער געהערן
דעם פאלק, אין זיין אייביגן גאנג.

Un wi der uralter kerndl
woß hot sich farwandlt in sang –
weln di werter ojch nern,
weln di werter gehern
dem folk, in sajn ejbikn gang.

Und wie das uralte Korn,
das sich verwandelt in Halme –
wollen die Wörter auch nähren,
wollen die Wörter gehören
dem Volk in seinem ewigen Gang.

Abraham Sutzkever

Für Peter, Eli und Mirka –
meine persönliche goldene Kette

Inhalt

Zeittafel

ca. 900–1000	Beginn der jiddischen Sprache
1272	Wormser Machsor
ca. 1680	Zenerene
1772–1815	Teilung Polens
1829	Zar Nikolaus I. unterschreibt die Rayongesetze
1862	erste jiddische Zeitung
1864	Mendeles erste Erzählung wird publiziert
1881	Scholem Alejchem beginnt, auf Jiddisch zu publizieren
1881	Zar Alexander II. dankt ab
1881	Elieser Ben Jehuda zieht nach Palästina
1881	Abraham Cahan kommt nach New York
1897	*Forwerts* (Forward) wird in New York gegründet
1897	Erster Zionistischer Kongress
1908	Konferenz von Czernowitz
1911–1914	An-skis ethnographische Expedition
1918	Versailler Vertrag
1925	Gründung des Jiddischen Wissenschaftlichen Instituts (später YVO)
1928	Birobidschan wird etabliert
1939–1945	Zweiter Weltkrieg
1948	Staat Israel wird ins Leben gerufen
1978	Isaac Bashevis Singer erhält den Nobelpreis für Literatur
1979	National Yiddish Book Center wird gegründet

Personen

1040–1105	Raschi
1700–1760	Ba'al Schem tow (Bescht)
1729–1786	Moses Mendelssohn
1772–1811	Nachman aus Brazlaw
1835–1917	Mendele Mojcher Sforim
	(Mendele Mocher Sfarim)
1851–1915	Jizchak Leib Perez
1858–1916	Elieser Ben Jehuda
1859–1916	Scholem Alejchem
1860–1951	Abraham Cahan
1860–1941	Simon Dubnow
1863–1928	Schimon An-ski
1864–1937	Nathan Birnbaum
1865–1943	Chaim Schitlowsky
1880–1943	Ester Frumkin
1893–1943	Israel Joshua Singer
1894–1969	Max Weinreich
1895–1952	Perez Markisch
1900–1944	Emanuel Ringelblum
1904–1991	Isaac Bashevis Singer
1913	Abraham Sutzkever
1955	Aaron Lansky

Jiddische Sprachregionen

SCHWEDEN

Nordsee

IRLAND

DÄNEMARK

LETTLAND

Ostsee

LITAUEN

GROSS-
BRITANNIEN

Wilna

POLEN

Berlin○

Atlantischer
Ozean

○London

Warschau○

Antwerpen○

DEUTSCHLAND

Lublin○

Lodz○

○Frankfurt

Kielce○

Paris○

Worms

Krakau○

Prag○

Auschwitz○

Troyes○

TSCHECHIEN

SLOWAKEI

Dachau○

München○

FRANKREICH

Wien○

ÖSTERREICH

UNGARN

Genf○

SCHWEIZ

Limoges○

KROATIEN

ITALIEN

SPANIEN

JUGO-
SLAWIEN

○Murmansk

St. Petersburg○

○Archangelsk

○Smolensk

○Moskau

RUSSLAND

○Magadan

Kasan○

Saratow○

Ufa○

○Jekaterinburg

Jakutsk○

Grosny○

Omsk○

Jüdisches Autonomes Gebiet

Birobidschan

KASACHSTAN

○Chabarowsk

Irkutsk○

CHINA

MONGOLEI

Wladiwostok○

St. Petersburg

Moskau

RUSSLAND

KASACHSTAN

Minsk
WEISSRUSSLAND
Gomel

Wolga

Astrachan

Kiew

UKRAINE

Kaspisches Meer

Tschernowitz
MOLDAWIEN
Galizien

Odessa

Krim

Grosny

GEORGIEN
Tiflis

RUMÄNIEN

Schwarzes Meer

ASERBAIDSCHAN
ARMENIEN

Donau

BULGARIEN

IRAN

Istanbul

Ankara

TÜRKEI

Euphrat

Tigris

SYRIEN

Bagdad

Beirut

IRAK

Mittelmeer

Damaskus

ISRAEL

Amman

Jerusalem

JORDANIEN

ÄGYPTEN

| Ansiedlungsgebiet |
| Grenzen des Ansiedlungsgebietes |

0   200   400   600 km

Jiddisch sprechen

יאָ, גאָט, מיר זיינען דיין אויסדערוויילט פאָלק, אָבער פֿאַרוואָס האָסטו
אונדז געדאַרפֿט אויסוואָלן?

Jo, G't, mir senen dajn ojßderwejlt folk. Ober farwuß
hostu uns gederft ojßwejln?

Ja, G'tt, wir sind dein auserwähltes Volk. Aber warum
hast du uns auserwählen müssen?

Meine Eltern sind gerne gereist. Sie waren keine reichen Leute,
aber in den Jahren nach dem Zweiten Weltkrieg verließen
sie immer wieder ihre Wohnung in der Bronx und fuhren in Ur-
laub. Erst fuhren sie nach Europa und dann, ganz allmählich, auch
auf alle anderen Kontinente. Sie besuchten große, berühmte Städte und staubige Provinzorte. Oft kamen sie zurück und erzählten
Variationen einer bekannten Geschichte: «Da waren wir, in diesem kleinen Laden in ...» (Leerstellen ausfüllen mit Dublin, Johannesburg, Taschkent). «Ich weiß nicht; irgendwie bin ich auf
die Idee gekommen.» (Woher? Ein Geistesblitz? Ein Blick in die
Augen?) «Deshalb habe ich zu ihm gesagt: ‹Wuß machßt?› (Wie
geht's?) Und der Typ, der zwei Minuten vorher keine Zeit für uns
hatte, wurde plötzlich unser Kumpel, unser Freund. Er lud uns zu
sich nach Hause ein, zeigte uns die ganze Gegend, ein richtiger
landsman.»
　　Tausend Jahre lang war das eine typisch jüdische Geschichte.
Jiddisch war der geheime Händedruck, der goldene Schlüssel. Es
war die Sprache, die eine Welt und ein Volk definierte. *Jiddisch*

bedeutet «Jüdisch». Sein Klang war, einfach ausgedrückt, der Klang jüdischen Lebens.

Babys wurden in Räumen voller Frauen geboren, die auf Jiddisch stöhnten; Leichen wurden gewaschen und vorbereitet beim Klang jiddischer Klagen. Für ein Volk ohne Land, ohne eine Regierung, ohne verlässlichen Schutz, wurde die Sprache zu einem machtvollen Band. Sie verband die europäischen Juden miteinander und isolierte sie zugleich von ihren Nachbarn – Völkern, unter denen sie vielleicht seit Hunderten von Jahren gelebt hatten. Und sie verband alle Jiddisch Sprechenden außerdem durch ihre heilige Sprache, Hebräisch, mit ihrer Vergangenheit.

Weil sich die Wörter und Sätze aus den hebräischen Gebeten, die sie jeden Tag sprachen, so leicht in das alltägliche Jiddisch hineinschlichen, war ihr Platz in «jüdischer Zeit» gesichert, vom Anfang der Welt bis zur Ankunft des Messias und dem Ende aller Tage. Ihre Sprache erlaubte es den Juden, außerhalb der christlichen oder weltlichen Geschichte zu leben und ihre Vision der Menschheit am Leben zu erhalten. Wenn sie sich in der Zwischenzeit in der realen Welt bewegten, im Hier und Jetzt, war die Sprache ihr Pass und ihr Amulett. Sie war ihre Stärke.

Die Geschichte, die meine Eltern bestimmt ein Dutzend Mal erzählt haben, hört man heute kaum mehr. Heutzutage wird man in Geschäften oder auf der Straße, in Synagogen oder zu Gast bei anderen Leuten kein Jiddisch hören, es sei denn, man besucht gezielt Altersheime, Holocaust-Museen oder chassidische Enklaven in Brooklyn oder Jerusalem. Das heißt nicht, dass da und dort nicht einige jiddische Wörter im Englischen oder anderen Sprachen auftauchen würden, wie Rosinen in *rugelech*. Politiker haben Chuzpe, einer hat Massel, jemand steht für einen Ganoven Schmiere. Doch als lebendige Sprache zeigt sich Jiddisch kaum. Es ist ein Sprachsystem, das trotz lebensrettender Maßnahmen schwächelt. (Mit einer Ausnahme: die Ultraorthodoxen. Ihre erstaunliche Fruchtbarkeit, die letzte Überraschung der Geschichte, könnte den Epilog ändern, nicht aber den grundsätzlichen Verlauf.)

Wie ist das eigentlich passiert? Wie konnte eine Sprache, die tausend Jahre lang schimpfte und sang, innerhalb eines einzigen Menschenalters verklingen? Was konnte einer in sich geschlossenen Welt passiert sein? (*Besser ein Jude ohne Bart als ein Bart ohne einen Juden*, könnte das passende jiddische Sprichwort hier lauten.) Und warum war die Sprache vielleicht *ejnzik* (einmalig) in der Geschichte der Sprachen? (Ja, ich weiß, dies ist ein enormer Anspruch.)

Als meine Eltern in den frühen Jahren des zwanzigsten Jahrhunderts geboren wurden, nannten etwa acht Millionen Menschen auf der Welt Jiddisch ihre *mame-loschn*, ihre Muttersprache. Es gab genug jüdische Schulen, die verschiedene politische Orientierungen anboten, es gab Zeitungen zu allen brennenden Sachverhalten, Theateraufführungen, die von melodramatischen Stücken wie Isaac Zolatorevskys *Money, Love, and Shame* bis zu bedeutenden Werken wie Jakob Gordins *Der jidischer Kenig Lir* (Der jüdische König Lear) oder Schalom Aschs *Der Got fun Nekome* (Der Gott der Rache) reichten. Es gab Zeitschriften jeder Couleur, Tausende von Büchern wurden gedruckt. Und als Folge der technischen Entwicklung entstanden Radiosendungen und eine internationale Filmindustrie.

Zur Zeit, als meine Eltern starben, ein Dreivierteljahrhundert später, wurden jiddische Bücher massenhaft weggeworfen. Der *Forwerts* (*Jewish Daily Forward*), New Yorks große jiddische Zeitung, die einen Konkurrenten nach dem anderen überlebt hatte, war zu einer Wochenzeitung geschrumpft und wurde von Leuten geschrieben, die in besseren Zeiten lieber tot umgefallen wären, als auf derselben Seite zu publizieren. Die Enkelkinder meiner Eltern lernten nicht nur kein Jiddisch mehr, auch das Hebräisch, das man ihnen in Hebräisch-Schulen beibrachte, war systematisch von der jiddischen Aussprache gereinigt worden, die zur Zeit meiner Eltern noch allgemein üblich gewesen war.

Doch das Thema dieses Buches soll nicht sein, den alten Tagen oder *joren* nachzuweinen, als am *schabeß* noch in jedem Topf ein

19

Huhn köchelte. Das Thema ist, wie jeder *jid* mit Selbstachtung wissen würde, die goldene Kette der Kontinuität zu stärken.

Zu diesem Zweck habe ich eine erzählte Historie geschrieben und die Geschichte mit Menschen aus Fleisch und Blut gefüllt, Menschen mit obsessivem Humor, mit visionärem Mut, mit brillanten, verzweifelten Konzeptionen und mit großartigen Fehlern. Wie man sofort merken wird, bin ich Journalistin, keine Historikerin, Linguistin oder andere Wissenschaftlerin. Ich recherchierte – ich traf *mejwinim* (Experten); ich arbeitete mich in Bibliotheken durch Stöße von Büchern – wie *a jedere*, wie jede andere auch.

Was ich bald lernte, war, dass keine Sprache so bewundert, so verachtet, so absichtlich ignoriert wurde wie die jiddische. Aaron Lansky, der Bücherretter, der die «Mitternachtmüllstreifzüge» erfunden hat, schätzt, dass von den fünfunddreißigtausend verschiedenen jiddischen Publikationen nur ein halbes Prozent ins Englische übersetzt wurden. Wir möchten hier noch nicht einmal auf die Zahl der Volkslieder eingehen, auf die populären Lieder, die bissigen Texte zu Arbeiterliedern oder die Liebeslieder, die nur den wenigen Jiddisch Sprechenden bekannt sind.

Dies ist eine Geschichte, die unbedingt erzählt werden will. Die letzte Geschichte der jiddischen Sprache war eine vierbändige Ausgabe, die während des Zweiten Weltkriegs von dem brillanten Wissenschaftler Max Weinreich auf Jiddisch geschrieben wurde. Zwei Bände sind ins Englische übersetzt worden. Sie verkaufen sich nicht gut. In den sechziger und siebziger Jahren schrieb Leo Rosten großartige, witzige Bücher, in denen beschrieben wurde, wie Jiddisch heutzutage verwendet wird, doch sie setzten Jiddischkenntnisse oder wenigstens einen jüdischen Hintergrund voraus.

Das vorliegende Buch verlangt nicht mehr als ein offenes Herz und einen neugierigen Geist und vielleicht auch eine gewisse Flexibilität in Hinblick auf die Schreibweise. Eine standardisierte jiddische Orthographie wurde erst 1936 eingeführt und wird, nur widerwillig, erst in den letzten Jahren akzeptiert. Zudem geht es auch um eine standardisierte Form der Transskription. Obwohl ich versucht habe, diese standardisierte Form nach Möglichkeit zu benutzen, habe ich sie trotzdem manchmal durch eine üblichere Form ersetzt, wie zum Beispiel die Schreibweise von «Chanukka» statt der korrekteren Form *chanuke*. Ich habe versucht, einen Mittelweg zwischen Fremdheit und Vertrautem zu finden. Die Leser werden erfahren, wie bei einer Sprache, die so heftig verleumdet und ebenso heftig gepriesen wurde, sogar die Orthographie die politische, religiöse oder kulturelle Haltung eines Schreibers ausdrückt.

Für mich ist diese Geschichte ein Wunder. Eine Sprache wird im Schatten geboren, mit den primitivsten Zielen – nur für Frauen, nur für die Ungebildeten, nur für den gewöhnlichen Hausgebrauch. Und gerade diese Alltäglichkeit und der Mangel an Erwartungen erlauben ihr zu wachsen. Sie geht auf, süß und leicht wie ein Neujahrs-Honigkuchen, führt tausend Jahre lang ein pulsierendes Leben. Sie verbindet das Volk, das sie spricht, mit seiner erhabenen Vergangenheit. Sie besitzt den höchsten Sinn für Humor, unfähig, einem virtuosen Witz sogar in der Verwünschung zu widerstehen. *(Du sollst zu einer blinze werden und dein Feind zu einer Katze, und sie soll dich auffressen und an dir ersticken, dann sind wir euch beide los.)* Sie wird von einer Generation von Intellektuellen und Politikern neu entdeckt. Immer wieder glaubt ein Intellektueller, er brauche nur Jiddisch zu verwenden, um die ungebildete Masse zu ködern, damit sie ihm zuhört, wenn er seine brillanten Ideen erläutert. Und immer wieder ist er es, der zuhört und lernt, der dieser Sprache und ihrem Volk verfällt.

Und gerade nun, da diese arme, bedeutungslose Sprache eine so kreative Übertreibung erlebt und ein bisschen Respekt und sogar die Hoffnung auf Ruhm erwirbt, verschwindet sie ganz. Holocaust, Assimilation, Vernichtung, Vertreibung, Sprachpolitik – und dann: steinerne Stille. Eine kurze Flamme, *a pintele jid*, ein Funke Jüdischkeit, flackert auf und erlischt. Ein paar Tausend Volkslieder, ein paar Hundert Ausdrücke zur Definition mensch-

21

lichen Verhaltens – *schmok, schlemiel, schlimasl* – und die bereits erwähnten fünfunddreißigtausend Bücher.

Doch sogar im Sterben hat diese praktischste aller Sprachen eine Aufgabe: Sie ermöglicht dem Hebräischen, der uralten, heiligen, vorjiddischen Sprache, wiedergeboren zu werden. Jiddisch gibt sein Leben für seine Eltern hin, für sein Kind. Was könnte jüdisch-mütterlicher sein, mehr *harzik* (herzlich) und fürsorglicher als das?

In einer wichtigen jiddisch-chassidischen Geschichte geht es um einen armen, zerlumpten Bettler, der in einer kalten russischen Nacht aus dem Schnee auftaucht, gerade als die Familie im warmen und sicheren Haus Chanukka feiert. Im Lauf der Geschichte, der Bettler ist inzwischen wieder weggegangen, stellt sich heraus, dass dieser *schnorer* vielleicht – es ist nie ganz sicher – *Eljohu hanovi*, der Prophet Elias war, der Verkünder des *Moschiach*, des Messias. Doch wer er auch gewesen sein mag, dieser lumpige Bittsteller, ein Herumtreiber oder ein Bote Gottes, es ist ihm gelungen, wenigstens die Idee des Jenseits in diese unbarmherzige Alltagswelt zu bringen.

Und die Moral? Sei nicht so schnell bei der Hand, die Armen von dir zu weisen, du kannst nie wissen, wer oder was sie wirklich sind.

Teil eins
Geburt und Aufwachsen

1. Kapitel
Lang wie das jüdische Exil

א ייד האט ליב דעם געשמאק פון א ייזיש ווארט אין זײַן מויל.

A jid hot lib dem geschmak fun a jidisch wort in sajn mojl.

Ein Jude liebt den Geschmack eines jiddischen Wortes in seinem Mund.

Wenn die Hohen Feiertage mit dem Jüdischen Neujahrsfest beginnen, essen Jiddisch Sprechende oft Möhren. Sie essen sie roh, sie essen sie mit anderen Gemüsearten in gesüßten, herzhaften Eintöpfen. *Farwuß*, fragen Sie mich, warum? Nun, ich werde es Ihnen erzählen. Sie essen nicht deshalb Möhren, weil sie Gemüse lieben, sondern wegen des Wortspiels. Das jiddische Wort *mer* hat zwei Bedeutungen, als Substantiv heißt es «Möhre», als Adjektiv «mehr». Die Möhren vermitteln die Hoffnung darauf, dass noch *mehr* Jahre kommen werden, sie machen *mer* doppelsinnig; die schmackhafteste Art eines jiddischen Wortes.

Nach *Rosch Haschone* mit seinen Möhren beginnen die Tage der Ehrfurcht, eine Woche voller Reue und innerer Einkehr. Wenn sich diese Tage ihrem Ende nähern, erscheint oft ein Topf mit Kohlsuppe auf dem Tisch. Nun ja, Kohl. Kärglich, bußfertig, nicht wahr?

Die Erklärung für diesen Kohl wird Sie freuen. Das jiddische Gericht stammt von einem Ausdruck, der vom Deutschen ins Jiddische gekommen ist, *kol mit waßer*, Kohl mit Wasser, die kargen Zutaten für eine Kohlsuppe. Sehr viel delikater ist jedoch das Wortspiel mit dem hebräischen Ausdruck *kol mewaßer*, «eine verkündende Stimme». Eine Phrase, die die Möhren essenden Suppenschlürfer bald als Teil des Gottesdienstes hören werden, mit dem die ernsten Tage zu Ende gehen. Hier zeigt sich der klassische jiddische Zugriff auf das Leben: Die Stimme Gottes wird in Suppe übersetzt, die Suppe wird transformiert in die Stimme Gottes – und das alles in Form einer kulinarischen Theologie, die aus einem Stegreifwortspiel besteht und beim Abendessen vermittelt wird.

Jiddisch begann mit dem gleichen multilingualen Geist, ein zähes Unkraut, das sich im mittelalterlichen Europa zwischen den Pflastersteinen der ummauerten Städte hervorzwängte. In unserer Geschichte werden wir beobachten, wie diese bewegliche Sprache wächst und austreibt und blüht und Früchte trägt. Immer wieder werden wir sehen, wie sie unter den Absätzen von Angreifern zertreten wird. Und immer wieder werden wir zuschauen, wie sie sich erhebt, leicht verändert, aber noch immer sie selbst, und erneut himmelwärts wächst. («Ich stehe auf und kämpfe weiter», ist der Refrain eines jiddischen Gedichts, das, wen wundert's, zu einem Schlager wurde.)

Wir werden die Sprache zu Hilfe nehmen, um die verschlungenen Pfade der jüdischen Geschichte zu verfolgen. Dann wird es Zeit sein für ein bisschen Ausruhen, vielleicht für *a glesele tej, a schtikl brojt, a schnaps* – ein kleines Glas Tee, ein Stückchen Brot, einen Schnaps – im *schtetl*, dieser archetypischen kleinen jüdischen Stadt. Wir werden die Sprache durch die industrielle und intellektuelle Revolution begleiten, im Zuge derer Jiddisch in die Neue Welt kam. Die Sprache wird blühen wie ihr Volk, befreit von den Fesseln der Vergangenheit, entkleidet von der Tradition, auf der Suche nach einer Zukunft. Dann werden wir uns mit einigen geopolitischen Eigenheiten befassen, mit dem, was in Osteuropa, in Russland, in Israel und in den Vereinigten Staaten passierte. Der Holocaust wird den Vorhang über einen großen Teil der Welt senken, die wir kennen gelernt haben. Wir werden innehalten, um zu trauern und den Opfern unseren Respekt zu zollen. Dann werden wir, wie die jiddische Sprache und die Menschen, die sie sprechen, unsere Kraft und unsere Erinnerungen zusammensuchen, uns aufraffen und weiterkämpfen.

Jiddisch wird uns die Elastizität des Eigenen und den Aufbau von Grenzen gegen das «Anderssein» lehren. Es wird uns zeigen, wie tief die Befriedigungen sind, die aus der Gemeinschaft erwachsen. Wir werden lernen, wie man etwas aus nichts macht, indem man über die bloße Realität hinwegsieht, eines der wichtigsten Themen bei jiddischen Sprichwörtern: *Mit Weinen bezahlt man keine Schulden. Man ändert die Welt auch nicht mit Fluchen oder mit Lachen.* In gewisser Weise muss man die Welt, ob im Großen oder im Kleinen, immer ändern.

Um zu verstehen, wie Jiddisch zu dieser scheinbar schwerelosen Art kam, eine so schwere Last zu tragen, müssen wir ganz einfach mit der Erschaffung der Welt beginnen.

Juden messen die Zeit in Zyklen des Exils und der Sammlung. Sie notieren Episoden der Zerstörung und, wenn sie Glück haben, der Wiedergeburt. Meist jedoch sind es Wanderungen. In der fernen, sonnigen, biblischen Vergangenheit lebten die Juden in Erez Israel, ihrem von Gott verheißenen Land, in dem Milch und Honig flossen. Es war die Heimat der Propheten, der Mütter und Väter, verankert im Allerheiligsten, dem Tempel in Jerusalem. Die Juden, die dort lebten und Gott dienten, sprachen Hebräisch, dieselbe Sprache, in der Gott, laut rabbinischer Überlieferung, mit den Engeln sprach, bevor Er die Welt erschuf. Für traditionelle Juden ist die Sprache so zeitlos, dass sie mit der jüdischen Seele eins geworden ist.

Wenn Sie Zahlen mögen, wird es Sie interessieren, dass die Gelehrten den Beginn der hebräischen Sprache auf das zweite Jahrtausend vor der christlichen Zeitrechnung oder der allgemeinen Zeitrechnung festlegt haben. Der Name Hebräisch ist die deutsche Version des biblischen *iwriim*, die Hebräer. In Bezug auf Abraham und seine Familie oder, wie er im Jiddischen genannt wird, *Awrom ovinu*, Abraham, unser Vater, sind damit die Menschen gemeint, die «hinübergegangen» sind auf die andere Seite, die «überge-

27

setzt» haben. Sogar damals waren sie schon Wanderer. Es ist nicht sicher, ob Abraham tatsächlich Hebräisch gesprochen hat, aber wir wissen, dass Moses es tat, ein paar Jahrhunderte später. Die Teilung des Roten Meeres, der Empfang der Gesetzestafeln auf dem Sinai, die Wanderung durch die Wüste – diese zentralen Ereignisse der jüdischen Überlieferung, egal bis zu welchem Grad sie in der Realität stattgefunden haben, sie fanden in wirklichen hebräischen Wörtern statt.

In der frühen Kindheit der allgemeinen Zeitrechnung wurde Hebräisch allmählich durch eine verwandte Sprache ersetzt, durch Aramäisch, vor allem im täglichen Gebrauch, aber auch in manchen geschriebenen Texten wie dem später entstandenen Buch Daniel. Wir wissen zum Beispiel deshalb, dass diese beiden Sprachen einige Jahrhunderte lang nebeneinander existierten, weil noch heute manche Gebete dreimal rezitiert werden. Diese Praxis stammt aus einer Zeit, in der sie zweimal auf Hebräisch gelesen wurden, wegen der Tradition, und einmal auf Aramäisch, um sicherzugehen, dass alle Gemeindemitglieder sie auch wirklich verstanden. Schon damals gab es wohl einige, deren Verständnis der hebräischen Sprache unterdurchschnittlich war. Aus praktischen Erwägungen werden wir «Hebräisch» sagen und «Hebräisch/Aramäisch» meinen und einfach so tun, als wäre die Geschichte so unkompliziert. *Würden alle in eine Richtung ziehen, würde die Welt umkippen.*

Hebräisch wird mit einem eigenen Alphabet geschrieben, dem *Alef-Bet*, dessen Buchstaben aber vielen Lauten in anderen Sprachen entsprechen, zum Beispiel Buchstaben wie *b*, *t*, *m* und *n*. Allerdings wird Hebräisch, anders als die europäischen Sprachen, von rechts nach links geschrieben. Die Schrift unterscheidet nicht zwischen Ober- und Unterlängen, und manche Buchstaben bekommen eine besondere Ausbildung, wenn sie am Ende eines Wortes erscheinen, zudem werden sie je nach ihrer Stellung im Wort und abhängig vom nachfolgenden Buchstaben verschiedenartig ausgesprochen. Hebräisch hat außerdem eine andere Methode der Vokalisierung. Vokale werden durch ein System von

Punkten und Strichen ausgedrückt, die ihre Konsonanten umkreisen wie Monde ihre Sonnen. Viele Bücher sind ganz und gar ohne Vokale geschrieben.

So würde man diesen Satz im vokallosen Hebräisch schreiben.

.nbrhcs hcsrbh nsl-lkv i zts nsd nm drw s

Selbst wenn zwei Menschen dieselbe Sprache sprechen, wird diese Sprache, wenn sie sie verschieden schreiben, auch unterschiedlich wahrgenommen. Sind wir des Lesens und Schreibens kundig, haben wir sogar dann, wenn wir Wörter lediglich aussprechen, eine Art inneres Bild davon, wie sie geschrieben aussehen. Die Tatsache, dass Juden viele jüdische Sprachen mit den immer gleichen Buchstaben geschrieben haben, durch Jahrtausende hindurch und über Kontinente hinweg, ist enorm wichtig. Für Juden sind die Buchstaben in gewisser Weise lebendig. Einzelne Buchstaben besitzen zugleich einen Zahlenwert mit einer eigenen, mystischen Bedeutung. Im Jiddisch sprechenden Europa wurden kleinen Jungen zu Beginn ihrer Zeit im *cheder*, in der Schule, die Buchstaben in Honigkuchen angeboten, um ihnen zu zeigen, dass Lernen süß ist. Diese wohlschmeckenden Buchstaben führten sie zugleich zurück und wiesen nach vorn, sie verbanden über Ozeane des Exils jedes Kind mit jenem fernen, goldenen Land. *Wir Juden haben viele Krankheiten, aber Amnesie gehört nicht dazu.*

Wenn Juden sich an ihre Geschichte erinnern, ist vieles davon tragisch. Im alten Israel wurde der Tempel zweimal zerstört. Auf Jiddisch werden diese Katastrophen als *der erster* und *der zwejter churbn* bezeichnet, die erste und die zweite Zerstörung. Der erste Tempel wurde im 6. Jahrhundert vor der Zeitrechnung zerstört und signalisiert den Beginn des Babylonischen Exils. Der Tempel wurde wieder aufgebaut, doch dieser zweite Tempel wurde 70 n. d. Z.* von den Römern zerstört, danach begann ein langes Exil.

* n. d. Z. – nach der Zeitrechnung. In jüdischen Büchern vermeidet man die Bezeichnung n. Chr. A. d. Ü.

Obwohl Juden heutzutage das griechische Wort Diaspora für die Zerstreuung benutzen, heißt es im Jiddischen weiterhin *goleß*. Von allen Wörtern der jiddischen Sprache wurde dieses besonders häufig benutzt.

Der Beginn all dieser Wanderungen wurde auf Hebräisch ausgedrückt. Als die Juden die Ruinen ihres Tempels sahen, weinten sie auf Hebräisch, trauerten auf Hebräisch, zerrissen ihre biblischen Gewänder mit hebräischen Wehklagen. Die primitivsten Impulse eines Sprechers, ob es sich um eine Person oder um ein Volk handelt, sind oft von Emotionen durchdrungen. Die unartikulierten Töne eines Säuglings werden erst ganz allmählich zu Wörtern. Sowohl bei kleinen Individuen als auch bei mächtigen Nationen zeigt uns die Sprache, wer wir sind. Hebräisch war die erste Sprache, in der Menschen sich bewusst als Juden definierten.

Nachdem diese Juden sich mit *efer* (Asche) bedeckt hatten, rafften sie, die Ausgestoßenen, sich auf, ohne Heimat, aber mit einem klaren Gefühl für Gemeinschaft, und zogen los. Sie gingen zu Fuß – ganze Familien und Dorfgemeinschaften. Oft verspottet oder angegriffen, lebten sie als Händler im Gefolge ebenjener römischen Heere, die das Epizentrum ihres rituellen Kults zerstört und sie aus ihrer alten Heimat vertrieben hatten. Und so fanden sich im Lauf der Zeit viele von ihnen auf der anderen Seite des Mittelmeers wieder, in Südeuropa.

Als die Juden sich immer weiter von Jerusalem entfernten, ihrer heiligen Stadt, waren Wörter das Einzige, was sie mit sich trugen. Wörter sind ein ewiges Licht, sie können zu Geschichten, Liedern und Gebeten werden. Weil die Juden sie so sehr in Ehren hielten, schrieben sie sie in perfektem Hebräisch, ohne jeden Fehler. Sie rollten das schwere Pergament zusammen und trugen diese «Bücher» der Tora, der jüdischen Bibel, mit sich. Bei Gottesdiensten in den Synagogen werden sogar heute noch die Rollen auf einer symbolischen Wanderung herumgetragen, die Gläubigen berühren mit ihren Gebetbüchern die Tora und küssen dann die Ecken ihres Buchs. Für Menschen ohne Heimat, ohne eine zentrale Geistlichkeit, ohne eine allgemein anerkannte Autorität auf dieser Erde, waren Wörter das Einzige, was sie hatten. *Ein jüdischer Dieb stiehlt nur Bücher.*

Irgendwann siedelten sich die wandernden Juden an. Sie legten ihre heiligen Bücher ab und errichteten *jeschiweß*, religiöse Schulen. Sie warteten auf die Ankunft des Messias und beteten: «Bringe uns zum Frieden von den vier Enden der Welt und führe uns aufrecht in unser Land.» Jeden Tag rezitierten sie die hebräischen Gebete, studierten ihre hebräischen Texte, sprachen auf Hebräisch miteinander und erinnerten sich an das alte Land.

Sie gründeten Geschäfte und Familien und ließen sich nieder. Und weil die Länder, in denen sie lebten, Fremden gehörten und von Christen beherrscht wurden, lernten sie die fremden Sprachen. Sie mussten es tun. *Lebe unter Juden und treibe Handel mit gojim.*

Mancherorts wurden die Juden gezwungen, in rein jüdischen Ghettos zu wohnen, weit häufiger lebten sie aber freiwillig zusammen. Immer jedoch waren sie getrennt von ihren christlichen Nachbarn. Zu den offensichtlichen Unterschieden – verschiedene Religion mit anderen Feiertagen – kamen verschiedene Organisationsformen der Gemeinden, unterschiedliche soziale Strukturen, unterschiedliche Muttersprachen. Der jiddische Ausdruck *di jidische gaß* meinte nicht nur den Ort, an dem Juden arbeiteten und wohnten, sondern vermittelte auch das Gefühl von Trost und Zuhause.

Auf jener *gaß* verwandelte sich die Sprache ständig und wuchs heran. Wenn die Juden auf neue Dinge und neue Ideen stießen, brauchten sie neue Namen dafür. So nahmen sie ein Verb, das sie in der einen Sprache gelernt hatten, und konjugierten es entsprechend den Regeln einer anderen. Ein Substantiv aus dem Hebräischen wurde mit einem neuen Akzent ausgesprochen oder bildete eine neue Pluralform. Eine Regel von da, ein Tupfer von dort; Syntax, Wortschatz und Struktur brodelten in einem jüdischen Eintopf.

Die mittelalterlichen Christen sprachen allerdings auch keine

31

statische Sprache. Als das Römische Reich mit seinem offiziellen Latein zerfiel, zogen sich die Dörfer und Städte in sich selbst zurück. Dialekte, Akzente und Wortschatz unterschieden sich drastisch von Region zu Region. Stadtmauern, tiefe Flüsse und hohe Berge, das alles bedingte die Entwicklung einer eigenen Sprechweise, die sich von anderen unterschied. Erst Jahrhunderte später verschmolzen diese auf begrenzte Gebiete beschränkten Dialekte zu einer nationalen Sprache.

Die europäischen Juden lernten alle Sprachen ihrer Nachbarn. Sie mussten es tun, wenn sie ihren Lebensunterhalt verdienen wollten. Da sie im Allgemeinen kein Land besitzen durften und strengen Beschränkungen bei Handel und Berufswahl unterworfen waren, wurden sie Kunsthandwerker, Kaufleute und Händler.

Sie wurden auch Sprachkundige und Sprachschöpfer. Juden erschufen ihre eigenen Versionen von mehr als einem Dutzend europäischer Sprachen. Sie sprachen Jüdisch-Griechisch, Jüdisch-Italienisch, Jüdisch-Französisch und, am weitesten verbreitet, Ladino, die jüdische Sprache der iberischen Halbinsel. Sie schrieben all diese Sprachen mit dem hebräischen Alphabet, von rechts nach links.

Während sie diese neuen Sprachen im Alltag benutzten, fuhren sie fort, ihre hebräischen Gebete zu sprechen. Sie verfolgten auch das allgemeine Ziel, dass jeder Mann ein Gelehrter sein sollte. In der Zeit, die man oft als die dunklen Jahrhunderte bezeichnet, etwa von 500 bis 1100, als in der christlichen Welt nur einige wenige Mönche, die in Zurückgezogenheit lebten, des Lesens und Schreibens kundig waren, konnten fast alle jüdischen Männer lesen – zumindest die täglichen Gebete und die Gebete des Schabbat und der Feiertage. Vermutlich konnten sie auch einen Teil der rabbinischen Kommentare lesen.

So waren die mittelalterlichen Juden fast immer lesekundig und mindestens zweisprachig; sie waren mit Hebräisch und einer europäischen Sprache vertraut. Sie waren wachsam, lebten auf gepackten Koffern. Weil ihre christlichen Beschützer von einem Moment auf den anderen ihre Ansichten ändern und sie vertreiben konnten, waren jüdische Besitztümer oft transportabel. Juden verliehen Geld und handelten mit leichtgewichtigen Luxusgütern – mit Gewürzen, mit Seide, Juwelen und Pelzen. Mitjuden stellten Handelskontakte überall in Europa und bis in den Mittleren Osten zur Verfügung. Sie hatten Verständnis für die unsichere Position, die ihre weit entfernten Cousins in der Welt einnahmen.

In dieser Zeit kam es immer wieder, mit der sinnlosen Regelmäßigkeit von Orkanen und Erdbeben, zu Massakern an Juden. Als die Kreuzritterbewegung zur Verteidigung des Christentums in großen Teilen Europas zweimal einen Höhepunkt erreichte, 1096 und 1146, wurden die Juden zu einem nahe liegenden Ziel für die Gewalttätigkeiten des Mobs. Bemerkenswert ist jedoch, dass die Juden, obwohl sie mit einem ständigen Risiko lebten, sich in ihrer Gemeinschaft geborgen fühlten. Durch ihre Bücher und Gebete schufen sie sich ein Land des Geistes.

Als aus den Jahren der Zerstreuung Jahrhunderte wurden, verlor das Hebräische allmählich die Elastizität einer Alltagssprache. Obwohl es noch immer für Gebete, Kommentare und gesetzliche Verträge benutzt wurde, außerdem noch als Grundform der Verständigung (im Zweifelsfall konnten Juden immer Bibelstellen zitieren, um ihre Meinung kundzutun), hörte die alte Sprache auf, jedermanns erste Sprache zu sein, die Muttersprache.

Es brauchte neunhundert Jahre des Exils, bevor eine Verschiebung der Bevölkerung für einen Sprachwandel sorgte, der den wirklichen Beginn unserer Geschichte markiert. Juden aus dem heutigen Frankreich und dem heutigen Italien wanderten in Regionen ein, die heute die westlichen Gebiete Deutschlands bilden, in das Land, das von zwei Flüssen begrenzt wird, dem Rhein und dem Main. Diese beiden jüdischen Gruppen sprachen frühe romanische Sprachen – eine mittelalterliche Form des Französischen, die andere eine mittelalterliche Form des Italienischen. Und wie alle Juden konnten sie ein bisschen Hebräisch lesen und schreiben.

In den deutschen Ländern trafen die Neuankömmlinge nicht

nur einander, sondern auch die eingesessenen Juden, die eine jüdische Version des mittelalterlichen Deutschs sprachen. Und weil die Bedingungen für einige Jahrhunderte relativ sicher und stabil waren, lebten diese Juden aus drei verschiedenen Ländern Europas zusammen in den deutschen Städten und Gemeinden. Sie taten, was Menschen in der ganzen Welt tun. Sie zogen Kinder auf, sie verdienten ihren Lebensunterhalt, sie versuchten, ihren Platz in der Welt sinnvoll auszufüllen. Manchmal waren die Dinge, die sie sahen oder taten, neu für sie, also gaben sie ihnen neue Bezeichnungen. Diese Wörter stammten aus den verschiedenen Sprachen, die sie zur Verfügung hatten. Oft entstanden sie aus einer Kombination, ein Klang von hier traf auf eine Bedeutung von dort. Wie *purimschpil*.

Das jüdische Purimfest feiert die Zeit im alten Persien, als die schöne jüdische Königin Esther ihrem Volk half, dem Todesurteil eines bösen Ministers zu entkommen. Die Juden feierten diesen Tag in ausgelassener Stimmung. Wenn sie die *megile* lesen, die Chronik der Ereignisse, werden sie sogar dazu ermutigt, so viel zu trinken, dass sie den Namen des Helden, Mordechaj, nicht mehr von dem des Feindes, Haman, unterscheiden können. Und mindestens seit dem 14. Jahrhundert inszenierten die Juden kunstvoll ausgearbeitete Kostümspiele, oft mit dem Ziel der Übertreibung oder einer Umkehrung der Realität, und diese Aufführungen nannten sie *purimschpiln*. Das Wort stammt aus dem hebräischen Pluralsubstantiv *purim*, das «Lose» bedeutet, und bezieht sich auf die Lose, die im alten Persien geworfen wurden, um das Schicksal der Juden zu entscheiden, und *schpiln* kommt von dem deutschen Wort Spiel, Rezitation. Die Pluralendung -n ist typisch jiddisch.

Die Komponenten des Wortes hatten einmal getrennte, übersetzbare Bedeutungen, die nun zu einem nur-jiddischen Wort verschmolzen wurden. Ein neues Wort war geboren. Multipliziert man das mit tausend, hat man schon eine neue Sprache. Hunderte von Jahren später würde nur noch ein Jiddischsprecher ein Wort wie *purimschpil* erkennen. Nur jemand, der in der Sprache lebt, würde wissen, dass etwas, das man *purimschpil* nennt, offenkundig lächerlich ist. Das ist die Art, wie Sprache funktioniert – Schichten von Bedeutungen wachsen zusammen und geben menschlichen Äußerungen eine reiche Bedeutung. Wir haben das Glück, dass es einen Menschen gibt, der uns zu den ersten wirklich jiddischen Klängen zurückführen kann. Solomon ben Isaak, ein Weinhändler aus dem 11. Jahrhundert, führte die Art Doppelleben, das wir bei Juden häufig antreffen. Er lebte in Troyes, im Nordosten des heutigen Frankreichs, ziemlich nahe bei den deutschen Gebieten, in denen sich Jiddisch ausbildete. Ben Isaak sprach eine jüdische Form des alten Französisch, das von den Gelehrten La'as genannt wird, vom hebräischen Wort für «stammeln, unverständlich sprechen». Aber Ben Isaak ist ebenso als der große Kommentator Raschi bekannt, von seinem hebräischen Namen Rabbi Salomo ben Isaak. Als Gelehrter studierte und kommentierte er die heiligen hebräischen Texte, die bereits Hunderte von Jahren alt waren. Das System des Auslegens und Kommentierens der überlieferten Weisheit war eine weitere Form der Juden, eine zeitlose, ortsunabhängige Kontinuität zu wahren und hielt die «reale» historische Welt fern. Raschi, ein Führer auf dem großen Meer des Talmud, der biblischen Kommentare, wird bis heute regelmäßig zitiert.

Unser Interesse an Raschi beruht aber nicht darauf, dass er ein humanistischer Gelehrter war, der eine bedeutende *Jeschiwa* gegründet hatte, eine talmudische Hochschule, es beruht auch nicht auf seinen Tausenden von Kommentaren und Erklärungen zur Belebung der Tora. Wir interessieren uns eher für das, was man seine marginalen Notizen oder Anmerkungen nennen könnte, denn sie gehören zu unseren ersten Hinweisen auf die jiddische Sprache.

Obwohl man Juden nur widerwillig einen Platz im mittelalterlichen Christentum einräumte, wurden innerhalb ihrer eigenen Gemeinschaft große Dinge von ihnen erwartet. Da die jüdischen Männer lesen, die Gebete sprechen und der wöchentlichen Toralesung folgen konnten, sollte jeder von ihnen einen wenn auch noch so kleinen Platz im großen, Jahrhunderte übergreifenden Diskurs einnehmen. Wenn sie auch selbst keine Kommentare schrieben, so wussten sie wenigstens, dass Texte von gelehrten Männern überdacht und analysiert wurden.

Theoretisch standen diese Texte jedem jüdischen Mann zur Verfügung. Es war Raschis großes Genie, sie zu aktualisieren und schwierige Passagen verständlicher zu machen. Eine lebenswichtige Sache in einer Welt, in der das Lernen der Schlüssel zur Kontinuität war.

Die Texte selbst waren kritisch. Sie beschrieben ein kompliziertes System von Gesetzen, die bis ins Detail das tägliche Verhalten regelten, sie mussten daher sehr genau verstanden werden. Deshalb benutzte Raschi zuweilen umgangsprachliche Formulierungen, die von den Menschen seiner Zeit wirklich verwendet wurden. Beim Kommentar der Textstelle, in dem das hebräische Wort *kawod*, Ehre, vorkam, ging er detailliert darauf ein, welche Art Kleidung ehrenhaft war. In seiner Beschreibung einer angemessenen Kleidung benutzte er zum Beispiel das Wort *knihosen* (Kniehosen).

Dabei weisen die Wörter über ihre tatsächliche Bedeutung hinaus. Sie zeigen uns, dass die Juden gegen Ende des ersten Jahrtausends nach der Zeitrechnung eine sprachliche Mischform gefunden hatten, etwas, das sich sowohl von den Sprachen der Christen unterschied, die um sie herum gesprochen wurden, als auch von der jüdischen Version dieser Sprachen. Irgendwann zwischen 900 und 1100 sprechen wir zum Beispiel nicht mehr von einem jüdischen Dialekt des alten Französisch oder dem alten Provenzalisch, sondern von etwas Neuem. Wir sprechen von Jiddisch.

Natürlich beruht unser Verständnis dieser jiddischen Anfänge auf wissenschaftlicher Detektivarbeit und zufälligen Entdeckungen. Es ist ja nicht so, dass sich irgendjemand darangemacht hätte, eine Sprache ganz von unten her zu konstruieren und zum Nutzen von Menschen, die tausend Jahre später leben würden, umfassende Notizen zu hinterlassen. Schreiben war im Mittelalter auch weniger verbreitet als heute, und nur wenige schriftliche Zeugnisse haben überlebt. Alles, was wir haben, sind einige Notizen in Briefen und handgeschriebene Anmerkungen in Büchern, die Wissenschaftler gefunden haben. Oft sind es nicht mehr als winzige Fingerzeige, auf Seitenränder geschrieben, oder Wortgruppen, die sich von früher verwendeten Wortgruppen unterscheiden. Die Anzahl der Niederschriften in dieser unbefangenen, inoffiziellen Umgangssprache, die aus dem Mittelalter erhalten geblieben sind, ist, wie man sich vorstellen kann, sehr gering. Und obwohl wir einige schriftliche Aufzeichnungen solcher Wörter haben, wissen wir nicht genau, wie sie sich anhörten. Wir wissen nur deshalb, welche Sprache Raschi benutzte, weil er der große Raschi war. Denn vor Erfindung des Buchdrucks hinterließen nur wenige Menschen schriftliche Spuren.

Nehmen wir ein anderes Beispiel dafür, wie sich Klang und Bedeutung eines Wortes ändern und eine neue Sprache geboren wird: das jiddische Wort für «beten». *Dawenen* ist das ostjiddische Wort dafür, dessen Herkunft ungeklärt ist. Doch das Wort für das Rezitieren bestimmter Gebete nach dem Essen heißt *bentschn*. Diese Gebete sind vergleichsweise neu, sie entstanden im Mittelalter in Europa. Deshalb gab es auch kein passendes Verb dafür. *Bentschn* stammt direkt vom lateinischen *benedicere*, segnen. Die Juden mussten die Ähnlichkeit zwischen dem, was sie taten, und dem, was ihre christlichen Nachbarn taten, bemerkt haben, so gaben sie ihrer neuen Sitte einen neuen Namen.

In solch kleinen Schritten wuchs, im Lauf mehrerer Jahrhunderte, die jiddische Sprache. Dieses frühe Jiddisch beinhaltete hebräische Wörter, die in die Umgangssprache übernommen wurden, zum Beispiel *chawer*, Freund, und *schabeß*, Schabbat. Es gibt auch Spuren der romanischen Sprachen, die Juden in Europa aufgeschnappt hatten. Die jiddischen Wörter *jente*, ein Frauenname, der die Bedeutung «Wichtigtuerin, übereifriger Mensch» bekommen hat, stammt, so nimmt man an, von dem alten französischen Wort gentile, «sanft». Doch der größte Anteil des Wortschatzes und der Struktur war deutsch (sogar bis heute sind drei Viertel des jiddischen Vokabulars deutschen Ursprungs). Die enge Beziehung zwischen Jiddisch und Deutsch zieht sich durch die Jahrhunderte. Ein in den deutschen Ländern lebender Jude nannte sich selbst *aschkenas**, und die Abkömmlinge dieser frühen Sprachschöpfer werden bis heute aschkenasische Juden genannt.

Der erste erkennbar jiddische Satz stammt aus einem Buch aus Worms. Es handelt sich um eine Notiz auf der Seite eines *Machsor*, eines Gebetbuchs für die jüdischen Feiertage. Der Eintrag ist sogar datiert, auf 1272. Jemand, vermutlich der Besitzer des Buchs, ein Mann, der wohl einen «gelben Fleck» oder einen spitzen Hut trug, wie es die christlichen Gesetze von Juden verlangten, schrieb neben eines der hebräischen Gebete: «Ein guter Tag wird sein für die Person, die diesen Machsor zur Synagoge bringt.» Und das ist ein fast zu gutes Beispiel für Jiddisch. Geschrieben in hebräischen Buchstaben neben einem hebräischen Gebet ist diese Notiz an jemanden gerichtet, der diese hebräischen Gebete lesen konnte, aber im Alltag kein Hebräisch sprach. Diese Worte, die ihre deutsche Umgebung reflektieren, gelten dem nächsten *Machsor*-Besitzer oder zumindest demjenigen, der ihn transportierte. Positiv, optimistisch, praktisch, tief verwurzelt in der jüdischen Geschichte. Das ist unsere Sprache. Das ist Jiddisch.

Als den Juden im Laufe der Zeit klar wurde, dass sie eine neue Sprache erschaffen hatten, nannten sie diese *judentajtsch*, *ivriteutsch*, Hebräisch-Deutsch, *loschn aschkenas*, die Sprache der

---

* Aschkenas war nach Genesis 10, 3 ein Sohn des Gomer und ein Enkel Japhets. Das Volk Aschkenas scheint Teil einer für indogermanisch gehaltenen Völkerwelle gewesen zu sein, die im 3. Jahrtausend vor der Zeitrechnung Vorderasien überflutete. In der talmudischen und nachtalmudischen Zeit sind Germanien und das Land Aschkenas offenbar in Verbindung gebracht und später gleichgesetzt worden. Deshalb nennt man die mittel- und osteuropäischen Juden Aschkenasim, im Unterschied zu den in West- und Südeuropa lebenden, von spanischen Juden abstammenden Sefardim. A. d. Ü.

Aschkenasim; oder *schargon*. Wir können uns vorstellen, wie die Sprache wuchs, wenn wir ein Wort betrachten, das heutzutage *tscholent* ausgesprochen wird. Gemeint ist damit ein unendlich variables, weit verbreitetes Eintopfgericht auf der Basis von Bohnen, das Juden sogar heute noch für den *schabeß* zubereiten. (Im 19. Jahrhundert nannte es der Dichter Heinrich Heine «die göttliche Nahrung, die der liebe Gott selbst auf dem Berg Sinai Moses zu kochen gelehrt hat».) Weil am *schabeß* das Arbeiten verboten war, durften Juden kein Feuer machen. Deshalb ließen die Hausfrauen den Topf in einem vorgeheizten Ofen stehen, wo die Zutaten – ein bisschen Fleisch, verschiedene Körner, die Bohnen – allmählich miteinander verschmolzen. *Tscholent*, so sagt man, stammt von dem lateinischen *calere*, «erhitzen», das später zu dem französischen Wort *chaud* wurde, heiß. Und *lent(e)* heißt langsam.

Wie ein *tscholent* köchelte Jiddisch leise vor sich hin. Manche hebräischen Schreibweisen änderten sich. Vokale wurden hinzugefügt, um die Sprache phonetischer zu machen. Auch andere Sprachen haben sich dadurch entwickelt, dass Wörter übernommen wurden oder die Ursprungswörter ihre Bedeutung im Lauf der Zeit veränderten. Doch Jiddisch Sprechende neigen dazu, die Komponenten wahrzunehmen, die ihre Sprache geformt haben, und manche können ihre Art zu sprechen in die eine oder andere Richtung lenken. Diese selbstbewusste Sprache ist voller Sprichwörter, in denen sie sich selbst reflektiert. *Hebräisch lernt man, Jiddisch kommt von allein.*

Jahrhunderte, nachdem ihre neue Sprache begonnen hatte, lebten Juden in Deutschland. Manchmal nannten sie ihre Sprache Jüdisch, oder, in ihrer eigenen Aussprache, *jidisch*. Die erste belegte Verwendung dieses Namens stammt von 1597. Jiddisch Sprechende nennen einen Juden *a jid*. Häufig sagen sie auch *jid* oder *goj* für «man» und machen damit klar, ob derjenige, der spricht, jüdisch ist oder nicht.

Dass sie ihre Sprache Jüdisch nannten, ist verständlich. Diese Sprache war beides, ein Öffnung und ein Schutz, eine Form des

Hinausgehens und Drinbleibens. In einer Welt der Wanderung über den Erdball war «jüdisch» die sprachliche Heimat des Volkes.

Zugleich half Jiddisch seinen Sprechern auch, Hebräisch zu verstehen. Wörter und Phrasen aus den Gebeten der alten Sprache schlüpften in die junge und halfen so den Menschen, auch im Alltag über die heilige Sprache zu verfügen. Denn obwohl von jüdischen Männern seit jeher erwartet worden war, Hebräisch lesen und schreiben zu können, war dies nicht immer möglich gewesen. Dadurch, dass Teile hebräischer Formulierungen oder Sprüche «importiert» wurden, konnte die Sprache wenn nicht am Leben, so doch zugänglich gehalten werden, als ein ständiger Quell von Zitaten, Beispielen und Redewendungen. Jiddisch ist sich der menschlichen Grenzen genau bewusst. *Wenn man in heißem Badewasser sitzt, glaubt man, dass die ganze Stadt warm ist.*

Um das 13. Jahrhundert herum war Jiddisch fast eine universelle Sprache unter den westeuropäischen Juden geworden. Es hatte das Hebräische als gesprochene Sprache so weitgehend ersetzt, dass Schreiber begannen, Teile der Bibel ins Jiddische zu übersetzen. Doch wegen des großen Respekts der Juden vor ihrer alten Sprache, deren Texte sie weiterhin studierten, genoss die neuere, alltäglichere Sprache kein besonders hohes Ansehen. Als die ersten Bücher auf Jiddisch geschrieben wurden, begannen sie fast immer mit einer Entschuldigung. Diese Bücher seien für Frauen, sagten die Autoren, sie seien für die Ungebildeten. Mit diesem Vorurteil hatte Jiddisch während seines langen Lebens immer wieder zu kämpfen. In einer Kultur, die Lernen und Studieren schätzte, wollte niemand ungebildet erscheinen.

Doch dieser Rang als jüngere Schwester hatte auch Vorteile. Es erlaubte dem Jiddischen, eine speziell weibliche Sichtweise zu behaupten. Obwohl jüdische Frauen nicht unbedingt Hebräisch lernten, gab es für sie einige besondere Gebete und Segenssprüche. So war das Anzünden der Kerzen, das den Schabbat einleitete, ihre Aufgabe und ihr Vergnügen. Sie vollzogen bestimmte Rituale anlässlich von Menstruation, Schwangerschaft, Geburt,

Krankheit und Tod. Jeder wichtige Akt, vom Ausrangieren eines nicht mehr koscheren Kochtopfs bis dahin, den Todesengel von einem kranken Kind fern zu halten, war mit einem hebräischen Segensspruch oder mit einem Gebet verbunden.

Jiddisch wurde wirklich ihre Sprache. Eine der wenigen Frauen, die der Anonymität des Mittelalters entkamen, war Dulcie von Worms. Ein zeitgenössischer Rabbi erwähnt sie wegen ihrer hervorragenden Begabungen. Sie lebte im späten 12. und frühen 13. Jahrhundert mit ihrem Mann und zwei Kindern in derselben Stadt wie der *Machsor*-Besitzer hundert Jahre zuvor. Sie gehörte zu einer Gruppe gebildeter Frauen, die *farsogern* genannt wurden, Vorsagerin, Übersetzerin. In der Frauenabteilung der Synagoge übersetzten sie hebräische Gebete für die anderen Frauen, erklärten sie oder schmückten sie aus. Die besten von ihnen halfen den anderen, auf Jiddisch ihre eigenen Gebete zu erschaffen, die auf die Familie und die Gemeinde gerichtet waren. Während die hebräischen Gebete sich auf die Patriarchen konzentrierten – Abraham, Isaak und Jakob –, bezogen sich diese Frauen auf die Mütter – Sarah, Rachel, Rebekka und Lea. Dulcie, die 1213 von den Kreuzfahrern ermordet und öffentlich als Märtyrerin betrauert wurde, fand Erwähnung als «eine Sängerin von Hymnen und Gebeten, eine Sprecherin von Bittgebeten». Sie war Übersetzerin und Schöpferin.

Übersetzen ist selten ganz einfach; unsere Wörter umreißen, wer wir sind. Sprache ist nicht nur eine passive Reflexion unserer Denkweise; sie formt und fokussiert die Gedanken. Sobald wir etwas benennen, nehmen wir es anders wahr, als wir die Erfahrung eines unbenannten Ereignisses wahrnehmen. Jemand kann etwas Vages empfinden, Gefühle aber werden geschärft, wenn wir dem Verschwommenen einen Namen geben: Heimweh, Windpocken, Vorahnung, Liebe. Es ist ein üblicher Spruch, dass Juden nicht den Schabbat halten, der Schabbat hält die Juden. Ebenso lässt sich sagen, dass die europäischen Juden Jiddisch nicht einfach erfunden haben; Jiddisch hat ihnen geholfen, sich selbst zu erfinden.

Frauen begannen im Mittelalter, jiddische Gebete zu schaffen, die *t'chineß* genannt wurden und persönlicher waren als die Gebete der Männer. Hier sei Sarah Bat Tovim erwähnt, die im späten 17. Jahrhundert in einem Gebiet lebte, das heute zur Ukraine gehört, und so um Gottes Hilfe bat: «Gott möge Mitleid mit mir und ganz Israel haben. Ich möge nicht mehr lange heimatlos bleiben ... Die Tatsache, dass ich heimatlos bin, könnte eine Sühne für meine Sünden sein. Gott, der Allmächtige, gelobt sei Er, möge mir vergeben, dass ich in meiner Jugend in der Synagoge während des Gottesdienstes spreche.» Manche Dinge ändern sich eben nie.

Ein jiddisches Buch mit biblischen Kommentaren und Geschichten war sehr verbreitet, es wurde seit dem frühen 17. Jahrhundert immer wieder neu gedruckt, in über 350 Auflagen. Das *Zenerene**, so benannt nach seinen Eröffnungsworten «Komm heraus und sieh», wird noch heute von den Ultraorthodoxen benutzt. Wenn ein Jiddisch Sprechender ein sehr seltenes Phänomen beschreiben will, sagt er vielleicht: «*Wi a jidene on a zenerene*», wie eine Jüdin ohne *Zenerene*.

Mit Erfindung der Druckerpresse bekam Jiddisch, auch *wajbertajtsch* genannt, sogar seine eigenen Drucktypen. Die Typographie unterschied sich leicht von den für Hebräisch benutzten Buchstaben, das machte es einfacher, die Sprachen in den Büchern zu unterscheiden, in denen beide vorkamen. (Manchmal wurden hebräische und jiddische Texte in zwei Spalten nebeneinander abgedruckt.)

Trotzdem darf man nicht glauben, Jiddisch sei nur eine Sprache der Frauen gewesen. Alle Juden sprachen es im Alltag. *Schpilmener*, Spielmänner, das jüdische Äquivalent mittelalterlicher Troubadoure, ergötzten auf den Märkten ihre Zuhörer mit jiddischen Versionen von Geschichten, die den französischen Romanzen und der Suche König Arthurs nach dem Heiligen Gral glichen. Eine Sammlung dieser Geschichten wurde *bove-buch* genannt, wegen

---

* Eigentlich: Ze'ena ure'ena, A. d. Ü.

seines Helden Bovo. Damals wurde sein Name mit dem jiddischen Wort für *bobe*, Großmutter, verwechselt. Bis heute nennt man eine unglaubliche Geschichte eine *bobe majße*, eine Großmutter-geschichte, d. h. ein Ammenmärchen.

Neben den jiddischen Büchern, die überlebt haben, wurde durch Zufall auch ein Packen ergreifender, nicht zugestellter jiddischer Briefe erhalten, die 1619, am Anfang des Dreißigjährigen Krieges, von Prag nach Wien geschickt worden waren. Sarel Gutman schrieb an ihren Mann in einem Brief, den er nie erhielt: «Ich habe großen Kummer, weil ich seit sieben Wochen kein Wort von dir gehört habe, wo bist du in der Welt, besonders in einer solchen Situation, wie wir sie jetzt haben. Möge der Herr, gelobt sei Er, alsbald alles zum Guten wenden.»

Eine Frau namens Henele schrieb: «Meine gute, liebe Schwester und Bruder, ich habe gehört, dass der Herzog von Bayern Nordlingen erobert hat. Ich würde gerne wissen, ob das stimmt. Ich hatte keinen Brief von unserer Schwester Gutel, sie soll leben. Ich würde gerne viel Gutes sehen und hören, also schreib mir oft, bitte, sodass jeder wenigstens von des anderen Wohlergehen weiß, besonders in diesen Tagen, wenn der sündige Mensch wieder so viel Kummer hat.»

Jiddisch Sprechende sollten noch viele weitere Tage erleben, in welchen der sündige Mensch unendlich viel Kummer hatte. Aber ihre Sprache wurde eine Sprache des Trosts und der Stärke. Im Lauf der Zeit verwoben sie diese Sprache mit einer der meistgeliebten Kulturen der Welt.

2. Kapitel

Polen: Bleibt hier

א פֿאלשער פֿרידן איז בעסער ווי א ריכטיגע קריג.
ריכטיגער

A falscher fridn is beßer wi a richtiger krig.

Ein falscher Frieden ist besser als ein richtiger Krieg.

Kaum hatte Jiddisch begonnen, zu einer eigenen Sprache zu werden, gingen einige ihrer Sprecher erneut auf Wanderschaft. Im 11. und 12. Jahrhundert verließen kleinere Gruppen von Jiddisch sprechenden Juden die deutschen Länder und zogen ostwärts. Diese Bewegung nahm zu, als es im Laufe des 15. Jahrhunderts zu einer Welle von Vertreibungen aus einigen deutschen und italienischen Gebieten kam.

In Polen traf eine beträchtliche Anzahl von Juden aus dem Westen auf eine viel kleinere Gruppe, die über den Osten gekommen war. Hunderte von Jahren zuvor hatte diese Gruppe von Israel über Byzanz kommend das Gebiet erreicht. Sie sprachen einen slawischen Dialekt. Weil ihre Zahl so viel geringer war als die der aschkenasischen Juden, gingen sie bald in ihnen auf. Doch sie hatten ebenfalls einen weiteren Sprachstrang mitgebracht, der in das Gewebe eingewebt wurde.

Die polnischen Könige waren glücklich über ihre jüdischen Kaufleute, Händler und Geldverleiher. Sie behandelten diese Minderheit relativ gut – es gab keine Ghettos, keine besonderen Hüte, keine Kreuzzüge und keine plötzlichen Vertreibungen. Sie verstanden, dass sie die Juden zu ihrem Vorteil benutzen konnten. Diese ewigen Außenseiter waren durch nichts mit dem politischen System Polens verbunden und konnten so als politisches Pfand eingesetzt werden. Juden lebten in einem getrennten sozialen Raum, irgendwo zwischen den polnischen Landbesitzern und den Bauern, eine Situation, die später verheerende Folgen haben würde. Einstweilen funktionierte das System aber für alle Beteiligten.

Die Juden waren glücklich, dass sie nicht verfolgt wurden. Die Polen profitierten von den jüdischen Handelsbeziehungen. Das Land begann gerade, seine natürlichen Ressourcen zu entwickeln, und die Juden, dank ihrer Wanderungen und dank ihrer sorgfältig gehüteten Kultur, ihrer Religion und ihrer Sprache (dem universellen Hebräisch und dem sich immer mehr ausbreitenden Jiddisch) erfüllten leicht ihre Rollen als Vermittler, Händler und Finanziers. Die Adligen stellten oft Juden an, um ihre Besitztümer und ihre Geschäfte zu verwalten. Sie schätzten ihre Hingabe und ihren Fleiß. Daneben lenkten die Juden auch den Zorn der Bauern ab. Juden besetzten zentrale Funktionen in der Produktion und im Handel mit Waren wie Weizen, Wein, Zucker, Nutzholz und Pelzen, manchmal als Vertreter ihrer adligen Herren, manchmal auf eigene Rechnung. Die polnischen Landbesitzer verliehen ihnen das alleinige Recht, Korn zu brennen, das heißt Branntwein herzustellen, und zu verkaufen und Wirtshäuser zu führen.

Eine Reihe von Königen gewährte ihnen einen halb autonomen Status. Ein jüdischer Rat vertrat sie bei Hof, während sie in ihren eigenen Kommunen oft in Ruhe gelassen wurden. Zum ersten Mal ließ sich die Antwort auf die Frage, die Juden sich automatisch stellen, nämlich, ob etwas gut für Juden ist, mit Ja beantworten. Zum ersten Mal seit Jahrhunderten erlebten Juden ein gewisses Maß an wirklicher Stabilität. Sie sagten sich, dass *pojln* dasselbe sei wie das hebräische *po lin*, hier verweilen, hier übernachten. Manche sagten: *Eine Stunde im Garten Eden ist auch gut*, obwohl niemand Polen mit dem Garten Eden hätte verwechseln können.

In jedem jüdischen Wohngebiet, ob im Dorf oder in einem jüdischen Stadtviertel, wurde eine *kehile* gegründet, eine Gemeinde, die sich tatsächlich selbst verwaltete. Jeder Jude gehörte dazu, egal ob er fromm war oder nicht, ob er reich war oder arm. Die *kehile* war die Basis der rabbinischen Rechtssprechung, stützte ein religiös-fundiertes Erziehungssystem und errichtete ein soziales Netzwerk, das jüdischem Gesetz und jüdischer Tradition entsprach.

Jeder Aspekt des Lebens wurde berücksichtigt. Die Gemeinde stellte eine Mitgift für bedürftige Mädchen bereit. Besondere Brüderschaften kümmerten sich um Waisen und begruben die Toten. Handwerksverbände führten ihre eigenen Arbeitsgemeinschaften. Eine oft erzählte talmudische Geschichte beschreibt einen Mann, der ein Loch in ein Boot voller Menschen bohrt. Während die anderen sich widersetzen, sagt er, er bohre es ja nur unter seinem eigenen Sitz. Seine Mitreisenden antworten, obwohl er, wörtlich betrachtet, Recht haben möge, säßen sie doch alle zusammen im selben Boot und würden auch zusammen ertrinken.

Europäische Juden waren sich nur allzu bewusst, dass sie sich, plötzlich und ohne Vorwarnung, am Rand des Ertrinkens wiederfinden konnten. Ihr einziger Schutz war die Instandhaltung des Gemeindeboots. Die jiddische Sprache wurde zu einer Abdichtung, die dafür sorgte, dass das Wasser draußen blieb und die Menschen trocken. Der Spruch *Was immer dem Volk Israel geschieht, geschieht auch Herrn Israel* bedeutet, dass der einzelne Jude untrennbar mit der jüdischen Gemeinde verbunden ist. In ihrer osteuropäischen Heimat half die jiddische Sprache der jüdischen Gemeinde, eine eigene Lebensweise zu führen.

Der jiddische Theoretiker Chaim Schitlowsky erlaubt uns einen Blick darauf, wie sich die einzelne Gemeinde in einen größeren, verbindlichen Rahmen einfügte. Er wuchs im 19. Jahrhundert auf, als sich der größte Teil der polnischen Juden unter russischer Herrschaft befand, aber die von ihm beschriebene Dynamik zwischen Russen und Juden war der zwischen Polen und Juden ähnlich. Jede Bevölkerungsgruppe hatte ihren klar definierten Bereich: «Mein

Onkel Michal in Uschach brannte Wodka für die Russen und machte ein Vermögen mit der Branntweinsteuer. Mein Cousin verkaufte den Wodka an die Bauern. Die ganze Stadt lebte von den russischen Bauern. Mein Vater stellte sie an, um russische Wälder abzuholzen, die er von dem größten Ausbeuter der russischen Bauern gekauft hatte, dem russischen Landbesitzer. Das Nutzholz wurde ins Ausland verschifft, während die russischen Dörfer voller verrottender, zerfallender Hütten waren, bedeckt mit faulenden Strohdächern.»

Die Schitlowskys lebten unter russischer Herrschaft, da die im Mittelalter zum polnischen Königreich gehörende Ukraine – der Name bedeutet «Randgebiet» – sich bereits lange vor den polnischen Teilungen an das erstarkende russische Reich angeschlossen hatte. Die Juden besaßen hier ihre eigenen Gemeinden. Inzwischen hätte sogar ein Sprecher des mittelalterlichen Deutsch, wenn er wunderbarerweise überlebt hätte, Schwierigkeiten gehabt, Jiddisch zu verstehen. Die Aussprache hatte sich verändert, und die Sprache funktionierte in einer anderen Kultur. Wie hätte zum Beispiel ein christlicher Deutscher solch einen Satz verstehen können: *a ganz jor schiker; purim nichter* (Das ganze Jahr betrunken, aber an Purim nüchtern)? Ein paar Worte hätte er enträtselt: *a ganz jor*, ein ganzes Jahr. Aber der Kontext war jüdisch, die Umkehrung eines Festes hätte außerhalb der jüdischen Welt nichts bedeutet.

Juden hatten sogar besondere jiddische Namen für ihre Städte und Gemeinden. Sie sprachen nicht von Vilnius, sondern von Wilne. Eine kleine Stadt, die offiziell Miedzyrzec hieß, wurde von den Juden, die dort lebten, *Mesritsch* genannt. Und die Stadt, die unter dem deutschen Namen Auschwitz bekannt wurde, hieß auf Polnisch Oswiecim und auf Jiddisch *Oschpitizin*. Einige Jahrhunderte lang hätte ein Besucher dieser Städte Läden mit jiddischen Schildern vorgefunden, noch immer in hebräischer Schrift von rechts nach links geschrieben. Er hätte um sich herum alle Jiddisch sprechen hören. Sogar die *jeschiwe bochers*, die Studenten höherer Tora-Schulen, die spezielle Punkte der talmudischen Gesetze in einem eigenen Singsang diskutierten, taten das ziemlich sicher wegen großer Lücken im Hebräischen in ihrem alltäglichen, erdgebundenen Jiddisch, der *mame-loschn*.

So differenzierte sich die jiddische Sprache in Osteuropa immer mehr aus. Einige der deutschen oder romanischen Elemente wurden durch Wörter und Strukturen ersetzt, die sich aus der neuen slawischen Nachbarschaft in die jiddische Umgangssprache einschlichen. Im 17. und 18. Jahrhundert hatte die jiddische Sprache die Form und den Inhalt gefunden, die sie in eine Zeit außerordentlichen Wachstums trugen: Zwischen zehn und zwanzig Prozent der Wörter und Strukturen waren hebräisch, einige wenige Prozente romanisch, gut drei viertel deutsch und der Rest slawisch. Obwohl die aus dem Hebräischen stammenden Wörter ihre Schreibweise (keine Vokale, -im als maskuline Pluralendung) oft behielten, bezogen sich die Rechtschreibregeln und die Syntax zumeist auf deutsche oder slawische Ursprünge. Jiddisch war zu einer geographisch verstreuten, aber einheitlichen Sprache geworden. *Wer kein Hebräisch kann, ist ungebildet. Wer kein Jiddisch kann, ist kein Jude.*

Die Aussprache variierte von Region zu Region, und der Sprachgebrauch konnte sich dem der christlichen Nachbarn zuneigen – mehr deutsche Lehnwörter in deutschen Gebieten, mehr slawische weiter im Osten. Obwohl sich also Orthographie und Sprachgebrauch von Region zu Region unterschieden, hatten Jiddisch Sprechende keinerlei Schwierigkeiten, sich untereinander verständlich zu machen. Der Unterschied in der Aussprache von *git* und *gut* konnte ignoriert und belächelt werden.

Die geschriebene Sprache änderte sich nur wenig. Obwohl die neuen Vokale die Sprache phonetischer machten als Hebräisch, blieben bestimmte Formen oder besondere Wortendungen erhalten.

So würde dieser Satz in Jiddisch aussehen:

Nach Jahrhunderten des Stillstands trat im letzten Viertel des 18. Jahrhunderts eine Änderung in den politischen Verhältnissen ein, die das Schicksal der Jiddisch Sprechenden veränderte. Das Königreich Polen, das sich in seiner Blütezeit von der Ostsee im Norden bis fast zum Schwarzen Meer erstreckte, verlor seine Macht und wurde geteilt. In drei Etappen wurde die ehemals so große Nation von ihren stärkeren Nachbarn verschlungen. So fanden sich die Juden, ohne sich von ihrem Platz zu bewegen, plötzlich in neuen Ländern wieder. Die Habsburger, die Südpolen sowie Galizien übernahmen, waren daran gewöhnt, jüdische Untertanen zu haben, nicht aber die russischen Zaren, die nun den Großteil Polens einschließlich großer Teile des Baltikums kontrollierten. Die russische Situation wurde zusätzlich dadurch kompliziert, dass viele große Ländereien noch immer im Besitz polnischer Adliger waren. Diese Gutsherren waren jedoch häufig abwesend und setzten weiterhin Juden als ihre Verwalter ein. Der Zar, der sich plötzlich an der Spitze dieses ohnehin komplizierten Arrangements sah, wusste nicht, wie er die anderthalb Millionen Juden, die sich nun unter seiner Herrschaft befanden, behandeln sollte. In den darauf folgenden Jahren kam es, wenig geordnet und noch weniger erfolgreich, zu allen möglichen Formen von Isolation, Unterwerfung, Konvertierung, Missachtung und Zerstörung. Viele Jahre später schrieb Albert Einstein, dass jede Nation wie ein Baum im eigenen Schatten geboren wird. Der Schatten der Russen, so meinte er, sei der Antisemitismus.

Über hundert Jahre lang war eine der wenigen Konstanten der russischen Politik gegenüber den Juden der Ansiedlungsrayon. Nur in einem bestimmten Ansiedlungsgebiet, das mehrere Gouvernements umfasste, war es ihnen erlaubt zu leben. Sogar innerhalb dieser Grenzen benötigten Juden eine Sondererlaubnis, um in großen Städten zu wohnen. Oft durften sie kein Land besitzen, sie waren beschränkt in ihrer Berufsausübung und von akademischen Berufen sowie vom Verwaltungsdienst ausgeschlossen. Sie wurden dazu gezwungen, besondere Strafsteuern zu bezahlen, und die Armee wurde als Instrument des Terrors gegen sie eingesetzt. Jüdische Knaben wurden routinemäßig in die russischsprachige Armee des Zaren eingezogen, und zwar für die erstaunlich lange Zeit von fünfundzwanzig Jahren, wonach sich nur wenige an ihr früheres Leben erinnern konnten. Ein jiddisches Lied rät, mit Galgenhumor: «*Beser zu lernen chumesch mit Raschi eder zu eßn di soldatske kasche.*» Es ist besser, die fünf Bücher Mose mit Raschi zu lernen, als die Soldatengrütze zu essen.

Außerdem mussten Juden, die unter dem Zaren lebten, immer mit gelegentlichen wilden Pogromen rechnen (das Wort «Pogrom» kommt aus dem Russischen und bedeutet «zertrümmern», «verwüsten»), die von zufälligen bis staatlich unterstützten Gewalttaten reichten.

Unter diesen harten Bedingungen ist das Anwachsen der jüdischen, Jiddisch sprechenden Bevölkerung umso erstaunlicher. Ende des 19. Jahrhunderts war die jüdische Bevölkerung Russlands auf fünf Millionen angestiegen. Für diesen enormen Zuwachs in einer Zeit, in der es nur zu einem bescheidenen Anstieg der christlichen Bevölkerung kam, führen Historiker frühes Heiraten, eine hohe Geburtenrate und einen relativ guten Gesundheitsstandard an, der unter anderem auf die rituellen Reinlichkeitsgebote der Juden zurückgeführt wird.

Praktisch jeder dieser fünf Millionen Juden sprach Jiddisch. Für viele, vor allem unter der ärmeren Bevölkerung, war es die einzige Sprache. Russisch, Polnisch oder Ukrainisch wurden, wenn es nötig war, aufgeschnappt, um mit Händlern auf dem Markt oder mit den Verwaltungsbeamten zu sprechen. So gut wie alle Männer konnten zumindest ein bisschen Hebräisch. Bestimmt konnten sie es ausreichend lesen und eine Reihe von Gebeten sprechen. Aber Jiddisch war ihre wahre *mame-loschn*. Es war die erste Sprache, die Juden lernten, eine Sprache, die sie über weite Teile Europas miteinander verband, von Frankreich im Westen bis tief hinein ins russische Hinterland. Jiddisch, nun eine ausgeformte, funktionierende Sprache, hatte dem Volk seit nunmehr sieben oder acht Jahrhunderten seine Dienste geleistet.

3. Kapitel
Das Schtetl: Eine Welt für sich

צווישן ײדן איז מען קײנמאָל ניט פאַרלוירן.

Zwischn jidn is men kejnmol nischt farlojrn.

Zwischen Juden ist man niemals verloren.

Ein Wort, das unübersetzt ins Englische und Deutsche übernommen wurde, also offenbar unübersetzbar ist, ist *schtetl*. Für die meisten Menschen bedeutet es die Vorstellung eines unwirklichen Traumlands, einer zauberhaften kleinen Stadt, in der bärtige Juden in langen Mänteln glücklich tanzen und hingebungsvoll beten. Eine dralle Mutter hält einen Teller mit dampfenden *latkeß* (Pfannkuchen) hoch; ihre armen, aber glücklichen Kinder warten mit glänzenden Augen. Tewje, der Milchmann, diskutiert für immer mit Gott; der Schnee mag wohl tief sein, aber der Empfang ist warm.

Seltsamerweise ist, in einem tieferen Sinn, vieles davon wahr. Schiebt man die äußeren Umstände für einen Moment zur Seite – die Jahrhunderte unerträglicher Armut (die meisten Juden waren weder Gutsverwalter noch internationale Handelsleute), die abgrundtief schlechten Lebensbedingungen, die Wellen von Pogromen, den absoluten Mangel an irgendeinem Status oder an Macht in der realen Welt –, funktionierten diese selbst organisierten Gemeinden außerordentlich gut. Die jiddische Sprache und Kultur, verflochten mit der hebräischen Sprache und der Religion, wirkten wie Fruchtwasser. Sie umflossen die Juden mit einer sanften Wärme und schützten sie vor den Angriffen einer wenig wohlmeinenden Welt. Auf Jiddisch drückten Juden ihr Verständnis für das aus, was ihrer Meinung nach notwendig war, um eine Gemeinde zu schaffen. *Ein Holzscheit allein macht keinen Ofen warm.* Vom 15. bis zum 19. Jahrhundert lebten fast alle osteuropäischen Juden in kleinen bis mittleren Städten unter einer Reihe von Königen, von denen kein einziger je jüdisch war. Manchmal bestanden diese Ansiedlungen ganz oder vorwiegend aus Juden; manchmal lebten Juden und Nichtjuden getrennte Leben in derselben Stadt. Alle Juden in den *schtetlech* sprachen Jiddisch, obwohl manche von ihnen auch die Sprache ihrer christlichen Nachbarn beherrschten. Jene Nachbarn jedoch lernten sehr selten Jiddisch; und diejenigen, die es trotzdem taten, sorgten damit für Verwunderung.

Hier ist es so, wie bei unserem flüchtigen Blick auf den Bettler, der vielleicht auch der Prophet Elias gewesen sein könnte. Die *schtetlech* waren unendlich mehr als das, was man sah: ein Haufen wackliger Holzhäuser, Läden und Gemeinschaftshäuser, verbunden durch vereiste, staubige oder schlammige Straßen. Sie bildeten eine brillante, wenn auch schizophrene Antwort auf eine oft feindliche Umwelt. Durch die Errichtung einer getrennten Welt, die in einer Sprache wurzelte, erlaubten die *schtetlech* ihren Bewohnern, unter eigenen Bedingungen zu gedeihen. Dann, als ihnen ein Wandel in der Geschichte mehr Freiraum zugestand, konnten sie auf die Bühne der Welt treten, bereit zu glänzen.

Das Wort *schtetl* ist einfach, es ist der Diminutiv von *schtot*, Stadt, Plural *schtet*, und heißt «kleine Stadt». Das Warme und Anrührende dieses Wortes entstammt nicht seiner wörtlichen Bedeutung, sondern einem ganzen Geflecht von Assoziationen. So wirkt Sprache eben.

Nun wollen wir uns einen *schtetl*-Führer besorgen, oder besser gesagt, zwei. Wie so viele Juden, die in Osteuropa geboren wurden, erlebten die Brüder Singer, Israel Joshua und Isaac Bashevis, das erste, was sie sahen oder rochen, ihre ersten Knabenabenteuer und Streiche, in *schtetlech*, obwohl sie verschieden waren. (Is-

53

rael Joshua, geboren 1893, war elf Jahre älter als sein Bruder Isaac. Als der jüngere Bruder anfing zu schreiben, nahm er den zusätzlichen Namen Bashevis an, um sich von dem bereits bekannten Bruder zu unterscheiden. Jüdische Autoren jener Zeit verwendeten oft nur die Anfangsbuchstaben ihres Vornamens, und als Isaac zu schreiben begann, stellte er fest, dass die Welt keinen zweiten Autor namens I. Singer brauchte.)

Ihr Vater, ein chassidischer Rabbi, war fromm und arm, ihr Großvater mütterlicherseits, obwohl ebenfalls Rabbi, führte dagegen ein großes Haus. Die Knaben verbrachten dort viel Zeit, und es war der Hof seines Großvaters, von dem aus der junge Isaac Bashevis seine Welt beschrieb.

In Großvaters Hof gab es ein Plätzchen, das auf der einen Seite von einer Mauer, auf der anderen von einer Laubhütte und auf der dritten Seite vom Kartoffelacker des Hundefängers begrenzt war. Dort am Zaun, unter einem Apfelbaum, vertiefte ich mich in ein achtzig Jahre altes Physikbuch. Selber den Blicken entzogen, konnte ich die Synagoge, das Gebetshaus, das Badehaus und die weiten Felder, die sich bis an den Waldrand erstreckten, im Auge behalten (...) und der Himmel war so blau wie der Vorhang am Heiligen Schrein in den Tagen zwischen Rosch ha-Schana und Jom Kippur. (...) Manchmal summte ich aus purer Gewohnheit beim Studieren eine Talmud-Melodie.

Der Junge sah die Welt – weite Felder, Wälder, einen blauen Himmel. Aber er sah die wirkliche Welt nicht auf die gleiche Art, wie der nichtjüdische Kartoffelfeldbesitzer es getan haben mag. (Bitte merken Sie sich das für später, wenn wir uns mit dem Argument auseinander setzen, dass Jiddisch nur wenige Worte hat, um die Natur zu beschreiben; es unterscheidet zum Beispiel kaum zwischen den verschiedenen Blumenarten, aber es ist reich an Beschreibungen menschlicher Eigenschaften.) Der kleine Isaac blickte sich um und nahm jüdische kommunale Institutionen wahr, jüdische Feiertage, jüdisches Lernen. Seine Sprache reflektiert seine Weltsicht. Der Ausdruck «kleine Welt» hat ein jiddisches Äquivalent – *welt mit weltlech* – eine Welt mit kleinen Welten. Jiddisch Sprechende wissen, dass sehr verschiedene Menschen Seite an Seite nebeneinander leben können.

Viel später, als Isaac Bashevis ein alter Mann war, beschrieb er die jiddische Weltsicht. «Jiddisch hatte eine eigene Weltanschauung. Diese sagt, man kann nicht gerade und direkt durch das Leben gehen, man kann sich nur hindurchschleichen, sich auf einem eigenen Weg hindurchschmuggeln. Das Leitmotiv von Jiddisch war, dass, wenn ein Tag ohne Unglück verging, es ein Wunder des Himmels war.» In der jüdischen Geschichte des Wanderns stellte das *schtetl* den Nährboden zur Verfügung, in dem sich das Wunder, so Gott wollte, ereignen konnte.

Die angesehensten Menschen im *schtetl* waren die Rabbiner und Gelehrten. (Rabbi heißt «Lehrer». Juden haben keine hierarchische Geistlichkeit.) Das größte Statussymbol eines wohlhabenden Mannes war ein studierender Schwiegersohn. Das jiddische Wort *kest*, das ursprünglich vom deutschen «Kost, verköstigen» stammt, hat keine Entsprechung in den nichtjüdischen Sprachen, es bezieht sich auf die Praktik, dass ein Mann seinem neuen Schwiegersohn für ein oder mehrere Jahre das Lernen ermöglichte. Diese Fokussierung auf das Lernen, das heißt auf das Studium der Tora, war eine kraftvolle kulturelle Antwort auf eine Situation, die viele beschwerliche Jahrhunderte lang so wenig Hoffnung geboten hatte. (Ein Jiddisch Sprechender mag nun mit hochgezogenen Augenbrauen sagen, *vi a zadek af der welt,* wie ein Gerechter in dieser Welt.) Obwohl einige Juden relativ wohlhabend wurden, waren ihre finanziellen Verhältnisse immer prekär und lagen vor allem außerhalb ihrer Kontrolle. So kam es, dass, obwohl sie weltliche Güter erwarben, Reichtum nie zum ultimativen Kriterium wurde.

Als Grace Goldman, eine junge Amerikanerin, im Jahr 1932 ihre Verwandten im polnischen *schtetl* Bransk besuchte, war sie beeindruckt von der spirituellen Kraft jener Welt. Die Verwand-

ten lebten in «nicht mehr als einer Hütte mit zwei Zimmern ...
unter den unvorstellbarsten, primitivsten Bedingungen», sogar
ohne eine reguläre Außentoilette, aber «das Haus meines Onkels
war geheiligt – ein geheiligtes Bethaus. Sie waren gelehrte Menschen. Ihre Tage waren mit der Abfolge von Gebeten erfüllt ...
Am Schabbat nahmen die bescheidenen Häuser ein stilles, überir-
disches Licht an, eine seltsame, aber heilige Stille.»

Zu jeder kleinsten Handlung des Alltags gehörten Rituale, die
jeden Aspekt des weltlichen Lebens mit dem Göttlichen verbanden. Dies war ein Volk, das fähig war, das, was wir als Toilettenpapier bezeichnen, *ascher jozer papir* zu nennen, eine Formulierung, die uns Jiddisch in seiner flexibelsten Art zeigt, indem es das
deutsche Wort Papier mit der jiddischen Aussprache der hebräischen Wörter *ascher jazar* verband. Die Übersetzung «der geschaffen hat» ist ein Teil des Segensspruchs, den man rezitiert,
wenn man die Toilette benutzt. Diese knappe Zusammenfassung
verband ein funktionales Papier mit einem Gebet. In diesem fu-
genlosen Wort wurden das Heilige und das Profane verbunden,
nicht einander gegenübergestellt. Wo Christen ihre Priester von
der Welt trennen, verstrickten Juden ihre Rabbiner in die Details
des Alltags. Jiddisch, eine musikalische Saite, die den Klang und
die Bedeutung des transzendenten Hebräisch ebenso nachklingen
lässt wie das alltägliche Leben, war oft das Verbindungsglied.

Ein jiddischer Witz beschreibt, wie alle Frauen einer Gemeinde
sich aufstellten, um die *mikwe* zu benutzen, das rituelle Bad, wie
es für jeden Schabbat vorgeschrieben ist. Die *rebezn*, die Frau des
Rabbiners, drängt sich vor.

«Ich muss unbedingt fertig werden», verkündet sie. «Ich muss
dem Rabbi gefallen.» (Es ist eine *mizwe*, eine gute Tat, am *schabeß* den Beischlaf auszuüben.) Die Frauen lassen sie vor. Doch
dann kommt eine andere Frau und drängt sich sogar an der *rebezn*
vorbei. Sie ist keine andere als die Stadthure.

«Ich brauche den ersten Platz», verkündet sie. «Ich muss der
halben Stadt gefallen.»

Obwohl es jüdischen Frauen häufig besser ging als ihren nicht-jüdischen Nachbarinnen, sowohl was den Status als auch was die Bildung betraf, sollten wir uns nicht in feministischer Schönfärberei ergehen. Sie waren immer gebildeter als nichtjüdische Frauen, doch selbst in einer Kultur, die enormen Wert auf Wissen legte, wurden die Frauen nicht zum Lernen ermutigt. Frauen kümmerten sich um den Haushalt und verdienten oft auch den Lebensunterhalt der Familie, um ihren Männern den Luxus religiöser Studien zu ermöglichen. In der Synagoge saßen sie getrennt von den Männern, folgten dem Gottesdienst, so gut sie konnten, mit Hilfe von *farsogern* und mit besonderen hebräischen Gebetbüchern, die eine jiddische Übersetzung enthielten.

Der Status der Frau ergab sich aus ihrer Rolle als Hüterin von Haus und Familie – keine leichte Aufgabe in einer Kultur ohne Hoffnung auf weltlichen Erfolg. In den meisten jüdischen Filmen und Theaterstücken gibt es eine Szene mit dem *schabeß licht*, dem Anzünden der Kerzen für den Schabbat, in der die Mutter des Hauses bei dieser rituellen Handlung zu sehen ist. Von allen Kosenamen, die Jiddisch im Lauf der Jahrhunderte bekommen hat, ist *mame-loschn* der dauerhafteste. Hebräisch mag die *loschn kojdesch* sein, aber in der menschlichen Erfahrung nimmt die *mame* den wichtigsten Platz ein.

In Isaac Bashevis Singers Kindheit bestimmte der jüdische Kontext alles. Sogar wenn man draußen saß und Physikbücher las, schrieb er. «Manchmal summte ich aus purer Gewohnheit beim Studieren eine Talmud-Melodie.» Die verinnerlichte Gewohnheit zählte. Für Knaben, die ab dem Alter von drei Jahren ungefähr acht bis zehn Stunden, sechs Tage in der Woche, in ihrer Schule oder im *cheder* verbrachten (das Wort heißt «Zimmer, Raum») und hebräische Texte wiederholten, sie sangen und studierten, wurden diese Worte zur zweiten Natur. Doch die hebräischen Texte wurden auf Jiddisch diskutiert. Hin und her gingen die Argumente, die Redewendungen, die Wörter.

Wenn ein Jiddisch sprechender Mann etwas ausführen wollte,

lagen ihm Dutzende von biblischen oder rabbinischen Beispielen, die er auf Hebräisch gelernt hatte, auf der Zunge. Wie leicht war es den Worten, ihm aus dem Mund zu schlüpfen; wie leicht war es für seine Frau, sie ebenfalls zu benutzen; wie leicht für das Hebräische, sich mit dem Jiddischen zu verweben.

Wenn ein Grobian den jungen Isaac Singer in der Schule schlug, sagte er: «Ich nannte ihn einen Esau und prophezeite ihm, dass er im Jenseits seine Tage auf einem Nagelbett werde zubringen müssen.» Als er einen neuen Freund fand, beschrieb er ihn so: «Mendel war ein feiner, anständiger Junge ohne gesellschaftlichen Ehrgeiz. Wir saßen zusammen über demselben Pentateuch und gingen, jeder den Arm auf der Schulter des anderen, miteinander spazieren. Alle waren eifersüchtig und intrigierten gegen uns, aber das konnte unserer Freundschaft nichts anhaben. Wir waren wie David und Jonathan ...» Der junge Isaac mochte im Polen des 20. Jahrhunderts leben, im Geist lebte er in der Welt von David und Jonathan, in der uralten biblischen Vergangenheit.

Sein älterer Bruder Israel Joshua gab uns eine Beschreibung dessen, was für die *schtetl*-Bewohner das allzu realistische Hier und Jetzt bedeutete. In seiner Beschreibung von Jahrmärkten, den Meilensteinen im *schtetl*-Leben, können wir einiges von der Beziehung zwischen Nichtjuden und Juden finden. Hier ist Israel Joshuas Bild eines Markttags:

Zu den Jahrmärkten, die viermal im Jahr stattfanden, kamen die Juden, um etwas zu verkaufen, und die Gojim, um etwas zu kaufen. (...) Schuhmacher und Hutmacher, Mützenmacher und Schneider, Viehhändler und Pferdehändler, Fleischer, Gerber und Borstenhändler, junge Burschen und alte Männer, langbärtige Juden und neumodisch gekleidete Handwerksgesellen, Frauen, junge Mädchen und Kinder – sie alle kamen in Fuhrwerken oder Karren nach Leoncin geströmt, um auf dem Marktplatz Stände und Buden zu errichten, über deren Standort und Ausmaß sie unentwegt miteinander stritten. (...) Immer wenn es zu einer Rauferei kam, schnürten die Juden ihre Bündel, weil sie befürchteten,

dass «es» jetzt passieren würde. (Es waren antijüdische Gewalttaten. Singers Publikum wird sehr genau verstanden haben, worauf
sich das «es» bezog.) Doch bald packten sie ihre Waren wieder aus
und boten sie feil.

Überall sah Singer Zeichen der Verschiedenheit von Nichtjuden
und Juden: Der nichtjüdische Schweinemetzger war, wie es
scheint, das Objekt besonderer Verachtung, nicht nur, weil Juden
kein Schweinefleisch essen durften, sondern auch wegen der un-
nötigen Grausamkeit seines Schlachtens.

> Mein Vater lief mit aschfahlem Gesicht herum, erfüllt von tiefem
> Mitleid mit diesen geschundenen Tieren, die zwar unrein, aber
> dennoch Geschöpfe Gottes waren.
> «Allmächtiger, wirst Du uns jemals von diesen Heiden erlösen?»,
> rief er verzweifelt, während die Luft widerhallte von den Schreien
> der zu Tode gequälten Tiere und den derben Stimmen der betrun-
> kenen Bauern.

Der Vater Singer lamentierte auf Jiddisch, aber seine Bezüge waren reines Hebräisch. Wenn er Formulierungen wie «Gottes Ge-
schöpfe» oder «werden wir je erlöst» benutzte, so waren dies hebräische Wörter. Und Israel J. Singer konnte erwarten, dass seine
Leser den Bezug verstanden und den sprachlichen Ebenenwechsel spürten.

Wir können diesen Ebenenwechsel nachvollziehen, wenn wir
die jiddische Übersetzung des Wortes «Gast» betrachten. Ein Jiddisch Sprechender hat zwei Alternativen – das deutschstämmige
Wort *gast* oder das aus dem Hebräischen kommende *ojrech*. Das
zweite Wort wird am häufigsten in der Formulierung *ojrech ojf
schabeß* verwendet, Schabbatbesuch, was eine ganz eigene Bedeutung hat. Schabbat, der Tag der Ruhe, des Lernens, des Gebets
und des Zusammenseins mit der Familie, war (und ist noch immer) der Höhepunkt der jüdischen Woche, der Tag, an dem jeder
Mann ein König war. Da auch das Reisen am Schabbat nicht erlaubt war, wurde jemand, der von zu Hause weit entfernt war, zum

Schabbatgast einer der eingesessenen Familien. Dies war nicht nur ein Vergnügen für den Gast, es galt auch als Vergnügen für den Gastgeber, weil sich ihm dadurch die Gelegenheit zu einer *mizwe* bot (dieses hebräische Wort bedeutet Gebot, gute Tat und Vergnügen). Ein jiddischer Witz berichtet von einem Gastgeber, der am Schabbatausgang seinem *schabeß ojrech* eine Rechnung für seine Gastfreundschaft präsentiert. Der Gast, verwirrt durch eine so unerhörte Verdrehung der Tatsachen, weigert sich zu bezahlen und ist damit einverstanden, die Sache vor den örtlichen Rabbiner zu bringen. Als der Rabbiner sich auf die Seite des Gastgebers stellt und sagt, der Gast solle tatsächlich für seine Bewirtung bezahlen, ist der Gast außer sich, weil sich eine solche Entscheidung gegen alle jüdischen Grundsätze richtet.

Schließlich fängt der Gastgeber an zu grinsen. «Ich wollte doch nie, dass du bezahlst», erklärte er dem erstaunten Gast. «Ich wollte doch nur, dass du siehst, was für ein *schlemil* unser Rabbi ist.»

Die grundlegende Definition des Wortes für «Gast» gibt uns, sozusagen als Bonus, auch die Definition von *schlemil*. Fügt man dieser Art kulturell informierender Beschreibungen die vielen rituellen Ausdrücke und Sprichwörter hinzu, bekommt man einen Eindruck davon, wie Jiddisch als Bewahrerin einer anderen, lebensfähigen Welt funktionierte. Es hielt die Außenstehenden ab, es stärkte die Gruppe, und es bildete eine Schutzschicht um das heilige Hebräisch, die Basis.

Gelehrte nennen diesen Zustand «internalen Bilinguismus», was bedeutet, dass jeder Jude mindestens Teilaspekte von zwei Sprachen kannte, Jiddisch und Hebräisch, die unterschiedlich und getrennt, aber trotzdem unauflöslich miteinander verbunden sind. Die Tatsache, dass praktisch jeder jüdische Mann und sogar einige Frauen Hebräisch konnten, es aber im Alltag nicht benutzten, hielt die Sprache verfügbar und dennoch getrennt. Sie musste sich nicht verändern, um sich den Bedürfnissen des täglichen Gebrauchs anzupassen, aber sie wurde den Menschen nie entfremdet. Sie wurde nie abgelegt, wie etwa Latein. Diese sprachliche

Verschmelzung, einmalig in der Geschichte der Sprachen, drückte sich auf vielerlei Arten aus. Jiddisch wurde die Handlangerin des Hebräischen genannt, Hebräisch die Bibliothek des Jiddischen. Die Kombination wurde als eine Literatur in zwei Sprachen definiert. *Gott spricht Jiddisch während der Woche und Hebräisch am Schabbat.*

Zusätzlich zu diesem hebräisch-jiddischen Geflecht hatte Jiddisch noch einen anderen Strang – das, was Wissenschaftler einen «externalen Bilinguismus» nennen –, nämlich die Beherrschung einer zweiten Sprache, die nicht die eigene ist. Da es kein «Jiddischland» gab, kein Staatsgebilde, dessen offizielle Sprache Jiddisch war, lebten Jiddisch Sprechende immer als Gäste im Haus eines anderen. Im Allgemeinen war es, wegen ihrer Rolle als Ernährerin, die Frau der Familie (die *balebuste*, die Hausfrau), die zumindest ein wenig Deutsch, Polnisch, Russisch, Ukrainisch, Ungarisch oder Tschechisch sprach. Die Mutter der Singer-Brüder, Bathseba, verkaufte Weizenkuchen, ein Erwerbszweig, der oft der *rebezn* vorbehalten blieb. Es war die typisch jiddische Verbindung des Profanen mit dem Heiligen, ebenso war es ein charakteristischer, praktischer Zugriff auf das Leben: Man gibt der Frau des Rabbiners eine Arbeit, damit ihr Mann mehr Zeit zu seinem – und der Gemeinde – spirituellem Wohlbefinden verbringen kann. *Ein geschältes Ei springt nicht von allein in den Mund.*

Jiddisch war immer offen für die Sprachen der Nachbarn, seine Sprecher nahmen wahr, wie eine Sprache sich biegt und verwandelt, wie wir am Beispiel *gast/ojrech* gesehen haben. Ein frommer Mann wie der alte Singer wird ein Jiddisch gesprochen haben, das reicher an hebräischen Worten war; seine weltlicheren Söhne werden ihre Sprache mit mehr polnischen Wörtern aufgefrischt haben.

Doch das sprachliche Rohmaterial wurde immer in einen jiddischen Kontext gestellt. So stammen beispielsweise die Namen der meisten Wochentage direkt aus dem Deutschen, was es für uns leichter macht, sie zu verstehen. *Suntik, montik, dinschtik, mit-*

woch, donerschtik. Aber der jiddische Ausdruck *ale montik und donerschtik* «jeden Montag und Donnerstag» wäre bedeutungslos für jeden Außenseiter, auch wenn er die Wörter verstünde, solange er nicht wüsste, dass Montag und Donnerstag die Tage sind, an denen ein bestimmtes Gebet in voller Länge rezitiert wird. Ein anderes Beispiel ist der Ausdruck *rejn wi erew pesach.* Man kann es wörtlich übersetzen, «sauber wie am Vorabend von Pessach», doch das bedeutet nichts, wenn man nicht weiß, dass Juden vor diesem Fest ihr Haus peinlich genau sauber machen, damit auch nicht eine Krume gesäuerten Brots zurückbleibt, wobei die letzte Kontrolle mit einer brennenden Kerze und einer Feder als Staubtuch durchgeführt wird. Auf diese Art setzen die allgemein üblichsten Ausdrücke den Sprecher in den Kontext jüdischer Geschichte und Theologie.

Das war der Genius der Kultur. Nichts wurde ausgenommen. Obwohl alle Gesellschaften bestimmte Bereiche menschlicher Bedürfnisse bis zu einem gewissen Grade abdecken müssen, ging die Welt des Jiddisch sprechenden *schtetl* weit über diese Bereiche hinaus. Da es für Juden keinen anderen Ort gab, zu dem sie gehen konnten, musste die *kehile* für alle da sein. So wie die traditionelle Methode des Tora-Studiums, das den Stolz einer Gemeinschaft ausmachte, *pilpl* war, ein Diskurs in ständig hin- und hergehenden Fragen und Antworten, war es die Dialektik, die diese Kultur am Leben erhielt. Nichts war ausgeschlossen. Intellektualismus, Erdverbundenheit, Egoismus, Großzügigkeit; jeder menschliche Impuls wurde akzeptiert. *Wenn Gott auf der Erde leben würde, würden ihm die Leute die Fenster einschlagen.*

Dieses umfassende Gefühl für Humanität ist einer der Gründe, warum die *schtetlech* eine so große Resonanz fanden, sowohl bei Juden als auch bei Nichtjuden. Es folgt ein Auszug aus dem *jiskerbuch* der Stadt Jadow, dem Buch der Erinnerung. Dieser Eintrag zeigt uns die Struktur eines Jahrmarkts in einer kleinen Stadt. «Es kamen auch viele Jongleure, Drehorgelspieler und Zauberer, und sie waren eine besondere Attraktion für die Kinder. Als Teil ihres

Gewerbes trugen all diese Spitzbuben türkische Hüte, sprachen verschiedene Sprachen und wurden heiser vom ständigen ‹hokus-pokus› Schreien. Als es Zeit für die *minche* ‹Nachmittagsgebet› wurde, gingen all diese ‹Türken› in die Synagoge. Es stellte sich heraus, dass sie in Wirklichkeit Juden waren.»

Durch ihre lange Geschichte des Exils hindurch waren Juden Meister in dem, was man den Türkischen-Hut-Trick nennen könn-te. Obwohl sie zu allem wurden, was nötig war, verloren sie nie aus den Augen, wer sie waren. Sie lebten in einer staatenlosen Realität, weigerten sich aber, sich selbst in den Worten irgendei-nes anderen zu definieren. Tausend Jahre lang existierten viele Funktionen, die in anderen entwickelten Gesellschaften durch Staat und Armee gestützt wurden, nur in jiddischen Wörtern.

Das ist der Grund, warum in der Theater- und Filmversion von *Der Fiedler auf dem Dach* – einer moderne Musicaladaption der jiddischen Erzählungen von Scholem Alejchem, zu dem wir spä-ter kommen werden – alle Zuhörer überall in der Welt in Tränen ausbrechen, wenn Tewje sein *schtetl* verlässt. Sogar wenn sie nie etwas von Hebräisch oder Jiddisch gehört haben, sogar wenn sie nichts über die Jahrtausende des jüdischen Exils wissen, spüren sie den Verlust des nährenden Heims. Dass Jiddisch zu einem wichti-gen Stützpfeiler in solch einer Welt wurde, ist ein Maßstab für seine Kraft.

4. Kapitel
Aufklärung und Chassidismus:
Der Kopf und das Herz

פון דיין מויל צו גאטס אויער.

Fun dajn mojl zu gots ojer.

Von deinem Mund zu Gottes Ohr

Im 18. Jahrhundert erfassten zwei große soziale Bewegungen die jüdische Welt und veränderten Jiddisch für immer. Das eine war die *haßkole*, die jüdische Form der europäischen Aufklärung. Für die Aufklärer, die Modernisten, symbolisierte Jiddisch all das, was sie ausmerzen wollten. Für die Mitglieder der chassidischen Bewegung hingegen, die sich selbst als fromme Juden bezeichneten, deren wichtigstes Ziel die mystische Freude war, bedeutete Jiddisch die Verherrlichung jüdischen spirituellen Lebens. Die Sprache, die sich bis dahin bescheiden im Hintergrund gehalten hatte, trat plötzlich ins Licht. Jiddisch wurde nun von den einen verachtet, von den anderen gepriesen. Beide Seiten, sowohl jene, die Jiddisch liebten, als auch jene, die es hassten, waren völlig überzeugt davon, die Geschichte auf ihrer Seite zu haben.

Im frühen 18. Jahrhundert war es bereits dreihundert Jahre her, dass die meisten Juden von Deutschland nach Osten gewandert waren, Richtung Polen. Die Zurückgebliebenen und die Abgewanderten sprachen inzwischen leicht unterschiedliche Sprachen. Und ihre Lebensformen hatten sich grundlegend auseinander entwickelt. Die deutschen Juden waren, physisch und geistig, weniger isoliert von den christlichen Deutschen. Sie kleideten und verhielten sich weitgehend wie ihre nichtjüdischen Nachbarn. Außerdem hatte ihr Jiddisch nicht die zusätzlichen slawischen Komponenten aufgenommen, ihre Sprache war näher am Ursprung geblieben.

Ein Beispiel: Zwei typisch jiddische Wörter, *sejde*, «Großvater», und das viel benutzte Wort *take*, das man mit «so!» oder «wirklich, tatsächlich» übersetzten könnte, waren slawische Lehnwörter. Deutsche Juden nannten ihre Sprache, die sie mit hebräischen Buchstaben schrieben, entweder *jidischtajtsch*, Jiddisch-Deutsch, oder einfach *schargon*, Jargon.

Das Wort «Jargon» war in vielen europäischen Ländern bekannt und hatte überall dieselbe abschätzige Bedeutung. Christliche Gelehrte jener Zeit suchten nach so genannten «reinen» Sprachen und waren darauf erpicht wie auf köstliche Pilze oder Trüffel. Der größte Fang war das gelegentlich entdeckte «wilde Kind», das wie Kaspar Hauser aus irgendwelchen widrigen Umständen von menschlichen Kontakten abgeschnitten worden war. Forscher wollten unbedingt herausfinden, welche Sprache diese nichtzivilisierten Kinder «von Natur aus» sprechen würden. (Latein war die wichtigste Bewerberin.) Heute wissen wir, dass die meisten Sprachen weit davon entfernt sind, «rein» zu sein, und dass Kinder, um eine Sprache zu entwickeln, menschliche Sozialisation brauchen. Weil in der jiddischen Sprache die Ausdifferenzierung des Wortschatzes vor allem auf die sozialen Beziehungen der Menschen untereinander gerichtet war, kann man Jiddisch als sehr soziale Sprache bezeichnen.

Erinnern wir uns daran, dass Jiddisch im fruchtbaren Lehm der deutschen Flusstäler geboren wurde, dass ein großer Teil seines Vokabulars aus lokalen deutschen Dialekten stammte und dass Jiddisch viele dieser Wörter und Formen beibehalten hatte, als seine Sprecher nach Osten wanderten. In mancher Hinsicht hat Jiddisch mittelalterliche Formen bewahrt, während sich das Deutsche weiterentwickelt hat. Auf welche Art ein deutsches Wort eine andere Bedeutung erhielt, wenn es von Juden benutzt wurde, war auch eine Frage des Kontextes. *Mentsch* ist ein wunderbares Beispiel dafür. Im Deutschen bedeutet es einfach «Mann, Mensch», während sich für einen Jiddisch Sprechenden ein ganzes Paket moralischer und ethischer Erwartungen damit verbindet. *Sajn a mentsch* bedeutet, sich menschlich zu verhalten.

Jiddisch war also Deutsch und doch nicht Deutsch. Es besaß ein deutsches Kernvokabular, doch etwa ein Viertel seines Wortschatzes war nie deutsch gewesen. Viele seiner grammatikalischen Formen stammten aus anderen Sprachen, und die Aussprache und die Bedeutung von ursprünglich deutschen Wörtern hatte sich entscheidend verändert. Der vielleicht wichtigste Aspekt ist aber, dass sie in einer ganz anderen Welt funktionierten.

Die verwandtschaftliche Nähe gefiel den beiden ungleichen Geschwistern gar nicht. Menschen, die uns nahe stehen, können uns schließlich leichter kränken als diejenigen, mit denen wir nichts gemein haben.

Damals, sieben oder acht Jahrhunderte, nachdem sich Jiddisch von seinem deutschen Ursprung gelöst hatte und zu der Sprache geworden war, um die es uns geht, konnten viele Jiddisch Sprechende, abhängig davon, wo sie lebten und was sie von ihrer christlichen Umgebung mitbekamen, Deutsch weder sprechen noch verstehen. Und aufgrund des anderen Alphabets konnten noch weniger von ihnen Deutsch lesen. Wie man sich vorstellen kann, war das vor allem ein Problem für Juden, die in deutschsprachigen Gebieten lebten.

In vielerlei Hinsicht waren diese Juden aber besser in die dominante Kultur integriert als ihre Cousins im polnischen Königreich. Manche von ihnen waren glatt rasierte Banker und säkulare Philosophen. Einige waren sogar bei Hof willkommen. Als der frische Wind der Aufklärung über Westeuropa wehte, wurden auch die deutschen Juden gestärkt. Christen wie Juden waren bereit, das abzulegen, was sie als dunklen, mittelalterlichen Aberglauben betrachteten, und in eine neue Ära von Logik und klarem Denken einzutreten. Für Juden bedeutete die Aufklärung oder *haßkole* (das Wort kommt vom hebräischen Wort *haskala*, «Vernunft» oder «Bildung») eine erweiterte Definition von Wissen, das über die Welt der Rabbiner und der Weisen hinausging. Doch nur ein Jude, der in der Tradition erzogen war, war in der Lage, andere aus ihr hinauszuführen.

Moses Mendelssohn (1729–1786), Linguist und Philosoph aus Dessau, hatte einen Buckel und stotterte, aber er stieg in die bessere Berliner Gesellschaft auf, zum einen wegen seines großen Intellekts, aber auch wegen seines Charmes, seiner Menschlichkeit und seiner Bereitschaft, öffentlich die schwierigen Themen seiner Zeit anzugehen. In einer Epoche öffentlicher Debatten über Religion und Philosophie waren sowohl Juden als auch Christen bereit für einen Wandel. Und Mendelssohn, der angesehenste und respektierteste Jude seiner Zeit, wollte diese Möglichkeit nutzen.

Mendelssohn, erpicht darauf, das abzulegen, was er als Bürde seines Judentums sah, schaute in die Zukunft und sah Judentum und Christentum sich in einer Wolke aus Vernunft vermischen. Obwohl die Ostjuden – die Bezeichnung der deutschen Juden für ihre Verwandten in Osteuropa – kein besonderes Interesse daran hatten, wie ihre polnischen Nachbarn zu werden, waren viele westeuropäischen Juden oder *Kulturjuden* nur allzu bereit zu einer Verschmelzung. Als einer der «akzeptabelsten» Juden seiner Zeit übernahm es Mendelssohn, der *maßkil*, der Aufklärer, seine Mitjuden zu «normalisieren».

Dazu sollten sie vor allem ihr als primitiv angesehenes Jiddisch ablegen. Wie wir gesehen haben, ist Sprache sowohl ein Weg in eine Kultur hinein als auch aus ihr heraus. Sprich meine Sprache und du hast eine größere Chance, mich kennen zu lernen. Sprichst du sie nicht, gibt es diese Möglichkeit überhaupt nicht. Wenn die Juden mit den Christen verschmelzen wollten, mussten sie unbedingt ihr Deutsch perfektionieren. Aber das allein reichte nicht: Jiddisch würde verschwinden müssen.

Mendelssohn übersetzte den Pentateuch, die ersten fünf Bücher des alten Testaments, ins Deutsche, obwohl er dazu Deutsch mit hebräischen Buchstaben schrieb, damit die anderen Juden es zumindest lesen konnten, wenn sie die deutsche Schrift nicht beherrschten. Doch er ging noch darüber hinaus und begann einen Kampf gegen die jiddische Sprache, die er «Jargon» nannte. 1782 schrieb er: «Ich fürchte, dass dieser Jargon nicht wenig zu der Primitivität des einfachen Mannes beigetragen hat, und erwarte gute Resultate von der steigenden Verwendung der reinen deutschen Sprache unter meinen Mitbrüdern.»

Für Juden bedeutete dieser Wechsel von ihrer Zugehörigkeit zu einem eigenen Volk hin zu einer Existenz als Deutsche jüdischen Glaubens, dass sie ihre Jüdischkeit von einer allumfassenden Lebensform auf den religiösen Aspekt beschränkten. Hebräisch durfte eine Rolle in ihren Gebeten spielen, als eine «klassische» Sprache, die einiges Ansehen unter den gebildeten Europäern besaß. In ihrem öffentlichen Leben sollten Juden aber ganz normale Deutsche werden. Und weil zu einer nationalen Identität auch gehörte, dass man, statt eines Kauderwelschs lokaler Dialekte, eine allgemeine nationale Sprache sprach, wurde es für Juden wichtig, Deutsch zu sprechen, wenn sie als Deutsche angesehen werden wollten. Man mag das als einfache Änderung betrachten, aber es bedeutete einen tiefen Einschnitt in das Selbstbild der Menschen.

Die deutschen Juden begannen in einer Art Selbsthass, wie wir es heute sehen, schreckliche Dinge über Jiddisch zu sagen. Obwohl viele von ihnen von ihrer Geburt bis zu ihrem Tod keine andere Sprache beherrschten, betrachteten sie Jiddisch nicht als richtige Sprache. Aus heutiger Sicht ist das nicht nachvollziehbar. Aktuelle linguistische Theorien vertreten die Ansicht, dass wir Menschen in gewisser Weise für Sprache programmiert sind; die Wörter, die wir zusammenfügen, folgen Mustern, die durch alle Kulturen und alle Zeiten existieren. Sprachen mögen mehr oder weniger elaboriert sein, aber es besteht kein Zweifel, dass das Jiddisch des 18. Jahrhunderts, ob es nun in deutschen Ländern oder weiter östlich in Polen gesprochen wurde, eine vollständige und reiche Sprache war.

Linguisten lehnen es ab, sich auf einen bestimmten Umfang des Vokabulars festzulegen, sie ziehen es vor, Sprachen nach ihrer Verständlichkeit zu beschreiben, weil es keine Pauschalstandards gibt. Zum Beispiel haben angesehene Forscher den Wortschatz Shakespeares gezählt und sind auf eine Zahl von sechzehntausend bis dreißigtausend gekommen – eine Differenz von fast hundert Prozent in einem begrenzten Werk. Man möge sich dieses Maß an Nichtübereinstimmung vorstellen, wenn man versucht, eine ganze Sprache zu beurteilen. Um einen Begriff von der Reichweite zu geben: Schätzungen von der Anzahl der Wörter in den wichtigsten modernen Sprachen gehen in die Hunderttausende.

So nähert sich der jiddische Gelehrte Joshua Fishman diesem Thema: «Es waren vier Bände von Yudl Mark's ‹Great Dictionary of the Yiddish Language› (1961–1975) notwendig, um nur die Wörter aufzuführen, die mit *alef* beginnen.» Der erste Buchstabe des jiddischen Alphabets benötigt deshalb so viel Platz, weil fast alle jiddischen Vorsilben mit *alef* anfangen. «Diese vier Bände enthalten 80.000 Wörter. Er schätzte, dass er doppelt so viele für all die anderen Wörter in seinem Kartenkatalog hatte.»

Damit sind wir sicherlich im Bereich von Hunderttausenden. Die Jiddisch Sprechenden im Deutschland Moses Mendelssohns mögen vielleicht nicht jedes dieser Wörter, die Yudl Mark fast zweihundert Jahre später fand, zur Verfügung gehabt haben, aber ihr Wortschatz reichte bestimmt, um ein volles, reiches Leben nur in Jiddisch zu führen.

Um den *maskilim* wie Mendelssohn Gerechtigkeit widerfahren zu lassen, muss man zugeben, dass zur damaligen Zeit Jiddisch vorwiegend als Umgangssprache benutzt wurde, eher gesprochen als geschrieben, und die jiddische Literatur konnte sich bestimmt nicht mit den Literaturen anderer europäischer Sprachen vergleichen (die jiddischen Äquivalente von Cervantes oder Molière waren noch nicht geboren). Einer der Gründe dafür war, dass der Aufstieg der europäischen Literaturen eng mit dem Wachstum nationaler Identitäten verbunden war. Da es kein Jiddischland gab, war zu erwarten, dass jiddische Literatur nur langsam entstehen würde. Außerdem hatten die Juden ihre intellektuelle Energie in ihre Religion investiert. Ihre säkulare Literatur beschränkte sich darauf, volkstümliche Geschichten nachzuerzählen. Aber die Sprache war da, sie war verfügbar und wartete darauf, benutzt zu werden.

Es wurde viel von der armseligen Beschreibung des Jiddischen auf dem Gebiet der Natur gesprochen, von seinem dürftigen Wortschatz für verschiedene Tiere, Vögel, Blumen oder Früchte. Der Jiddisch Sprechende kann zum Beispiel unterscheiden zwischen *margeritke* (Gänseblümchen), *bes* (Flieder), und *rojs* (Rose), verfügt aber nicht über die Dutzende von verschiedenen Blumennamen wie ein Englisch Sprechender mit einer Neigung zu Gartenbau und Pflanzenkunde. Das wird verständlich, wenn man in Betracht zieht, wie selten es Juden erlaubt war, Land zu besitzen oder auch nur zu bearbeiten. Dafür ist das jiddische Vokabular aber reich an Ausdrücken, die mit persönlichen Beziehungen zu tun haben, was ebenfalls verständlich ist, wenn man die Konzentration der jiddischen Welt auf die Gemeinde bedenkt, ihr offensichtliches Vergnügen an Verschiedenheit, an Umfang und Subtilität menschlicher Beziehungen.

Isaac Bashevis Singer zählte einige der Arten auf, wie sich ein armer Mann beschreiben ließ. «Man kann sagen, ein armer Mann, ein armer Schlucker, ein Almosenempfänger, ein Schnorrer ... Aber auf Jiddisch kann man sagen: ein armer *schlemil*, ein bettelnder *schlimasl*, ein Armer mit Grübchen, ein *schnorer* mal acht, ein *schleper* von Gottes Gnaden, ein Almosensammler in einer Mission, ein Delegierter vom Heiligen Land, gekleidet in sieben Mäntel der Armut, ein Krumenfänger, ein Knochenpicker, ein Tellerlecker, einer, der täglich das Jom-Kippur-Fasten einhält, und so weiter und so weiter.»

Doch die deutschen Juden des 18. Jahrhunderts konnten diese Feinheiten ihrer Muttersprache nicht gustieren. Als sie mit der ersten Möglichkeit konfrontiert wurden, die Grenzen ihrer jüdischen

Welt zu verlassen und in eine breitere Gesellschaft einzutreten, nahmen sie die alte jüdische Sprache als Hindernis wahr, das sie zurückhielt. Um von ihr abzulassen, mussten sie sich selbst erst davon überzeugen, dass sie weniger wert war als eine «richtige» Sprache. David Friedländer, ein Nachfolger Mendelssohns, erkannte das Hebräische als die Sprache traditioneller Gebete an, kämpfte aber weiterhin für das Deutsche und gegen das Jiddische. Er schrieb 1798:

> Das Jüdisch-Deutsche, das unter uns gesprochen wird, ist eine Sprache ohne Regeln, verstümmelt und unverständlich außerhalb unseres Kreises, es muss gänzlich verschwinden: und sowohl die hebräische Sprache als auch unsere deutsche Muttersprache müssen methodisch erlernt werden, von Kindheit an ... Wenn, wie jedermann zugeben wird, das Kind im sogenannten Jüdisch-Deutsch keine richtigen Vorstellungen von allem, was es in der Welt gibt, bekommt, wie kann sich diese Person dann später, als Erwachsener, entsprechend korrekter Prinzipien verhalten?

Aus unserer heutigen multikulturellen Perspektive klingt diese Preisgabe ihrer Sprache nach Selbsthass. Wie konnte eine Sprache, die in der Lage war, die täglichen Bedürfnisse und transzendenten Visionen einer gesamten Gemeinschaft auszudrücken, «ohne Regeln» und «verstümmelt» sein? Und ist nicht jede Sprache außerhalb ihres Kreises unverständlich? An der Tatsache, dass Juden die Sprache, die sie im Alltag benutzten, als «nicht richtig» bezeichneten, lässt sich der jüdische Mangel an Selbstbewusstsein ablesen.

Sprache liegt über dem eigentlichen Kern menschlicher Identität. Hinter dem Lächeln der Mutter fühlt man die starken Arme des Vaters, Wörter sagen uns, wer wir sind. Das jiddische Baby ist *a zazkele, a bobele, a tajer kind*, ein Spielzeug, ein Bobbelchen, ein teures Kind, es ist ein jüdisches Kind, hineingeboren in eine jiddische Welt. Betrachtet man die jiddische Sprache, drängt sich ein Widerspruch immer wieder auf: Die Sprache ist zärtlich, ein auf die Eingeweihten beschränkter Trost, zugleich aber isoliert sie ihre Sprecher von der Außenwelt. Da, wo die nichtjüdische Welt als Bedrohung empfunden wurde, als feindlicher Ort, kippte die Balance. Juden suchten Trost in ihrer homogenen Gruppe mit ihrer eigenen Sprache, und Jiddisch stieg im Ansehen. Aber unter veränderten historischen Bedingungen, wenn sich die Außenwelt öffnete, wenn die Welt hinter *di jidische gaß* etwas Positives versprach, ohne einen zu hohen Preis dafür zu verlangen, geschah das Gegenteil. Juden machten sich auf den Weg, um ihr Glück in der weiten Welt zu suchen, und ihre Muttersprache wurde ihnen scheinbar zur Last.

Das Jonglieren zwischen «wir, die Juden» und «sie, die anderen» war für Juden immer schwierig. Ein jiddisches Sprichwort drückt dieses Dilemma sehr genau aus. *A maskil meg sajn a jid, ober sajn kind?* (Ein Aufklärer mag ein Jude sein, aber sein Kind?) Hier haben wir den Fall, dass ein Sprichwort eine objektive Korrelation besitzt: Von Moses Mendelssohns sechs Kindern traten vier zum Christentum über. Doch obwohl seine Nachkommen alles taten, sich von dem zu befreien, was sie als Einschränkung durch ihr Jüdischsein ansahen, wurden sie von der deutschen Gesellschaft noch lange als Juden betrachtet. Mendelssohns Enkel, der große Komponist Felix, litt sein Leben lang unter Antisemitismus, und lange nach seinem Tod bewahrheitete sich die jiddische Volksweisheit. Die *maskilim* vergeudeten ihre *jerusche*, ihr Erbe. Doch sie hatten ihre Wahl getroffen. Von diesem Zeitpunkt an verkümmerte die jiddische Sprache in deutschsprachigen Ländern.

Wie so oft in der Geschichte kam zur gleichen Zeit, in einer Periode großer Umwandlung, ein entgegengesetzter Impuls in Gang. Während die *maskilim* eine rationalere Form des Judaismus anstrebten, in der Hoffnung, sich dadurch leichter in die nichtjüdische Welt einzufügen, schürften chassidische, Wunder tuende Rabbiner im reichen mystischen Erbe des Judentums und machten es den Massen zugänglich. Gerade als Mendelssohns Kinder die kühlen Tropfen des Taufwassers auf ihrer Stirn spürten, wurde eine andere Gemeinschaft der Juden nicht weniger jüdisch, sondern noch viel jüdischer. *Jeder rebe hot sajn derech un jeder derech hot sajn rebe.* Jeder *rebe* hat seinen Weg, und jeder Weg hat seinen *rebe*.

Israel ben Elieser (1700–1760), bekannt als Ba'al Schem tow, Herr des guten Namens, oder abgekürzt Bescht, war das Zentrum dieser Wiederbelebung. Bescht, in einem *schtetl* in der heutigen Ukraine geboren, versenkte sich in das Studium der Kabbala, ein mystisches Werk, das damals nur von wenigen privilegierten Juden studiert wurde. Es war sein Genius, diese asketische Disziplin in eine fröhliche und volkstümliche Weltsicht zu verwandeln. In einer Gemeinschaft, die lange Zeit das intellektuelle Studium geschätzt hatte, betonte er das inbrünstige, direkte Gebet. Während traditionelle Rabbiner kaum predigten und sich meist mit Rechtsfragen beschäftigten, waren die neuen *rebeim*, die chassidische Version der Rabbiner, charismatisch und zugänglich. Sie berieten ihre treuen Anhänger, die *Chassidim*, fromme Menschen, genannt wurden.

Ob dies nun eine Reaktion auf den Rationalismus war, der vom Westen herüberschwappte, oder eine vitale eigene Bewegung, lässt sich debattieren. Doch es gibt keinerlei Zweifel daran, dass die chassidische Bewegung florierte. Die Menschen strömten in Scharen zu den mystischen *rebeim*, die ihre Anhänger durch Parabeln und volkstümliche Geschichten unterrichteten. Die Männer sangen und tanzten zusammen – ekstatische Lieder und wortlose, hypnotische Beschwörungen, die *nigunim* genannt wurden, vom hebräischen *nigun*, Melodie; Kreistänze und Ketten einer explosiven, rhythmischen Bewegung.

Diese neuen *rebeim* waren völlig anders als ihre hochintellektuellen Gegenspieler, die ihre Autorität sorgsam mit jahrhundertealten Gesetzen und Kommentaren stützten. Statt Autoritäten wie Raschi zu zitieren, der nun schon seit sechshundert Jahren tot war, konzentrierten sie sich darauf, die Sprache des Gebets für alle zugänglich zu machen. Raschi mochte einzelne Worte übersetzt haben, die Chassidim erreichten einen sprachlichen Wandel. Wie der Bescht selbst sagte: «Ich lasse den Mund sprechen, was er sagen möchte.»

Für die große Masse der osteuropäischen Juden wollte dieser Mund Jiddisch sprechen. Die chassidischen *rebeim* legten Wert darauf, auf Jiddisch zu predigen und hebräische Texte ins Jiddische zu übersetzen, wobei oft beide Versionen nebeneinander abgedruckt wurden. Es gab keine herabsetzenden Einführungen mehr für zweisprachige Bücher, keine entschuldigenden Hinweise darauf, dass sie für Frauen oder ungebildete Menschen geschrieben seien. Nun wurde Jiddisch als das anerkannt, was es immer gewesen war – die lebendige Sprache von Millionen, die Stimme eines Volkes.

Der Chassidismus ist wohl am besten durch seinen reichen Schatz wunderbarer Geschichten bekannt geworden – neunhundert Engel, die zur Erde herabkommen, um einem armen jüdischen Wasserträger zu helfen; ein Mann, der geheimnisvoll als Pferd erscheint; endlose Erscheinungen des Propheten Elias. Hier folgt eine typische Geschichte:

Als ein Rabbi bei einem reichen Mann eingeladen war, stellte er bestürzt fest, dass der reiche Mann nur Brot aß, und riet ihm, Fleisch zu essen und Wein zu trinken. Doch der reiche Mann erwiderte, er sei eben sehr einfach in seinem Geschmack – eine Antwort, die dem Rabbi offenbar missfiel. Als er später von einem Anhänger gefragt wurde, warum er dem reichen Mann geraten habe, üppig zu essen, antwortete er: «Wenn er Fleisch isst, wird er erkennen, dass der Arme zumindest Brot braucht. Wenn er selbst Brot isst, wird er glauben, dass der Arme von Steinen leben kann.»

Solche Geschichten waren sehr populär, aber in einer typisch bilderstürmenden jiddischen Form entstanden die antichassidischen Geschichten genauso schnell und fanden eine ebenso weite Verbreitung. Eine lautet so:

Ein frommer Chassid erzählt seinen Freunden von all den Wundern, die sein *rebe* vollbracht hat. Eines der Wunder handelt davon, dass der *rebe* mit einem Anhänger an Jom Kippur spazieren ging, an einem Tag also, an dem Juden fasten müssen. Sie sahen einen Juden frech an einer Mauer stehen und einen Hering und ein Stück Brot essen.

Der Anhänger war entsetzt und hoffte, dass die Mauer auf den schamlosen Juden fallen und seine Knochen brechen würde.

Aber der *rebe* war damit nicht einverstanden. «Vielleicht hat er einen guten Grund, diese Sünde zu begehen», sagte er. «Statt ihn zu verfluchen, will ich ihn segnen und darum beten, dass diese Mauer nicht auf ihn fällt und ihn erschlägt.»

«Und was glaubt ihr, was passiert ist?», verkündet der chassidische Erzähler. «Der Sünder wurde *nicht* totgeschlagen! Die Mauer stürzte *nicht* über ihm zusammen!»

Auch wenn nicht alle Juden von dem wirbelnden chassidischen Tanz mitgerissen wurden, so übten diese intensiven, ekstatischen, eng verbundenen Gruppen doch einen großen kulturellen Einfluss aus; sie waren die *schtetl*-Juden, reduziert auf ihre archetypische Form. Ein bekanntes jiddisches Lied beschreibt, wie, wenn der *rebe* tanzt, alle Chassidim seinem Tanz folgen; wenn er singt, erheben alle ihre Stimmen; wenn er niest, niesen alle; wenn er schläft, legen alle ihre bärtigen Häupter nieder. Aber auch wenn der Anblick dieser Führer und ihrer Anhänger die Parodie herausforderte, kann man doch sehen, wie durch den Chassidismus im Lauf der Zeit Generationen von nichtchassidischen Juden zum Ursprung ihrer Sprichwörter, ihrer Mythen, Gesänge und allegorischen Geschichten zurückfanden.

Für unseren Zweck ist es wichtig, uns zu merken, dass diese Lieder auf Jiddisch gesungen, diese Wunder auf Jiddisch gefeiert wurden. Nachman aus Brazlaw, der große Führer der Chassidim im 18. Jahrhundert, schrieb über den Chassid: «In der heiligen Sprache ‹Hebräisch› wird es ihm schwer fallen, alles zu sagen, was er sich wünscht, und er wird nicht so aufrichtig sein können, da wir die heilige Sprache nicht sprechen ... Auf Jiddisch können wir

alles, was wir auf dem Herzen haben, vor unserem Gott aussprechen.» Vielleicht besonders aufschlussreich erklärt er: «Auf Jiddisch ist es leichter, jemandem das Herz zu brechen.»

Der Chassidismus fasste nie wirklich Fuß in Deutschland, doch
er zog eine breite Schneise durch Osteuropa. Hinfort hatte jedes
schtetl, jede Familie, eine chassidische Seite. Auf dem Höhepunkt
der Bewegung waren wohl die Hälfte aller osteuropäischen Juden
Chassidim. Als im 19. Jahrhundert die Fotografie ins *schtetl* ein-
zog, zeigte ihr ungerührtes Auge die Vielfalt jüdischen Lebens. Juden mit langen Bärten und bodenlangen Mänteln (verschiedene
Mantelformen, Gürtel oder Hüte entsprachen der Kleidung bestimmter *rebeim*) vermischten sich unbekümmert mit eher weltlichen Juden, die sich nach der modischen westlichen Kleidung
richteten. Gemeinden sind nie monolithisch, am wenigsten aber
die jüdischen. *Zwei Juden, drei Meinungen.*

Bei der großen Teilung von Aufklärern und Pietisten hatten
beide Seiten etwas Wichtiges gemeinsam. Sie begannen, die Frage
zu beantworten, die sich mit wachsender Dringlichkeit im kommenden Jahrhundert stellte: Wie weit würden Juden Teil der sie
umgebenden Welt sein, wie weit würden sie sich von ihr abspal-
ten müssen? Diese philosophische Frage wird durch die jiddische
Sprache selbst gespiegelt, die sich großzügig aus der sie umgebenden Kultur bedient, während ihre wichtigste Funktion darin besteht, ihre Sprecher zu vereinen und von ihren nichtjüdischen
Nachbarn zu trennen.

Diese Runde des Rationalismus gegen den Emotionalismus erfüllte zugleich eine Aufgabe jenseits der großen Bewegungen, der
religiösen Unruhen und der kulturellen Wandlungen. Juden wurden sich der Sprache bewusst, die sie sprachen. Ihre Worte zeigten deutlich, ob sie für oder gegen eine Assimilation waren, je
nachdem, ob sie sich innerhalb des ewigen jüdischen Kontinuums
am «Sie, die anderen» oder am «Wir, die Juden» orientierten.

Am Ende des 18. Jahrhunderts war Jiddisch zum hörbaren
Merkmal einer Gruppendefinition geworden. Es diente bestimm-

ten Zwecken und wurde in die verschiedenen Prozesse eingebunden. Da die folgenden Generationen jede historische Kreuzung aufmerksam beobachteten, war diese erste Spaltung für sie wahrnehmbar.

Für diejenigen, die sich für Deutsch entschieden hatten, blieb Jiddisch aber ein ständiger Quell von Verlegenheit und Scham. Jiddisch wurde zum Symbol dafür, woher sie gekommen und was sie einmal gewesen waren. So stammt sogar die Bezeichnung «osteuropäische Juden» von *Ostjuden*, dem Namen, den deutsche Juden ihren östlichen Brüdern gegeben hatten und der einen abfälligen Klang bekommen hatte.

Für jene, die Jiddisch gewählt hatten, war hingegen klar, wie effektiv die Chassidim das, was sie als ihr Geburtsrecht sahen, ergriffen und benutzt hatten, um ihr soziales Leben neu zu beleben. Die jiddische Sprache, ein Werkzeug für Ruhm oder Scham, hatte jeden Rest von Neutralität verloren. Von diesem Zeitpunkt an wurde sie für die Juden, ob sie ihr anhingen oder vor ihr flohen, zu einem wichtigen Faktor ihrer Identität als europäische Juden.

Teil zwei
Die moderne Ära

5. Kapitel

Osteuropa: Öffnung der Tore

נייע נעסטן, נייע פייגל

וועלן נייע לידער זינגען

Naje neßtn, naje fejgl
weln naje lider singen.

Neue Nester, neue Vögel
werden neue Lieder singen.

J. L. Perez

Zu der Zeit, als die Nachwirkungen der Aufklärung und die Verbreitung des Chassidismus abflauten, überschwemmte eine neue Welle sozialen, politischen und ökonomischen Umschwungs die jüdische Welt. In Russland wurden 1861 die Leibeigenen befreit, zwei Jahre später verloren die polnischen Adligen an Macht. Ungefähr zur gleichen Zeit, in der Mitte des 19. Jahrhunderts, erreichte die industrielle Revolution auch Osteuropa, ein ganzes Jahrhundert später als im Westen.

Die neuen Maschinen brachten die moderne Welt in die kleinen Städte, deren Rhythmus sich seit dem Mittelalter nicht verändert hatte. Eisenbahnen ersetzten Kutschen und führten zu Veränderung im Handel und in den räumlichen Beschränkungen des Einzelnen. Nähmaschinen machten alte Handwerke überflüssig, und neue, urbane Fabriken lockten Juden aus ihren *schtetlech*. Als die Wochenmärkte und Jahrmärkte ihre entscheidende Rolle in der regionalen Wirtschaft verloren, gerieten die *schtetlech* in den freien Fall. Eine komplette soziale Struktur, in Jahrhunderten gewach-

sen, wurde nun gezwungen, auf Veränderungen in allen Lebens-
bereichen zu reagieren.

Die Ankunft des ersten Telegraphenapparats und später die
Entstehung der allgemeinen Zeitungen nahmen lokalen Geschichtenerzählern ihre Arbeit und wurden sogar zu einer wirklichen
Konkurrenz für die *rebeim*. Wenn ein Jude nun die Antwort auf
eine komplizierte Frage suchte – zum Beispiel wie er sich selbst in
eine jüdische und eine europäische Zukunft einordnen könne –,
war er nicht mehr nur auf seinen örtlichen Rabbiner angewiesen,
er konnte sich auch an den Autoren orientieren, deren Beiträge er
in den jiddischen Zeitungen lesen konnte. (Beliebte Autoren ver-
kauften ihre Artikel international, über die Jüdische Telegraphen-
Agentur). Ein Jude konnte bei Wandertheatern jüdische Stücke
von Abraham Goldfaden oder eine Übersetzung von *Romeo und
Julia* sehen, er konnte mit Hilfe des neuen Phonographen jiddische
Lieder hören, wie das sentimentale *Belz* oder *Ojfn pripetschik*,
oder zu einer Klesmer-Musik tanzen, die von Musikern gespielt
worden war, die Tausende von Kilometern entfernt lebten.

Manche Menschen fühlten sich durch diese Veränderungen ver-
unsichert, andere aber ergriffen die gebotenen Möglichkeiten. Die
jiddische Welt antwortete mit einem ungeheuren Ausstoß kreati-
ver Energie. Jiddisch sprechende Theoretiker führten eine Schwindel erregende Anzahl neuer «Ismen» ein. Jiddische Schriftsteller
schufen neue Genres, die ihrerseits neue Märkte eröffneten. Jiddisch, das bis dahin vor allem eine Umgangssprache gewesen war,
wurde nun zu einem Instrument der Politik, der Wissenschaften,
der Literatur und der Kunst. Diese üppige Blüte veränderte ein
Volk.

Literatur wurde der fokussierte Lichtstrahl, der die jiddische
Welt entzündete und reflektierte und das goldene Zeitalter der jiddischen Literatur einleitete. Dieses bestand vor allem aus dem
Werk dreier Autoren – Mendele, J. L. Perez und Scholem Alejchem. Sie schufen berühmte Werke, ohne das Volkstümliche zu
verleugnen. Auf typisch jiddische Art werden diese Schriftsteller

in einen familiären Kontext gestellt. Erst kommt der *sejde*, der Großvater, der Nachwelt als Mendele Mojcher Sforim bekannt.

Schalom Jakob Abramowicz wurde um 1836 in einem *schtetl* geboren, das nach der Teilung Polens unter russische Herrschaft geraten war. Der Staatsangehörigkeit nach war er also Russe, jedoch würde man ihn nie als russischen Schriftsteller bezeichnen. Eine solche Klassifizierung hätte den Russen oder seinen jiddischen Lesern auch wenig bedeutet. Wir sollten uns das merken, wenn wir zu unseren modernen jiddischen Charakteren kommen. Obwohl die genannten Autoren durch politische Grenzen getrennt waren, existierte die jiddische Kultur, in der sie arbeiteten, quasi in einem eigenen Königreich.

Wie andere Intellektuelle seiner Zeit schrieb Abramowicz ein respektables Hebräisch, er übersetzte europäische wissenschaftliche Texte und auch Essays und Geschichten. Über Jiddisch schrieb er später Folgendes:

> Es war zu meiner Zeit eine leere Vase, nur gefüllt mit Lächerlichem, mit Unsinn und dem Gequassel von Narren ... Nur Frauen und die gewöhnlichsten Leute lasen das Zeug, ohne zu verstehen, was sie gelesen hatten. Die Übrigen, auch wenn sie keine andere Sprache beherrschten, schämten sich, Jiddisch zu lesen, weil sie nicht zeigen wollten, wie rückständig sie waren ... Dies war mein Dilemma, denn wenn ich anfing, in dieser «unwürdigen» Sprache zu schreiben, konnte meine Ehre befleckt werden ... Doch mein Sinn für das Nützliche besiegte meine Zweifel, und ich beschloss, komme, was wolle, Mitleid mit Jiddisch zu haben, der verstoßenen Tochter, denn es war an der Zeit, etwas für unser Volk zu tun.

Was aus einem Pflichtgefühl heraus begann, wurde später zu einem Liebesdienst. Abramowicz entdeckte die Sprache, die ihm von Geburt an vertraut gewesen war. Obwohl er Hebräisch weiterhin verehrte – er sagte, nur Hebräisch oder nur Jiddisch zu sprechen sei, als atme man nur durch ein Nasenloch –, verband er sein

Schicksal mit dem der jiddischen Sprache. Er sagte: «Ich verliebte mich in die jiddische Sprache und heiratete sie für immer.»

Abramowicz nahm das Pseudonym Mendele Mojcher Sforim an, Mendele der Bücherverkäufer (Pseudonyme waren bei den jiddischen Schriftstellern jener Zeit allgemein verbreitet), und schuf die Person eines einfachen, aber anständigen Mannes. Seine Leser waren froh, einen erkennbar modernen Charakter im Zentrum von Mendeles Geschichten zu finden, und später wurde der Autor mit seinem fiktionalen Selbst verwechselt. Niemand würde Mendele zu den wirklich großen Schriftstellern der Weltliteratur zählen, aber er schuf ein neues Genre und legitimierte die jiddische Sprache. Seine Geschichten waren tief in der Tradition seines Volkes verwurzelt.

Ebenso wichtig ist, dass Mendele zu einer Zeit zu schreiben begann, als es für ihn auch möglich war, sein Publikum zu erreichen. Sein Debüt fiel zusammen mit der Einführung neuer Technologien und mit einer Öffnung hin zum politischen Liberalismus. Ein Jahr, nachdem Zar Alexander II. die Leibeigenen befreit hatte, brachte *Hameliz* (der Fürsprecher), eine hebräische Zeitung in Odessa, eine jiddische Beilage heraus, die *Kol mewaser* hieß (verkündende Stimme). Das war 1862, gerade als Mendele anfing zu schreiben.

Ein junger Bewunderer Mendeles, Simon Dubnow, gewährt uns einen Blick auf ihn und sein Werk und zeigt, wie Mendele sich von der hebräischen Tradition entfernte und etwas Neues schuf. Dubnow berichtet, dass Mendele, wenn er an seinen Schreibtisch trat, behauptete, er schreibe nicht, sondern verscheuche Fliegen. Seinem Bericht nach sagte Mendele Folgendes: «Wenn ich Hebräisch schreibe, fallen alle Propheten über mich her: Jesaja, Jeremia, die Dichter des Hohelieds und der Psalmen, und jeder von ihnen bietet mir für das, was ich ausdrücken will, einen vorgefertigten Vers oder eine etablierte Wendung von ihm selbst an. Um nicht in vorgefertigten Klischees zu schreiben, muss ich zuerst all diese Fliegen verscheuchen.»

Das ist eine wunderbare Erklärung des Unterschieds zwischen Hebräisch und dem damaligen Jiddisch. Hebräisch war eine Witwe von Stand, gekleidet in eine steife, mit Perlen verzierte Robe, Jiddisch ein zerlumptes Straßenkind mit einer gewissen Großspurigkeit. Hebräisch trug das Gewicht des Alters; Jiddisch war geschmeidig und offen. Weil die Sprache aus einem halben Dutzend anderer Sprachen zusammengesucht war und für unbedeutend genug gehalten wurde, dass sich niemand um sie kümmerte, konnten Mendele und seine schreibenden Kollegen sie nach Bedarf umarbeiten und ihren eigenen Stil schaffen.

Mendeles Mantel wurde von Jizchak Leib Perez übernommen, seinem literarischen Sohn. Der jüngere Mann (1851–1915) interpretierte jüdische Volksstoffe und Themen von einem modernen europäischen Blickwinkel aus. Für ihn waren die Chassidim bereits pittoresk, ihre Kleidung altmodisch und ihre Wundererzählungen Geschwätz. Perez, ein Rechtsanwalt, der in Warschau lebte und mit seiner Familie Russisch und Polnisch sprach, obwohl er sein Heim zu einem Hauptquartier für jiddische Autoren machte, bevorzugte eine häppchenweise Annäherung an die Kultur und griff auf die traditionelle Welt zurück, wenn es ihm zweckmäßig erschien. Was die beiden Männer verband, war die Bereitwilligkeit, mit der ihr Werk sofort von einem Jiddisch lesenden Publikum angenommen wurde, das vorher weitgehend unterversorgt gewesen war. Je verbreiteter und billiger Zeitungen wurden, umso vertrauter wurden die Namen der Autoren, die für sie schrieben. Es dauerte nicht lange, da wurden sie allerorts als Autoritäten zitiert.

Wie zu erwarten, waren die Rabbiner und die religiösen Lehrer nicht bereit, sich einfach von diesen Geschichtenerzählern zur Seite schieben zu lassen. Noch schlimmer war aus ihrer Sicht, dass Jiddisch Sprechende nun die Texte von Menschen lesen konnten, die noch nicht einmal Juden waren. Im letzten Drittel des 19. Jahrhunderts gab es Übersetzungen der modernen europäischen Dichter ins Jiddische. Shakespeare, Dickens, Baudelaire, Dostojewski und Thomas Mann tauchten auf. Juden konnten Jack London und Jules Verne ebenso lesen wie die lokale Schundliteratur. Das jüdische religiöse und pädagogische Establishment wetterte gegen diese Welle von Büchern. Doch Jiddisch hatte eine neue Aufgabe übernommen. Die Sprache war nicht mehr nur eine Jalousie, die man gegen Nichtjuden schließen konnte, man konnte sie auch öffnen, um die weite Welt zu sehen.

Eine junge Frau erzählt, was diese Veränderung in ihrer kleinen Stadt bewirkte. Dvojre Kutnik aus Luninez beschreibt, wie es war, als ihr Vater eine Leihbücherei eröffnete.

Er war unerschrocken sowohl gegenüber dem Zarenregime, das ihm die Erlaubnis nicht erteilte, als auch gegenüber den frommen Juden, die fürchteten, dass «Avrom Herschl mit verbotenen Büchern handeln könnte ...».

Ganz allmählich weckte mein Vater in den Menschen eine Wertschätzung der jiddischen Klassiker. Jeden Freitagnachmittag wurde unser Haus von Näherinnen besucht, von Dienstmädchen, Verkäuferinnen und von Arbeitern, von Schneidern und Schuhmachern, die nicht vergaßen, auf ihrem Heimweg vom Badhaus bei Avrom Herschl Melamed vorbeizuschauen. Die Bücher waren meist im Küchenschrank versteckt, die revolutionären Druckschriften unter der Strohmatratze im Bett meiner Mutter.

Die Bücherei hatte einen starken Einfluss auf die Leser. Die Bewohner der kleinen Stadt machten sich mit der weiten Welt bekannt. Ihre Augen waren offen und sie begannen zu verstehen, dass außerhalb von Luninez und sogar außerhalb von Pinsk eine Welt voller Probleme existierte.

Da sie nicht länger auf religiöse Lehrer und auf gelegentliche Volksliteratur beschränkt waren, entwickelten jiddische Autoren und jiddische Leser nun alternative Lebensvorstellungen. Zugleich wurden sie sich ihres Hintergrunds in einer historisch bedeutsamen Zeit bewusst. So studierte Alfred Landau, ein deutscher Jude, im Jahre 1880 Jiddisch, als wäre es eine richtige Sprache, nicht nur ein Ableger des Deutschen. Er kam zu dem Schluss, dass es sich um eine Form des mittelalterlichen Deutsch handle, ein Gedanke, der damals vollkommen neu war.

Dem Jiddischen fiel es zu, ein Bewusstsein für die Vergangenheit und eine Mission für die Zukunft zu entwickeln, doch ihm fehlte noch immer ein großer Künstler, einer, der die Virtuosität der Sprache einsetzen konnte, um sein Publikum zu fesseln und ihm ein Gefühl für sich selbst zu geben. Das und mehr fand Jiddisch im Jüngsten des Trios von *di klassikers* seiner Dichter, in Scholem Alejchem.

Scholem Alejchem war derjenige, der Mendele zuerst *sejde* genannt hatte. Mit seiner Verspieltheit, Geschmeidigkeit und den Stilmischungen, den Akzenten, den lauten und leisen Anspielungen schrieb er ein Werk, das sowohl inhaltlich als auch formal sehr jiddisch war. Der Autor, der sich problemlos, wenn auch ironisch, selbst als «der große Schriftsteller Herr Scholem Alejchem» bezeichnen konnte, wurde durch sein Werk zu einem Anwalt des Jiddischen. Eine Sprache, die die Hingabe eines Schriftstellers mit so großer Erfindungsgabe und solcher Vielseitigkeit gewann, verdiente Respekt. Auch spiegelte sein Werdegang die Lebenswege seiner Charaktere und seiner Leser wider.

Er wurde 1859 als Solomon Rabinowitsch geboren, in einer kleinen Stadt unter zaristischer Herrschaft, die heute zur Ukraine gehört, und stammte aus einer wohlhabenden chassidischen Familie. Rabinowitsch beschreibt, wie sein Vater «als Makler für Landverpachtungen arbeitete, er belieferte Zuckermühlen mit Rüben, führte das ländliche Postbüro, handelte mit Weizen, führte Frachten auf dem Dnjepr durch, fällte Nutzholz, mästete Ochsen für den Markt». Seine Familie stand im Zentrum der Gemeinde. «Samstagsabends war unser Haus für die ganze Stadt offen für die Zeremonie am Ausgang des Schabbat. Am Abend eines jeden Feiertages kamen die Menschen von Woronko erst zu uns, zur zeremoniellen Einweihung des Festes. Alle Nachrichten aus der Welt erreichten zuerst uns und verbreiteten sich von uns aus im Rest der Stadt. Für ein bisschen Geselligkeit bei einem Glas Wein kamen sie zu uns. Auch für Geschichten über den Rabbi. Und für politische Diskussionen.»

Doch dieser einflussreiche Mittelpunkt bestand nicht auf Dauer. Als Solomon zwölf war, verlor sein Vater sein Vermögen, und die Familie war gezwungen, in eine andere Stadt zu ziehen, wo sie ein Gasthaus führte. Im Jahr darauf starb Solomons Mutter und wurde durch eine Stiefmutter ersetzt, die offenbar besonders grausam war.

Der hochbegabte Junge mit seiner traditionell jüdischen und russischen Erziehung und einem großen Talent fürs Schreiben schaffte es, sich einen guten Arbeitsplatz zu sichern. Als er achtzehn war, wurde er Hauslehrer für die Kinder eines der wenigen reichen jüdischen Landbesitzer. Prompt verliebte er sich in die älteste Tochter dieses Mannes. Als sein Arbeitgeber merkte, was vor sich ging, schickte er den jungen Lehrer weg. Doch sechs Jahre nach ihrer Begegnung brannte Solomon mit seiner geliebten Olga durch.

Rabinowitschs neuer Schwiegervater überlegte sich die Sache und nahm ihn mit offenen Armen auf. Als der alte Mann bald darauf starb, bekam der ehemalige Lehrer die Kontrolle über ein beträchtliches Vermögen. Unglücklicherweise ging das Geld 1890 beim Börsenkrach in Kiew verloren. Im Alter von einunddreißig Jahren hatte Rabinowitsch bereits Wohlstand und Armut kennen gelernt, das Leben auf dem Land, in einer großen Stadt und in einem jüdischen *schtetl*. Er erlebte auch eine Reihe von Verlusten, was ihm vielleicht geholfen hat, sich auf seine spätere Rolle als Chronist vorzubereiten, der den Untergang des archetypischen jüdischen Heims beschrieb.

Die Rabinowitschs richteten sich zuerst in Kiew, dann in Odessa ein großbürgerliches Heim ein, in dem Russisch gesprochen wurde. Olga wurde Zahnärztin. Ihre wachsende Familie verfügte über Dienstmädchen und ein Sommerhaus. Rabinowitsch machte Geldgeschäfte und schrieb Erzählungen für hebräische Zeitungen. Aber er wurde, wie seine Tochter Marie Waife-Goldberg später beschrieb, «von der Erkenntnis getroffen, dass Hebräisch mit seinem schwierigen Vokabular, seinem blumigen Stil und der Gelehrtheit, die zu seiner Beherrschung nötig war, nur wenigen Menschen diente ... Außerdem *dachte* ein jüdischer Autor auf Jiddisch, sogar wenn er hebräisch schrieb, warum sollte er nicht direkt in der Sprache seines Denkens schreiben? Warum nicht gleich auf Jiddisch?»

Eine nahe liegende Antwort war das mit dem Hebräischen verbundene gesellschaftliche Ansehen. Rabinowitsch war ein ehrgeiziger junger Mann. Aber er war auch mutwillig, warmherzig, kreativ und mit dem einfachen Volk tief verbunden. Es war schließlich diese Seite von ihm, die gewann. Im Jahr 1883 schickte der junge Rabinowitsch eine Geschichte an *Hameliz,* die Zeitung, in der bereits Mendele veröffentlicht hatte. Er nahm das Pseudonym Scholem Alejchem an, ein jiddischer Standardgruß, der aus dem Hebräischen kommt und «Friede mit euch» bedeutet. Scholem Alejchem war sofort erfolgreich. Wie bei Mendele vermischte sich auch bei seinen Lesern das Bild des Autors mit dem seiner Charaktere. Doch anders als Mendele war Scholem Alejchem ein Schriftsteller mit einem universellen Anspruch.

Seine sofortige Popularität hob ihn gleich auf die Ebene eines jüdischen Mark Twain. (Twain selbst besaß Witz genug, sich als den amerikanischen Scholem Alejchem zu bezeichnen.) Seine spritzigen und witzigen Erzählungen waren dazu bestimmt, laut vorgelesen zu werden. Sie waren voller Randbemerkungen – «Was halten Sie von so einem Gespräch?» «Verdient er nicht, mit den tödlichsten Verwünschungen belegt zu werden?» –, die ein modernes, sensibles Selbstbewusstsein ansprachen. Seine Erzählungen wurden als billige Druckschriften verkauft oder in den weit verbreiteten jiddischen Zeitungen gedruckt, deren Auflagenzahlen im gleichen Tempo anstiegen wie Scholem Alejchems Karriere.

Seine Tochter beschreibt es so: «Am Freitagmorgen konnte man in fast allen größeren jüdischen Gemeinden Frauen sehen, die einen Korb mit Einkäufen für den Schabbat heimtrugen, Fisch, *chale*, Gemüse und so weiter, und obenauf lag eine Erzählung meines Vaters. Die Geschichte war dazu bestimmt, im Kreis der Familie gelesen zu werden. Der Mann des Hauses las sie seiner Frau und den Kindern nach dem Essen vor, als *ojneg schabeß*, als Schabbatvergnügen.»

Scholem Alejchem war der Erste, der seinen Lebensunterhalt als jiddischer Autor verdiente, doch trotz seiner enormen Popularität war seine finanzielle Situation nie gesichert. Neben seinen eigenen literarischen Werken und den Vorträgen setzte er sich für die jiddische Literatur ein, er gab eine Anthologie unter dem Namen *Di jidische folksbibliotek* heraus.

Das soziale Klima der damaligen Zeit konnte man bestenfalls prekär nennen. Das zaristische Regime, obwohl sporadisch milde, unterstützte zugleich eine Reihe von Kampagnen gegen jiddische Publikationen und änderte ständig die Vorschriften dafür, was gedruckt werden durfte und was nicht. Sozialistische Publikationen wie *Der jidscher arbeter* und *Arbeter schtime* mussten heimlich verbreitet werden. Die Zeitungen und Zeitschriften, die sich eher am Massengeschmack orientierten, wurden manchmal verboten, dann wieder erlaubt. Doch wann immer sie erschienen, waren sie ein Erfolg. Die fünf Millionen Jiddisch sprechenden Juden, die an der Wende zum 20. Jahrhundert in Russland lebten, gierten förmlich nach Erzählungen, die ihrer Lebenswelt entsprachen.

Der Markt für jiddische Publikationen überschritt aber auch regelmäßig die internationalen Grenzen. *Der hojsfraint* (Der Hausfreund) erschien in Warschau. *Der jid* (Der Jude) wurde zweiwöchentlich in Krakau herausgegeben. *Di welt* war eine Wochenzeitung in Wien. Sie alle wurden international vertrieben. Obwohl bereits in den achtziger Jahren des 19. Jahrhunderts die ersten jiddischen Tageszeitungen in New York erschienen, gab es in Russland aufgrund eines brüchigeren politischen Klimas erst 1903 eine jiddische Tageszeitung, die in St. Petersburg erscheinende *Der frajnt* (Der Freund).

In jener Zeit außerordentlich schnellen und weit reichenden

Wandels half Scholem Alejchem den Juden, sich ihrer auf dem *schtetl* basierenden Welt bewusst zu werden, als viele sie gerade hinter sich ließen. Der feste zeitliche Rahmen von Hochschätzung und Verlust erhöhte die emotionale Intensität seines Werks.

Einer Geschichte, genannt *The Merrymaker*, gab Scholem Alejchem den Untertitel: «Skizzen verschwindender Gestalten»: «Offensichtlich nimmt die Zahl der fröhlichen Gestalten ab, sie schrumpft von Jahr zu Jahr. Viele sind ausgestorben, und die übrig Gebliebenen werden auch bald verschwunden sein. Deshalb beeile ich mich, ihre Namen aufzuschreiben und jeden mit seinen Eigenheiten und Seltsamkeiten zu beschreiben. Möge ein Bericht, wie klein auch immer, darüber zurückbleiben, wie Juden feierten und fröhlich waren in ihrem Exil, wenn *simcheß tojre* kam.»

Er liebte die Menschen, und er genoss ihre Sprache. Obwohl er sie «den armen Jargon» nannte, bewunderte er ihre Flexibilität und Vitalität. Scholem Alejchem ist der Albtraum eines jeden Übersetzers; das Jiddisch, das seine Figuren sprechen, ist reich an Differenzierungen in Bezug auf ihre Religion und ihren sozialen Stand, manchmal ist es dem Deutschen näher, dann wieder dem Russischen. Mal klingt es spöttisch-gelehrt, dann wieder sehr volkstümlich. Wie es der Eigentümlichkeit des Jiddischen entspricht, findet man hebräische Einschübe in seinen Erzählungen, Bibelzitate oder Zitate aus Gebeten. Manchmal sind diese hebräischen Einschübe korrekt, manchmal nur teilweise korrekt, dann wieder absichtlich falsch zitiert oder falsch interpretiert, je nach der Persönlichkeit oder dem Bildungsstand der Figur.

Schimon-Eli zum Beispiel, der arme Dummkopf aus *The Haunted Tailor*, besitzt die gleiche Neigung, biblische Bezüge herzustellen, wie *Tewje der milchiger* (Tewje der Milchmann). *The Haunted Tailor* ist komponiert wie eine Geschichte aus biblischer Zeit, jeder Abschnitt beginnt mit einer hebräischen Phrase, die uns in die weltlichen Ereignisse von Schimon-Elis Leben einführt – eine Art strukturellen Witzes, die ein Jiddisch Sprechender zu schätzen wusste. Als seine tyrannische Frau Zipe-Bejl-Rejse eine Ziege für die Familie verlangte, antwortete Schimon-Eli: «Du hast Recht, zweifellos ... Es gibt einen Spruch, der sagt, jeder Jude sollte eine Ziege haben. Wie es geschrieben steht.» Jiddische Leser erkannten dieses «Wie es geschrieben steht» als Bestandteil vieler hebräischer Gebete und wussten auch sofort, dass in keinem heiligen Buch geschrieben steht, dass jeder Jude eine Ziege haben sollte. «Zipe-Bejl-Rejse schrie: ‹Ich habe gesagt eine Ziege, und er gibt mir ein Zitat. Ich werde dir Zitate geben ... Ich werde deine Augen zitieren! Er füttert mich mit Zitaten. Mein feiner Brotverdiener, mein *schlimasl*. Ich werde dir die ganze Tora für einen Sahneborschtsch geben.›» Nichts konnte spezifisch jiddischer sein als diese Anleihe vom Hebräischen, diese talmudische Form, Logik ins Extrem zu steigern.

Doch der wirkliche Genius Scholem Alejchems lag in der Art, wie er einen vertrauten Ton des «Wir-unter-uns-Juden» schuf, mit der er seinen Lesern half, ihre weltliche Situation zu erkennen, die sich, nach einem kurzen Intervall von Liberalität, zusehends verschlechterte. In den letzten beiden Dekaden des 19. Jahrhunderts vertiefte sich die Krise, in der die Welt steckte und die zu Weltkrieg und Revolution führen sollte. Scholem Alejchem half seinen Lesern zu lachen, aber es war das nervöse Gelächter eines Menschen, der eine dunkle Straße entlangrennt: Er schaut ängstlich über die Schulter zurück und hofft, dass etwas Besseres vor ihm liegt.

In einer von Scholem Alejchems *Eisenbahn-Geschichten* entwickelt sich die Handlung um neun jüdische Männer in einem Waggon, die einen zehnten Mann zum Minjen brauchen, der für bestimmte Gebete nötig ist. Einer der neun Männer ist besonders darauf angewiesen, weil es der Todestag seines einzigen Sohnes ist. Es sitzt ein zehnter Mann im Waggon, aber er gibt sich nicht als Jude zu erkennen und ignoriert den Vater, als dieser seine traurige Geschichte erzählt. «Es war ein Kampf, erzählte uns der Vater des Jungen, die Leiche aus dem Gefängnis zurückzubekommen, damit er in ein jüdisches Grab gelegt werden konnte – und dabei sei der Junge, so schwor er, vollkommen unschuldig gewesen, er war bei seinem Prozess überfahren worden. Nicht dass er nicht mit den anderen Revolutionären zusammengesteckt hatte, aber das war doch noch lange kein Grund, ihn aufzuhängen.»

Dann, plötzlich, sagt der zehnte Mann auf Jiddisch: «Zählt mich nicht mit.» Er sagt, er glaube nicht an solche Dinge und macht sich nicht die Mühe zu erklären, ob er damit Gott meinte, die Gebete, die Gemeinschaft oder eine Mischung von allem.

Die anderen erschrecken, aber der trauernde Vater sagt zu dem ungläubigen Juden, er verdiene eine goldene Medaille und verspricht, wenn er sich überwinde und den Zehnten mache, sei er, der Vater, bereit, ihm eine Geschichte zu erzählen, um seine Meinung zu erklären. Die darauf folgenden Gebete sind innig, «wie Balsam für müde Knochen». Der Vater löst sein Versprechen ein, indem er drei Geschichten zu einer einzigen verbindet, in der auch ein Jude vorkommt, der eine Gruppe von Mitjuden rettet, außerdem ein Nichtjude, der eine ganze Stadt voller Juden rettet, und ein jüdischer Junge, der vom verhassten Wehrdienst befreit wird, als man eine eiternde Wunde auf seinem Kopf entdeckt. Der Vater beendet seine Geschichten folgendermaßen: «Und nun erzähle mir, mein junger Freund, hast du deinen wirklichen Wert verstanden? Du wurdest als Jude geboren, du wirst bald ein Goj sein, und du bist jetzt schon eine eiternde Wunde.»

Im wirklichen Leben fühlte der Mann, der Scholem Alejchem wurde, wie sich die Sicherheit der alten, vertrauten Welt unter seinen Füßen auflöste. Die *schtetlech* seiner Jugend starben, und seine städtische Existenz in der oberen Mittelklasse ging auch zu Ende. Seine Familie wurde von den grausamen Pogromen getroffen, die 1905 in Russland ausbrachen. Es gelang ihnen, nach Westeuropa zu entkommen, wo unglücklicherweise die Dreyfus-Affäre in Frankreich gerade erst gezeigt hatte, dass der Schutz für westeuropäische Juden eine Chimäre war.

Solomon Rabinowitsch, besser bekannt als Scholem Alejchem,

der berühmte Autor, litt an Tuberkulose und Diabetes und machte die Runde in europäischen Kurorten und Sanatorien. Bei Ausbruch des Ersten Weltkriegs befand er sich mit seiner Familie in einem deutschen Kurort. Als russische Bürger wurden sie abgeschoben und fanden sich als Flüchtlinge in Dänemark wieder. Doch Scholem Alejchem, krank und in einer prekären finanziellen Situation, hatte das Gefühl, es würde ihm in Amerika besser gehen, wo er schon einmal auf einer erfolgreichen Vortragsreise gewesen war. In einer Aktion, die zeigte, wie bekannt er war, taten sich die Herausgeber aller jiddischen Zeitungen New Yorks zusammen und fanden einen wohlhabenden Juden, der den Preis für eine Reise erster Klasse für die Rabinowitschs bezahlte. Sie kamen 1915 in New York an.

Scholem Alejchem, kränklich und in Geldnot, schrieb, so viel er konnte. In seinen Geschichten kehrte er zurück zu seiner Ersatzheimatstadt. *Fortschritt in Kasrilewke* zeigt, wie sehr er sich nach der Vergangenheit sehnte und wie klar er verstand, dass diese Vergangenheit verloren war. «Wohin waren die berühmten kleinen Leute mit ihren kleinen Ideen verschwunden? Wo waren sie, diese wohlbekannten bärtigen Juden, die Freude aus allem zogen? Wo waren jene jungen Leute mit Spazierstöcken, die auf dem Marktplatz herumschlenderten, vergeblich auf der Suche nach einem Geschäft, die aus tiefer Verzweiflung einer den anderen hänselten und dann die ganze Welt?»

Nicht nur das Volk, auch seine archetypischen Gemeindeeinrichtungen waren verschwunden.

Ich ging durch das Dorf, ich suchte nach wenigstens einem der alten Vereine. Ich erinnere mich, es gab hier Vereinigungen bis zum Exzess. Und ich spreche nicht von Psalmen- und Mischnavereinen. Ich meine Vereinigungen wie die Frei-Leihe, die Frei-Küche, Vereinigungen zum Besuch von Kranken, zur Fürsorge für Arme, für Hilfe in der Not, für medizinische Hilfe und zur Hilfe für Unterdrückte. Es schien, als seien all diese Vereinigungen den Weg ihrer Gründer gegangen. Sie sind verschwunden wie die meisten der kleinen Leute, wie der einsame alte Rabbi Josifl, mögen die Früchte des Paradieses ihm gehören. Der Gedanke an ihn brachte Tränen in meine Augen.

Scholem Alejchem überarbeitete eine seiner Erzählungen von *Tewje der milchiger*, eine Serie, an der er zwanzig Jahre lang gearbeitet hatte. Diese Geschichte eines Mannes, der versucht, seine Töchter zu verheiraten, ist in gewisser Weise der Versuch, eine Zukunft zu finden. Während in einer früheren Version Tewje in der Lage gewesen war, eine gewalttätige Gruppe von Bauern abzulenken, sah Scholem Alejchem nun, dass es für die Tewjes dieser Welt zu spät war. In der neuen Version wurde der arme, unschuldige Mann, der mit Gott diskutierte, der Gott hereinlegte, der jedes hebräische Zitat, an das er sich nur halb erinnerte, anführte, aus seinem Dorf und seinem Heim vertrieben.

Scholem Alejchem fuhr fort, Kurzgeschichten zu schreiben, und im Juni 1915 begann er damit, seine Autobiographie zu veröffentlichen. Sie erschien in der wöchentlichen Beilage der jiddischen New Yorker Zeitung *Der tog* (Der Tag). Sein Werk wurde auch einem englischsprachigen Publikum vorgestellt. Im Januar 1916 begann die *World*, die größte englischsprachige Zeitung New Yorks, mit einer Serie von *Motel Pejse dem Chasens*, auf Englisch *Motl, Son of Paysie the Cantor*. Sie wurde von anderen Zeitungen der Vereinigten Staaten übernommen, mit einer Gesamtauflage von fünf Millionen.

Doch Scholem Alejchem war es nicht vergönnt, seinen Erfolg in Amerika zu genießen. Ein Jahr nach seiner Ankunft in den Staaten verschlechterte sich sein Gesundheitszustand immer mehr. Er starb im Mai 1916 in seiner Wohnung in der Kelly Street in der Bronx.

Seine Beerdigung wurde zum Ereignis des Jahrzehnts für Juden und Nichtjuden. Sein Testament wurde in die U.S. Congeressional Record aufgenommen. In ihm steht an einer Stelle: «Wo immer ich sterben werde, ich sollte nicht zwischen den Aristokraten zur

Ruhe gelegt werden, nicht bei der Elite, den Reichen, sondern unter den einfachen Menschen, den Arbeitern, sodass der Grabstein, den man auf meinem Grab errichtet, die einfachen Gräber um mich herum schmückt, und die einfachen Gräber werden meinen Grabstein bewundern, so wie mich die einfachen Leute Zeit meines Lebens als ihren Volksschriftsteller verherrlicht haben.»

Eine Garde aus jiddischen Schriftstellern stand Wache, während etwa fünfzehntausend Trauergäste die Treppen zu der Wohnung hinaufgingen, um dem Toten die letzte Ehre zu erweisen. Zeitungen schätzten die Menge, die den Trauerzug beobachtete, auf hundert- bis zweihunderttausend Menschen. Seine Tochter schrieb, dass die Menschen, die entlang der Route durch Manhattan bis zum Friedhof in Brooklyn standen, «bitterlich weinten, als wäre der Verstorbene ein enges Mitlied ihrer Familie gewesen, ein Vater, ein Bruder».

Scholem Alejchem half den Jiddisch Sprechenden, öffentlich die beschützende Welt wahrzunehmen, die sie sich erschaffen hatten, gerade als sie ihnen entrissen wurde. Er und seine Leser befanden sich in einem Wettlauf mit der Zeit. Die Blüte der jiddischen Literatur fiel mit dem Zerbrechen der jiddischen Welt zusammen.

6. Kapitel

Die Straße nach Czernowitz:
Die Politik der Sprache

אין אלגעמיין, קען געזאָגט ווערן אז יידן האָבן זיך ניט געמישט און זיך
ניט אינטערעסירט אין פּאָליטיק. אָבער געליטן פון פּאָליטיק האָבן זיי
געגוג אין אַלע צייטן.

In algemajn, ken gesogt wern as jiden hoben sich nit
gemischt un sich nit intereßirt in politik. Ober gelitn fun
politik hobn sej genug in ale zajtn.

Im Allgemeinen kann man sagen, dass Juden sich nicht
eingemischt und sich nicht für Politik interessiert haben,
aber gelitten haben sie genug zu allen Zeiten.

Bransk – Jisker Buch

In dem Maße wie jiddische Schriftsteller sich bemühten, die Veränderungen ihrer Umwelt zu verstehen, nahmen diese Veränderungen an Schnelligkeit zu. Eine neue Entwicklung war stets beides, Ursache und Wirkung. Bis zu diesem Zeitpunkt hatten Jiddisch sprechende Juden sich von der Politik fern gehalten. Nun stürzten sie sich förmlich auf sie, begierig, ihre Welt neu zu schaffen.

Im letzten Viertel des 19. und im ersten des 20. Jahrhunderts zersplitterten die traditionellen jüdischen Gemeinschaften und fielen auseinander. Juden konnten und mussten tatsächlich entscheiden, welche Teile ihrer religiösen und kulturellen Vergangenheit sie vorwärts bringen würden. Zu ihrer Überraschung entdeck-

97

ten Intellektuelle, Politiker und Linguisten, dass einige der Antworten – manchmal *die* Antwort – Jiddisch war. Die tausend Jahre alte Volkssprache wurde zu einem Vehikel der Transformation. Sie erlebte ihre Wiedergeburt.

Die Geburt war allerdings nicht besonders leicht. Als die alte *schtetl*-Organisation zusammenbrach, bündelten die Juden ihre mannigfachen organisatorischen und gemeinschaftsbildenden Talente mit einer jahrhundertealten Sehnsucht, um neue Ideologien, Visionen und Bewegungen zu erschaffen. Jede Gruppe schien einen anderen Plan für die Zukunft zu haben, und die «Ismen» (*ismeß* auf Jiddisch) vermehrten sich wie Karnickel. Sollten die Juden ihr Schicksal mit der großen Arbeiterklasse verknüpfen? Würden sie immer isoliert bleiben, nur weil sie Juden waren? Sollten sie in Osteuropa bleiben oder ihr Glück in England, Südamerika oder, ein großer Magnet, in den Vereinigten Staaten suchen? Sollten sie lieber ein eigenes Heimatland aufbauen oder einfach in den Ländern bleiben, in denen sie waren?

Und immer wieder die Frage: Welche Sprache sollten sie sprechen? In welcher Weise würden die Wörter gestalten und definieren, wer sie waren und wer sie werden würden? Was würden diese Wörter über ihre Verbindung zueinander und zu ihrer großen Vergangenheit ausdrücken? Die Entscheidung, ob sie Jiddisch sprechen sollten, die Sprache des jüdischen Volkes, oder eine Art Hebräisch, das ein beträchtliches Maß an Wiederbelebung verlangen würde, oder aber irgendeine der nichtjüdischen europäischen Sprachen, wurde erschwert durch die Last der Geschichte und des Selbstwertgefühls.

Im Jahr 1887 schuf ein Jiddisch Sprechender, der sich wohl bewusst war, wie Sprachen Menschen zusammenbringen oder trennen konnten, sogar eine internationale Sprache quasi auf dem Reißbrett. Ludwik Lazarus Zamenhof war Augenarzt aus Bialystok in Galizien, einer Provinz, die ständig zwischen Polen und Österreich-Ungarn hin- und hergeschoben wurde. Er trat mit einer Sprache hervor, die er Esperanto nannte. Aber ein jüdischer Witz beschreibt eine Esperanto-Konferenz, auf der die Delegierten die *wirklich* internationale Sprache sprechen, nämlich Jiddisch.

In dieser Zeit sozialer Umschwünge suchten die Juden überall nach Antworten. Ein jüdisches Sprichwort sagt: *Jeder Mensch hat seine eigenen meschuga'ß*, seine eigenen Verrücktheiten. Und diese Periode der Ästhetiker, Anarchisten, Assimilationisten, Bundisten, Volksanhänger, Internationalisten, Hebräisten, Marxisten, Nihilisten, Sozialisten, Territoristen, Jiddischisten, Zionisten und Arbeiterzionisten schien das zu bestätigen.

Im Jahr 1897 entstanden zwei weltweite Bewegungen – der Bundismus und der Zionismus –, die sehr verschiedene Wege einschlugen. Beide spielten eine wichtige Rolle für die jiddische Sprache. Die erste Organisation, die in Litauen, Polen und Russland gegründet wurde, war der Bund, die allgemeine jüdische Arbeitervereinigung. Die Bewegung begann in Wilna (Vilnius) durch linksgerichtete Mittelklasse-Juden. Man konzentrierte sich auf die Hier-und-jetzt-Probleme des jüdischen Proletariats, einer Population, die durch den wachsenden Zuzug der Juden in die Städte ständig zunahm. Diese neuen Stadtbewohner empfanden deutlich die Frustration, neuen Ideen ausgesetzt zu sein, während zugleich ihre wenigen politischen Optionen schrumpften. Die Bundisten wollten die Situation der europäischen Juden verbessern.

Ein Führer der Bundisten, Wladimir Medem, erinnerte sich, wie er zu diesen Ansichten gekommen war, als Opposition zum Zionismus, der für ihn das Traumgespinst einer mystischen Rückkehr zum fernen Palästina war, einem Land, das die Juden seit fast zweitausend Jahren nicht mehr gesehen hatten: «Ich erinnere mich an einen Abend, als wir durch das jüdische Viertel gingen, durch die abseits gelegenen, ärmlichen kleinen Straßen mit ihren ärmlichen kleinen Häusern. Es war Freitagabend, die Straßen waren leer, in den kleinen Häusern brannten die Schabbatkerzen ... Ich war tief beeindruckt von dem einmaligen Reiz der friedlichen Freitagabende und empfand eine romantische Verbindung mit der jüdischen Vergangenheit, eine warme, vertraute Nähe.» Diese Nähe jedoch führte ihn nicht fort von der europäischen Umgebung, die er kannte. «Mein Gefühl für das Judentum war immer, wie ein Zionist es sagen würde, ein *galeß*-Gefühl (ein Exilgefühl). Die Palmen und Weinberge Palästinas waren mir fremd. Ich glaube, das zeigt, dass mein Jüdischsein wirklich tief verwurzelt war in einem lebendigen Judentum, nicht in einer literarischen Phantasie.»

Schließlich hatten die Juden seit fast zwei Jahrtausenden in Europa gelebt. Jeder anständige, engagierte Mensch würde daran arbeiten, ihre Zukunft genau hier zu fördern. Die Bundisten zogen Stärke aus ihrem Klassenbewusstsein und ihrer Volkskultur. Beides entstammte dem Jiddischen, der Sprache der einfachen Leute, und wurde durch das Jiddische ausgedrückt. Eine der ersten Veröffentlichungen des Bundes war eine jiddische Übersetzung des Kommunistischen Manifests, mit einer Einführung des jungen Linken Chaim Schitlowsky. Unter der Überschrift «Jiddisch – warum?» verband er in seiner Einführung die Sprache mit dem linken Gedankengut auf eine Art, die die nächsten beiden Dekaden überdauern sollte.

Das Jahr 1897 war ebenso das Geburtsjahr einer ganz anderen Organisation. In diesem Jahr fand der erste Internationale Kongress der Zionisten in Basel statt. Angeführt von Theodor Herzl wählten sie als Namen für ihre Organisation den Namen des Jerusalemer Tempelbergs, auf dem die Burg Davids gestanden hatte – der Platz, auf dem die Juden früher gebetet hatten und zu dem sie vielleicht eines Tages zurückkehren würden.

Ihr Ziel unterschied sich gänzlich von dem der eurozentrierten Bundisten; sie strebten ein von Juden kontrolliertes Heimatland an. Wo dieses Land entstehen sollte, stand allerdings noch nicht fest. Einige Zionisten favorisierten Erez Israel, ein Land, das als Palästina bekannt war. Die mehr oder weniger praktikablen Vorschläge für Landstriche enthielten z. B. Zypern, die Dakotas und Uganda. Der letzte Vorschlag wurde tatsächlich ernsthaft erwogen und erst 1905 abgelehnt.

Die Zionisten trafen sich jährlich; sie schrieben umfangreiche

Werke und führten sorgfältige Aufzeichnungen. Natürlich brauchten sie eine offizielle Sprache, eine, die von möglichst vielen Mitgliedern der Bewegung gesprochen wurde. Einige Jahrzehnte lang war Jiddisch die Wahl, die sich anbot. Als Herzl seine auf Deutsch geschriebene Broschüre des Zionistenkongresses ins Hebräische übersetzte, wurden nur zweitausend Exemplare verkauft, von Scholem Alejchems jiddischer Übersetzung fünfundzwanzigtausend. In einem Moment der Niedergeschlagenheit benutzte Herzl klassischen jiddischen Slang, wenn auch mit deutschen Buchstaben, als er sich in seinem Tagebuch beklagte: «Tatsache ist – was ich vor allen geheim halte –, dass ich nur über eine Armee aus *Schnorrern* (Bettler) verfüge. Ich kommandiere nur Knaben, Bettler und *Schmocken* (Schwänze).»

Der Autor Maurice Samuels verspottete Zionisten, die versuchten, Hebräisch zu sprechen: «Hebräisch zu sprechen ist, wie wenn man auf einem edlen Pferd reitet; erst amüsant, dann ziemlich unbequem, schließlich eine Tortur. In Jiddisch überzuwechseln ist, wie wenn man vom Pferd heruntersteigt auf die eigenen Füße. Was für eine *mechaje*!» (Jiddisch für «Vergnügen»)

Der Vorsitzende des ersten Zionistenkongresses spielte nur eine kleine, aber entscheidende Rolle in der Geschichte der jiddischen Sprache. Nathan Birnbaum (1864–1937) war ein brillanter, aber sturer Mann, ein nichtpraktizierender Wiener Rechtsanwalt und intellektueller Freiberufler. Seine Eltern waren Chassidim aus Galizien, das damals eine Provinz des österreichisch-ungarischen Kaiserreichs war. (Heute gehört Galizien zu Polen und zur Ukraine.)

Birnbaum wuchs in Wien auf und genoss eine säkulare Erziehung, die damals in den Provinzen unbekannt war. Als moderner, weltlicher Jude distanzierte er sich sowohl vom Jiddisch seiner Eltern als auch vom *Judeln*, dem örtlichen jüdisch-deutschen Dialekt, der trotz des Einflusses der *Maskilim* überlebt hatte. Ein Jahrhundert nach Beginn der Aufklärung wusste ein Jude in den deutschsprachigen Ländern, dass er, wollte er in der Welt vorankommen, sich der Mühe unterziehen musste, perfekt Deutsch zu lernen.

Leider strafte Birnbaums Aussehen seine elaborierte Sprache Lügen. Sein langes, mageres Gesicht mit den dunklen Zügen entsprach genau dem deutschen Stereotyp eines Juden. Dieses Aussehen war es, was ihn daran hinderte, eine einigermaßen erfolgreiche Karriere als Anwalt aufzubauen. Er wurde in die Arme seines Volkes zurückgestoßen, ob er nun wollte oder nicht.

Noch als Student gründete er 1882 einen Verein mit dem hebräischen Namen *Kadimah*, was zugleich «ostwärts» und «vorwärts» bedeutet. Es war der erste jüdische Studentenverein Wiens, mit jüdisch-nationaler Tendenz. Danach etablierte er eine Zeitschrift namens *Selbst-Emanzipation* und prägte sogar die Bezeichnung Zionismus. Als Herzl den ersten Zionistenkongress plante, lag die Wahl Birnbaums für das Organisationskomitee nahe. Unglücklicherweise aber gerieten die beiden Männer hart aneinander. Herzl war narzistisch und kontrollierend, Birnbaum laut und hitzköpfig. Doch während Herzl charismatisch und charmant sein konnte, mussten sogar Birnbaums Anhänger zugeben, dass er ein schwieriger Charakter war. Herzl, ein besserer Politiker, als Birnbaum je zu werden hoffen konnte, ekelte den sturen Rechtsanwalt hinaus. Obwohl sich die Zionisten jedes Jahr trafen, besuchte Birnbaum keinen weiteren Kongress.

Man weiß nicht, inwieweit der nachfolgende Umschwung in Birnbaums Theorien das Ergebnis dieses persönlichen Streits war. Kurz entschlossen kehrte er dem Zionismus den Rücken und stürzte sich in einen Alternativplan, in den so genannten Diaspora-Nationalismus als jüdisch-nationale Möglichkeit des Exils. Seine Vorstellungen ähnelten in gewisser Hinsicht denen des Bundes, favorisierten aber einen jüdischen Nationalismus anstelle des linksgerichteten Klassenbewusstseins. Birnbaum argumentierte, dass die Juden, statt ein mehr oder weniger unerreichbares, exterritoriales Heimatland anzustreben, lieber daran arbeiten sollten, sich dort einen Hafen zu schaffen – sogar ein wirkliches Land –, wo sie bereits lebten, in Europa. Angesichts der europäischen nationalen und ethnischen Strömungen war das eine durchaus vernünftige Idee. Andere ethnische Gruppen – Polen, Ukrainer, Finnen – stellten nationale Forderungen. Warum sollten die Juden das nicht auch tun?

Eine Antwort war nahe liegend – die Sprache. Europäische nationale Bewegungen basierten auf einer nationalen Sprache. Wenn die Juden eine Nation unter anderen Nationen werden wollten, müssten sie eine offizielle, allgemeine Sprache etablieren. Der offensichtliche Kandidat war Jiddisch. Und obwohl Birnbaum Jiddisch «ein heiseres Kind des Ghettos, eine Fehlgeburt der Diaspora» nannte, begann er, die Sprache zu studieren.

Schon bald erlag Birnbaum, wie so viele vor ihm, dem Charme der Sprache. Der asketische Intellektuelle verliebte sich. Da er immer ein Mann auf der Suche nach einer Mission war, entdeckte Birnbaum nun die jiddische Sprache als Objekt seiner eifrigen Hingabe – die wahre nationale Sprache der europäischen Juden. Er empfand beides, die Sprache und die Idee der Sprache, als Berufung.

Birnbaum war keineswegs allein mit seiner Auffassung, dass Jiddisch, damals weltweit von acht bis neun Millionen Menschen gesprochen, zum vereinenden Faktor jüdischer Identität werden könnte. 1905 hatte der Schriftsteller Abraham Reisen in seiner in Krakau erscheinenden Zeitschrift *Dos jidische wort* geschrieben: «Jiddisch ist nicht nur ein Mittel, die Massen zu erziehen, sondern ein Ziel mit einer eigenen Berechtigung. Es wird der jüdischen Intelligenz dienen und dadurch alle Trends und Tendenzen der großen Welt reflektieren, sodass der jüdische Intellektuelle, der an höheren Fragen interessiert ist, nicht auf andere Literaturen anderer Sprachen zurückgreifen muss; ein Schritt, der ihn vom jüdischen Volk entfremdet.» Während die Bundisten die Sprache als einigende Kraft bei der politischen Arbeit gesehen hatten, sah Abraham Reisen sie als intellektuelle Herausforderung. Zur gleichen Zeit wurde für Birnbaum die Sprache zur Obsession.

Die erste Bestätigung für Birnbaums Vorhaben, Jiddisch als Garant jüdischen Fortschritts zu fördern, kam vom anderen Ende des Erdballs. Südafrika, mit einem wachsenden Bevölkerungsanteil an russischen Juden, die vor den Wellen staatlich unterstützter antisemitischer Gewalt geflohen waren, platzierte Jiddisch im Jahr 1906 auf die Liste der europäischen Sprachen, die von den Immigranten benutzt werden konnte, um ihre Lese- und Schreibkundigkeit zu beweisen. Das bedeutete, auch wenn Jiddisch die einzige Sprache war, die jemand lesen und schreiben konnte – sogar mit den hebräischen Buchstaben, dem zusammengemischten Vokabular, seinen armen und reichen Anteilen –, musste diese Person als des Lesens und Schreibens kundig beurteilt werden. Dies war ein Durchbruch. Zum ersten Mal in der Welt hatte Jiddisch eine offizielle staatliche Anerkennung gefunden. Das war ein Meilenstein für die Sprache und das Volk.

Eine andere verlockende Möglichkeit sollte bald folgen. Das österreichisch-ungarische Kaiserreich bot ethnischen Gruppen oder Nationalitäten die Möglichkeit, autonome Regionen unter habsburgischer Schirmherrschaft zu gründen. Eine Reihe von Völkern – Ukrainer, Serben, Kroaten und «Tschechoslowaken», dazu auch Juden – malten sich die Vorteile aus, die sie als Nationen innerhalb des Kaiserreichs haben würden. Sie würden über eigene, staatlich subventionierte Gerichte und Schulen verfügen. Sie würden staatliche Zuschüsse für Theater, Literatur, Journalismus und Kunst bekommen. Und natürlich wäre der psychologische Auftrieb unermesslich. Einen jüdischen Staat zu etablieren, selbst wenn es nicht in der angestammten Heimat war, selbst wenn es sich um die Provinz eines fremden Landes handelte, wäre dennoch ein riesiger Schritt vorwärts.

Doch zuerst müssten die Diaspora-Nationalisten zumindest eine Teilkontrolle über eine Provinz bekommen. Galizien, der Geburtsort von Birnbaums Eltern, war eine nahe liegende Wahl. Dort lebten eine Million Juden, und eine weitere Million konnte aus der Nachbarprovinz Bukowina Einfluss ausüben.

Um ihre politische Kraft zu demonstrieren, mussten sich die Jiddisch Sprechenden jedoch erst mobilisieren. Für die Juden, die während der letzten zwei Jahrtausende ihren Status innerhalb der christlichen Welt ignoriert hatten, bedeutete dies eine Veränderung, wie man sie sich kaum größer vorstellen konnte. Und die Polnisch und Deutsch sprechenden Christen, die diesen östlichen Außenposten des Habsburger Reiches kontrollierten, waren nicht bereit, etwas von ihrer Macht abzugeben. Die Einsätze waren hoch, und beide Seiten wussten das. Die Volkszählung von 1906 enthielt nur zwei Wahlmöglichkeiten für die Muttersprache – Deutsch und Polnisch. Zum ersten Mal starteten Juden eine Unterschriftenkampagne für Jiddisch.

Die Christen waren jedoch an der Macht, und Juden, die sich für Jiddisch einsetzten, wurden dafür ins Gefängnis gesteckt – ihre Anerkennung musste hart erkämpft werden. Aber die Juden, die gerade entdeckten, wie viel sie während der Jahrhunderte ohne Bürgerrechte entbehrt hatten, waren nicht bereit aufzugeben.

Im Jahr darauf stiegen die Hoffnungen wieder, als das Habsburger Kaiserreich ihnen ein allgemeines Stimmrecht für die Parlamentswahlen gewährte. Wenn Juden wählen durften, konnten sie auch einen jüdischen Abgeordneten wählen. Birnbaum entschied, sich selbst für einen Sitz für Galizien zu bewerben. Viele Ukrainer, die dort lebten, unterstützten ihn. Sie sahen in den Juden die natürlichen Verbündeten in ihrem Ziel, einen eigenen Nationalstaat zu errichten. Bei vielen galizischen Juden war jedoch die Angst vor antisemitischen Ausschreitungen größer als ihr Glaube an die Möglichkeit einer Veränderung.

Leider war diese Angst berechtigt. Am Wahltag riegelten kaiserliche Truppen die Hauptstadt der Provinz ab. Die einzigen Menschen, die wählten, waren jene, die auf den Regierungslisten standen. Birnbaum war geschlagen, kein Wunder. Doch er war unverwüstlich und wandte sich als nächster Möglichkeit der Volkszählung zu, die für 1910 geplant war. Wenn er es schaffen würde, Jiddisch als Muttersprache anerkennen zu lassen, könnte es zu einer Nationalsprache werden. Und wenn die österreichisch-ungarischen Juden zeigen konnten, dass sie eine Nationalsprache besaßen, würden sie ihrem Ziel, eine Nation zu werden, ein großes Stück näher kommen. Birnbaum war entschlossen, es zu versuchen.

Doch wichtiger war zunächst die Butter auf dem Brot. Dieser Mann, der seinen Beruf nicht ausüben konnte, der eine Frau und drei Kinder zu ernähren hatte und der eine ganze Reihe brillanter utopischer Träume entwickelt hatte, war immer auf der Suche nach Möglichkeiten, seinen Lebensunterhalt zu verdienen. 1908 schiffte er sich zu einer Vortragsreise nach Amerika ein. Da mehr und mehr Juden vor dem epidemisch auftretenden Antisemitismus in Osteuropa flohen, wurde New York schnell zur größten jüdischen Stadt der Welt. Auf seiner Reise warb Birnbaum für seinen neuesten Plan – eine internationale Konferenz für die jiddische Sprache.

Diese erregende Idee war ganz und gar die Frucht von Birnbaums Überlegungen. Obwohl Jiddisch zu diesem Zeitpunkt schon seit fast tausend Jahren gesprochen wurde, hatte es keine geschriebene Geschichte, es verfügte weder über verbindliche orthographische noch grammatikalische Regeln. Noch nie hatte es eine Versammlung irgendeiner Art gegeben, die sich mit der Theorie, der Praxis oder dem Studium der jiddischen Sprache beschäftigt hatte.

Birnbaum fand zwei Verbündete in New York, den Romancier und Dramatiker David Pinski und Chaim Schitlowsky, den bekannten linken Theoretiker, der die *schtetl*-Juden beschrieben und Marx übersetzt hatte. In Pinskis Wohnung in der Bronx und bei «Lower-Eastside-Abenden» legte das Trio diesen Plan einem breiteren Publikum vor. Sie glaubten, dass Jiddisch die Lücke füllen könnte, die das Verschwinden der Religion in der modernen Welt hinterlassen hatte. Jiddisch würde den Leim bilden, der das jüdische Volk zusammenhielt.

Ein nicht unwesentliches Problem war, dass der Vortragende

Birnbaum nur gebrochen Jiddisch sprach. Obwohl er es studiert hatte, beherrschte er die Sprache, an der er nun die Hoffnung einer ganzen Nation festmachte, nur unvollkommen. Diese Ironie blieb seinem Publikum nicht verborgen. Jahre später sollte er sich erinnern: «Die Witzblätter fielen natürlich wie der Teufel über mich her. Aber ehrlich gesagt, ich spielte ihnen auch damit in die Hände, dass ich meine Vorträge auf Deutsch hielt.»

Unbeeindruckt von den gemischten Reaktionen, die er in den Vereinigten Staaten gefunden hatte, entwickelte Birnbaum Pläne für die Konferenz. Die Tagesordnung war unglaublich ambitioniert. Sie deckte zehn Punkte ab, zu denen nicht nur Rechtschreibung, Grammatik, Fremdwörter und neue Wörter gehörten, sondern auch Probleme wie die ökonomische Situation jiddischer Schriftsteller. Natürlich gab es keinerlei Finanzierung oder Sponsoring. Anfang des Sommers 1908 schickten Birnbaum, Pinski und Schitlowsky Einladungen an verschiedene jüdische Organisationen. Die Einladung wurde auch in der amerikanischen und europäischen jiddischen Presse publiziert, außerdem gingen Kopien an die wichtigsten zeitgenössischen jiddischen Autoren.

Die Ankündigung beschrieb den Fortschritt der jiddischen Sprache so: «Ihre Literatur hat einen Grad erreicht, den niemand sich hatte vorstellen können. Jiddische Zeitungen werden in Hunderttausenden von Exemplaren täglich und wöchentlich verkauft. Jiddische Poeten schreiben Lieder, die von den Menschen gesungen werden, Geschichten werden gelesen, Stücke geschrieben, zu denen sich die Zuschauer drängen.» Doch trotz alledem wurde die Sprache noch nicht geschätzt.

Wo ältere Sprachen «beschützt wurden wie ein geliebtes Kind», ließ man die jiddische frei und wild in der Welt der Sprachen umherwandern, wo sie sich alle möglichen Krankheiten oder sogar den Tod holen konnte ... Tausende jiddischer Wörter wurden ersetzt durch deutsche, russische und englische Wörter, was vollkommen unnötig war. Die lebendigen Regeln einer Sprache, die

im Mund ihrer Sprecher geboren wird und sich entwickelt, bleiben ungeschrieben und verschwinden, und es scheint, als gäbe es solche Regeln überhaupt nicht. Jeder schreibt Jiddisch auf eine andere Art, mit seiner eigenen Orthographie, weil bisher noch keine autorisierte und standardisierte Orthographie eingeführt worden ist ...
Wahr ist, dass die frühere verächtliche Haltung dem Jiddischen gegenüber verschwunden ist. Die Menschen schämen sich der heutigen Sprache unseres Volkes immer weniger ... Aber sie wird noch immer als lächerlich und wertlos angesehen.

Die Einladung forderte «irgendeinen Schutz für unsere teure Muttersprache» und bot allen ein Stimmrecht an, die den Zielen der Organisatoren zustimmten.

Die auf fünf Tage angesetzte Konferenz wurde für August 1908 in Czernowitz einberufen, einer mittelgroßen Stadt in Galizien, die heute zur Ukraine gehört. Die Wahl war auf diese Stadt gefallen, weil viele der Wiener Studenten, die von Birnbaums Schriften und seinen Vorträgen beeinflusst waren, von dort stammten (sie würden in der Lage sein, Vorarbeiten für das Ereignis zu übernehmen). Außerdem war Czernowitz eine zentral gelegene, multikulturelle und multiethnische Stadt, in der sich die Juden relativ wohl fühlten, obwohl der Vorsitzende der *kehile*, der örtlichen jüdischen Gemeinde, den Studenten aus Angst vor antisemitischen Repressalien nicht erlaubte, ihre Versammlungsorte zu benutzen. Die Planer der Konferenz zeigten ein Übermaß an Idealismus, aber erbärmlich wenig Organisationstalent. Niemand machte Notizen. Die Tagesordnung wurde hastig zurückgezogen. Man verzichtete auf jede Etikette. Die linken Bundisten, die kurz zuvor Jiddisch als «die Sprache des jüdischen Proletariats und der Intellektuellen, die dem Proletariat dienen und es führen» für sich in Anspruch genommen hatten, verfolgten ihr eigenes politisches Programm, ebenso wie die rechtsgerichteten Zionisten, die nicht das geringste Interesse an einem Klassenkampf in ihrer Heimat hatten. Die Teilnehmer ließen es auf eine Machtprobe ankommen:

Anhänger des Jiddischen gegen die Unterstützer einer Wiederbelebung des Hebräischen, linke Gruppierungen gegen rechte. Es wurde viel posiert, es gab viele Konfrontationen, Austritte und Tränen.

Die Konferenz verhaspelte sich bei etwas, was paradoxerweise das kleinste und das größte Detail war: dem Unterschied zwischen «eine» und «die», dem bestimmten und dem unbestimmten Artikel. Birnbaum, der seine erste Rede auf Jiddisch hielt, forderte die Wahl des Jiddischen als *die* nationale jüdische Sprache. Seine Unterstützer glaubten, die Habsburger würden der jiddischen Sprache eher den offiziellen Status zuerkennen, wenn die Konferenz dem «die» zustimmte.

Doch das würde bedeuten, die Idee des Hebräischen als nationaler jüdischer Sprache aufzugeben. Zum damaligen Zeitpunkt schien die Umsetzung dieser Idee ebenso unsicher wie die des Jiddischen. Die *loschn kojdesch*, die heilige Sprache, war schon seit zweitausend Jahren nicht mehr die gesprochene Sprache der Juden gewesen. Und obwohl es ein paar zerstreute und besessene Anhänger gab, glaubten nur wenige, dass es möglich sein könnte, sie im Heiligen Land zu modernisieren. Dennoch, *kojdesch* war *kojdesch*, und der Gedanke, das minderwertige Jiddisch könne die respektierte, verehrte Sprache, wenn auch nur im politischen Bereich, verdrängen, tat weh.

Sogar der beliebte jiddische Autor und Konferenzteilnehmer J. L. Perez konnte sich am Ende nicht dazu durchringen. Er begann sehr mutig und schien bereit, Jiddisch den Vorzug zu geben, als er erklärte: «Der Staat soll nicht länger die Kulturen der Völker verfälschen ... Wir verkünden der Welt: Wir sind ein jüdisches Volk, und Jiddisch ist unsere Sprache. Wir wollen in unserer Sprache leben, wir wollen unsere kulturellen Schätze schaffen und sie nicht länger dem falschen Interesse des Staates opfern, der nur die Herrschenden schützt, die Völker unterdrückt und Blutsauger der Schwachen ist.» Doch als der Druck seinen Höhepunkt erreichte (es kam dabei fast zu einem Handgemenge), schaffte er es nicht, Jiddisch dem Hebräischen entgegenzustellen. Am Schluss der Konferenz machte er einen Rückzieher: «Die Konferenz hat nur das Recht, der Volkssprache Jiddisch zum Stand einer nationalen Sprache zu verhelfen.»

Er unterstützte das «Eine». Er unterstützte nicht das «Die». Und so blieb es. Jiddisch mochte der halbe Atemzug eines Menschen sein, wie Mendele gesagt hatte. Doch die Konferenz war nicht darauf vorbereitet, die Atmung durch das zweite Nasenloch aufzugeben, das heißt von Hebräisch abzulassen.

Am Schluss gab die Konferenz ein Kompromisspapier heraus, in dem Jiddisch als nationale Sprache anerkannt wurde, für die man «politische, kommunale und kulturelle Gleichberechtigung» forderte. Es enthielt auch die Feststellung, dass «jeder Teilnehmer der Konferenz ebenso wie jedes Mitglied der künftigen Organisation die Freiheit besitzt, sein Verhältnis zur hebräischen Sprache nach eigenen Überzeugungen zu gestalten».

Nur dass es keine künftigen Organisationen, Konferenzen, Komitees, Bücher oder Berichte gab. Diese unorganisierte Unternehmung versandete bald. Dann kam der nächste Schlag. Ein Jahr nach Czernowitz fällte das kaiserliche Gericht in Wien ein Urteil, demzufolge Juden in Galizien und der Bukowina nicht als ethnische Gruppe, sondern nur als Religionsgemeinschaft anerkannt wurden, was bedeutete, dass sich Jiddisch bei der bevorstehenden Volkszählung von 1910 nicht unter den acht zur Wahl stehenden Sprachen befinden würde.

Das war niederschmetternd. Doch zum ersten Mal waren die Juden Galiziens und der Bukowina so aufgebracht, dass sie etwas unternehmen wollten. Sie hielten Kundgebungen und Massenversammlungen ab, sie organisierten eine Unterschriftenaktion, um Jiddisch auf die Volkszählungsformulare zu bekommen. Birnbaum selbst führte eine Demonstration von dreitausend Menschen in Czernowitz an – in jener Stadt also, in der die jüdische Gemeinde sich zwei Jahre zuvor nicht dazu hatte durchringen können, Räume für die Jiddische Konferenz zur Verfügung zu stellen. Die örtliche Zeitung der Jüdischen Sozialistischen Partei rief: «Bürger! Arbeiter! Wir rufen euch zu einem starken Protest auf. Wir rufen euch zum Kampf! In den jüdischen Straßen, im Namen des jüdischen Proletariats, stellen wir die Forderung: Schreibt in den Fragebogen der Volkszählung, dass eure Sprache Jiddisch ist.»

Unglücklicherweise wurden am Tag der Volkszählung all diese Bemühungen zunichte gemacht. Als die Formulare zurückgegeben waren, radierten die staatlichen Funktionäre einfach das Wort «Jiddisch» aus und ersetzten es willkürlich durch «Polnisch» oder «Deutsch», ungeachtet der Tatsache, dass die Menschen, die gezählt wurden, vielleicht kein Wort Deutsch oder Polnisch verstanden und von ihrer Geburt bis zu ihrem Tod keine andere Sprache als Jiddisch beherrschten.

Es war ein herber Rückschlag. Dann aber, fast zehn Jahre nach der Konferenz, nach dem Gemetzel des Ersten Weltkriegs, gab es tatsächlich zwei Erfolge dessen, was die Anhänger des Jiddischen weiterhin «heiliges Czernowitz» nannten. 1917 folgten die Vereinigten Staaten dem Vorbild Südafrikas und akzeptierten Jiddisch als Beweis für die Lese- und Schreibfähigkeit von Immigranten. Und 1918 erkannte der Versailler Vertrag, der das Ende des Kriegs markierte, die sprachlichen Rechte einiger europäischer Minderheiten an, einschließlich der Juden. Es wurde nicht spezifiziert, welche jüdische Sprache oder Sprachen gemeint waren, doch es war ein historischer Schritt. Juden in der neu gegründeten Republik Polen bekamen das Recht, den Unterricht in den staatlichen Grundschulen in ihrer eigenen Sprache zu halten. Zum ersten Mal in der menschlichen Geschichte schützte ein internationaler Vertrag die sprachlichen Rechte der Juden.

7. Kapitel

Russland: Geküsst von einem Dieb

נאָך אַ קיש פון אַ גנב, צייל איבער דיינע ציין.

Noch a kisch fun a ganew, zejl iber dajne zejn.

Nach einem Kuss von einem Dieb, zähl deine Zähne nach.

In den frühen Jahren des 20. Jahrhunderts war Jiddisch eine moderne, internationale Sprache, die sich konkurrierend an vielen Orten entwickelt hatte – gut für die Sprache, aber schlecht für uns, die wir ihren Spuren in verflochtenen Strängen folgen müssen. Persönlichkeiten, denen wir in Russland begegnen, werden wir später, noch immer jiddisch argumentierend, in den Cafeterias von New York wiedertreffen. Eine Idee wurde auf einer Seite des Atlantiks oder des Mittelmeers ausgebrütet und kam auf der anderen Seite zur Blüte. Obwohl sich dieses Kapitel, ebenso wie die folgenden, auf die Ereignisse eines Landes konzentriert, dürfen wir nicht vergessen, dass es sich um eine Sprache handelt, die nicht von nationalen Grenzen zurückgehalten wird. Wir hoffen also, etwas von den jüdischen Türken auf dem *schtetl*-Jahrmarkt zu lernen, und wir werden versuchen, einige Bälle in der Luft zu behalten.

Auf den gewundenen Straßen russischer Geschichte taucht immer wieder die Formulierung «das jüdische Problem» auf. Nie wird es erklärt, es wird immer nur festgestellt, und aus dem Kontext soll sich ergeben, dass Juden wie eine Nahrung sind, die den politischen Körper vergiftet oder zu Durchfall führt – etwas Ungenießbares also, mit dem man nahe und auf ewig zusammenleben musste. Egal, wie sehr die Russen es auch versuchten, es war ihnen unmöglich, die Juden zu ignorieren, unmöglich, sie zu verdauen, unmöglich, sie loszuwerden.

Da praktisch alle russischen Juden Jiddisch sprachen, während nur eine Minderheit von ihnen fließend Russisch beherrschte, wurde die Sprache oft zum Statthalter des Volkes. In Mütterchen Russland und in ihrem Nachfolgestaat, der Sowjetunion, wurde Jiddisch oft erniedrigt, gepriesen und ausgebeutet – je nach den plötzlichen und anscheinend irrationalen Wandlungen der Politik, die ein Kennzeichen des Landes waren. Pinchas Kahanowitsch, ein Autor, der unter dem Namen der *Nister*, der Versteckte, bekannt wurde, beschrieb einen der Tiefpunkte in diesem Verhältnis so: «Uns ist nichts geblieben ... wir haben weder Gott noch die Tora. Alles, was wir haben, sind die Buchstaben des jiddischen Alphabets.»

Wir beginnen unsere russische Geschichte am Ende des 19. Jahrhunderts mit einer Frau, Ester Frumkin, die eine zentrale Rolle im turbulenten Übergang von der Monarchie zum Staatssozialismus spielte. Sie war eine der stärksten und eindrucksvollsten Jüdinnen ihrer Zeit. Eine kräftige Person mit einem breiten Gesicht, die Haare durch einen Mittelscheitel geteilt, vermittelte sie einen ebenso gewichtigen Eindruck wie ihre männlichen Kollegen. Diese dämonische Arbeiterin und inspirierende Rednerin war die wichtigste Vertreterin der jüdischen Arbeiterklasse. Da das Charakteristikum der proletarischen Juden ihre Sprache war, wurde Jiddisch zu ihrer Arena.

Ester Frumkin wurde 1880 als Malka Lifschitz in Minsk geboren, einer großen russischen Stadt, deren Einwohnerschaft zu über fünfzig Prozent aus Juden bestand. Ihr Großvater war Rabbi, aber ihr Vater, ein wohlhabender Kaufmann, hatte liberalere Ansichten. Er brachte seiner Tochter die russische Sprache und das aufkommende moderne Hebräisch bei, ebenso wie Jiddisch. Wie etliche andere jüdische Mädchen der Bourgeoisie besuchte sie ein russisches Gymnasium. Da sie mit den jüdischen Werten und der Tradition aufwuchsen, dass Frauen ihren Weg in der Welt machen müssten, während ihre Männer studierten, war es nicht verwunderlich, dass am Ende des 19. Jahrhunderts zahlreiche jüdische Mädchen Russisch lesen und schreiben konnten, obwohl es für sie die zweite Sprache war. Noch immer war Jiddisch allgegenwärtig unter Juden. Als 1897 im zaristischen Russland die erste Volkszählung stattfand, führten achtundneunzig Prozent der Juden Jiddisch als ihre Muttersprache an.

Doch die politischen Veränderungen schwemmten das Zarenreich der Romanows hinweg. Und vieles, das sich veränderte, nützte, um es kurz zu sagen, den Juden nichts. Die Fabriken in den großen Städten, die sie aus ihren *schtetlech* lockten, führten nur zu einer anderen Art Armut – wurzellos und anonym, ohne die Stabilität und die Unterstützung der kleinstädtischen *kehileß*. Ein Beobachter schrieb 1903, dass «ganze achtzig Prozent der jüdischen Bevölkerung von Wilna am Abend nicht wissen, wo sie das Essen für den nächsten Morgen herbekommen». Obwohl es der nichtjüdischen Bevölkerung kaum besser ging, litten die Juden zusätzlich unter der Last diskriminierender Steuern und darunter, dass sie von lukrativeren Handelsmöglichkeiten und Handwerksberufen ausgeschlossen waren.

Zum Glück für Ester Frumkin war ihre Familie sicher. Schon von Haus aus müssen ihr die traditionellen jiddischen Muster, Verantwortung für andere zu übernehmen, vertraut gewesen sein – Hausfrauen, die an Purim den Armen *schalachmoneß* schicken, Purimgeschenke, oder die Speisung von Armen als Teil einer Hochzeitszeremonie. Doch in der neuen, industrialisierten Gesellschaft reichte diese Art *zdoke*, Mildtätigkeit, nicht mehr aus, um die jüdischen Arbeiter vor den schlimmsten Exzessen des neuen Kapitalismus zu schützen.

Die entschlossene junge Frau, angesteckt von dem linksgerichteten revolutionären Fieber ihrer Zeit, hatte nichts Geringeres als eine grundlegende Neuordnung der Gesellschaft zum Ziel. Mit siebzehn Jahren unterrichtete sie jüdische Arbeiterfrauen in geheimen «Arbeitskreisen». Die wichtigsten Fächer waren Mathematik, Geographie, Russisch. Doch gleich danach kamen die neuesten sozialistischen Ideen. Ester Frumkin erinnerte sich später:

> Wir saßen oft bis in den Morgen in einem stickigen Zimmer, in dem nur eine Gaslampe brannte. Oft schliefen kleine Kinder im selben Raum und die Hausfrau ging herum und horchte, ob die Polizei auch nicht kam. Die Mädchen lauschten den Reden der Leiter, stellten Fragen und vergaßen vollkommen die Gefahren, vergaßen, dass es sie eine Dreiviertelstunde kosten würde, nach Hause zu gehen, durch tiefen Schnee und nur eingehüllt in die zerrissenen Reste eines Mantels ... Aufmerksam lauschten sie Vorträgen über unsere Kulturgeschichte, über Überschussgewinne, Handel, Löhne, Leben in anderen Ländern. Wie viele Fragen sie stellten! Wie leuchteten ihre Augen auf, wenn nach dem Arbeitskreis die Leiter eine neue Nummer des *Jidischer arbeter* (Jüdischer Arbeiter; eine sozialistische Zeitung) hervorzogen! Oder sogar eine Broschüre!

Ester Frumkin erkannte die Wichtigkeit des Schreibens, die Macht des Wortes. Sie ging an die Universität St. Petersburg und studierte Pädagogik und Philologie. Als sie nach Minsk zurückkam, wurde sie aktiv im Bund, dem linken Flügel des jüdischen Proletariats. Bald darauf gehörte sie als einzige Frau zu den Entscheidungsträgern.

Idealistische Juden der Mittelklasse, wie Ester Frumkin, waren oft einem Loyalitätskonflikt ausgesetzt. Obwohl sie dazu erzogen waren, die große russische Kultur, zu der sie nun Zugang hatten, hoch zu schätzen, lag ihre Sympathie doch bei den armen Juden, die den Russen und ihrer Sprache misstrauten. Obwohl einige jüdische Intellektuelle wie Leo Trotzki, geboren als Leib Bronstein, sich mit der russischen Linken identifizierten, erkannten andere, die sich dem Bund anschlossen, bald, welche zentrale Rolle die jiddische Sprache für das Leben des jüdischen Proletariats spielte.

Diese jungen Reformer, die Jiddisch zugunsten von Russisch

abgelegt hatten, nahmen es schnell wieder auf. Viele von ihnen, begierig und voller romantischer Ideen, fanden im Jiddischen die Qualitäten, die sie zu den Arbeitern, die es sprachen, hingezogen hatten. Sie waren hingerissen von Rhythmus der Sprache, begeistert von der Erdverbundenheit ihrer Sprichwörter. Man kann sich ihr Vergnügen an einem Spruch wie diesem vorstellen: *Wenn man Leute dafür bezahlen könnte, für einen zu sterben, hätten die Armen genug Geld zum Leben.* Weil sie die einfachen, armen Arbeiter schätzten, bemühten sie sich auch, den Status ihrer Sprache zu erhöhen, die in ihren Augen ebenso lebendig wie ehrlich war.

Und sie gingen noch darüber hinaus: Sie sahen Jiddisch als das Medium, mit dessen Hilfe Arbeiter und Intellektuelle sich eine neue Vision vom Judentum schaffen konnten. Die jiddische Sprache, gereinigt von ihren biblischen Bezügen, bot sich an als eine allen zur Verfügung stehende Verständigungsmöglichkeit. Sie würde die Juden vereinen, ohne sich auf Rabbiner, Feiertage, Synagogen oder andere Reste einer theokratischen Vergangenheit beziehen zu müssen. Durch diesen Bedeutungszuwachs wurde Jiddisch, die Sprache der Rechtlosen, der Frauen und Armen, schon früh ein wesentlicher Bestandteil des bundistischen Parteiprogramms.

Ester Frumkin erkannte dabei die Bedeutung der häuslichen, religiösen Traditionen jüdischer Frauen – das Anzünden der Kerzen am Freitagabend, die Sederabende an Pessach, die besonderen Feiertagsmahlzeiten. So wurde zum Beispiel die Challe, dieses besondere Brot, das den Schabbattisch zierte, liebevoll von den Frauen geflochten, die es gebacken hatten. An Rosch ha-Schana aber, dem Neujahrsfest, wurde es zu einem Kreis geformt, um alle, die es aßen, an den Kreislauf des Jahres zu erinnern. Oder es wurde zu einem Vogel geformt, *a fejgele chale*, in der Hoffnung, dass die Sünden des vergangenen Jahres davonflögen wie ein Vogel. Ester Frumkin, die Pädagogin, schätzte die Kraft dieses intimen Unterrichts, der *hejmischn* Symbole, durch die sich die jüdische Kultur auszeichnete. Sie gehörte zu denen, die sich bemühten, die alten religiösen Rituale mit einer neuen politischen Bedeutung zu füllen, sie zu bundistischen Riten zu machen.

Der Bund wuchs schnell. In den ersten beiden Dekaden des 20. Jahrhunderts entwickelte er sich zu einer Gegenkultur, zu einem alternativen Universum. Er wurde auch zu Ester Frumkins Heimat. Sie reiste durch Westeuropa, um das neue Erziehungssystem Montessoris kennen zu lernen. Sie schrieb für die bundistische Presse. Sie half, ein System säkularer jiddischer Schulen für Kinder zu organisieren, ebenso Vereine für Literatur, Musik und Theater für Erwachsene. Die bundistische *folksschul* und der *cheder meßakn*, eine weiterführende Schule, benutzten moderne pädagogische Techniken und unterrichteten weltliche Fächer. In größerem Maßstab waren dies Ester Frumkins alte Frauenarbeitskreise, mit Zweigen für Kinder und Erwachsene.

Wie viele Jiddisch Schreibende nahm Frumkin ein Pseudonym an, Ester Frumkin oder manchmal nur Ester, nach der jüdischen Königin aus der Purimgeschichte. (Ihr eigentlicher Vorname «Malka» bedeutet «Königin».) Ihr Ziel war es, den alten Aberglauben, der schwer auf den Frauen gelastet hatte, durch ein neues Bewusstsein von Familie und sozialer Klassenzugehörigkeit zu ersetzen. Frauen, die natürlichen Anführer, sollten eine häusliche Moral schaffen, die ein Beispiel für die arbeitenden Massen werden würde.

Es überrascht nicht, dass diese politischen Aktivitäten die Aufmerksamkeit des Zarenregimes auf sich zogen. Ester Frumkin wurde aufgrund ihrer politischen Arbeit dreimal verhaftet und für längere Zeit nach Sibirien verbannt.

Über ihre politische Arbeit wissen wir viel, wenig jedoch über ihr Privatleben. Sie war dreimal verheiratet, nie für lange Zeit; einmal mit ihrem bundistischen Genossen Boris Frumkin. Einer Quelle zufolge starb er an Tuberkulose, die er sich im Gefängnis zugezogen hatte, kurz nachdem Ester Frumkin ihr gemeinsames Kind geboren hatte; eine andere Quelle ließ ihn sogar den Zweiten Weltkrieg überleben. Ein anderer Ehemann Frumkins war ein

Rabbi namens Wichmann; tatsächlich wird er – und nicht der Bundist – an anderer Stelle als Vater von Ester Frumkins Tochter genannt. Diese Verbindung weckt Neugier, angesichts Frumkins antirabbinischer Arbeit der späteren Jahre, aber leider gibt es wenig Information über diese Zeit.

Wir kennen nur noch ein weiteres persönliches Detail: Ester Frumkin blieb eine verantwortungsbewusste Familienmutter, sie sorgte für ihr Kind, außerdem für das Kind ihrer Amme, und später, nach dem Tod ihrer Schwester, auch für ihre beiden Nichten.

Ester Frumkins Leben wurde von der Ideologie bestimmt und zeigte immer wieder dramatische Höhepunkte. Bei der Czernowitzer Konferenz von 1908, als einige Teilnehmer vorübergehend vom abendlichen Bankett ausgeschlossen wurden, weil sie keine Abendkleidung trugen, protestierte sie. Es besänftigte sie auch nicht, dass man sich besann und die falsch gekleideten Delegierten zuließ. Sie hielt eine wütende Rede und stürmte aus dem Saal.

Doch Ester Frumkin gewann in Czernowitz auch ein breiteres Ansehen. Da sie sowohl als bundistische Delegierte wie auch als Korrespondentin der Wilnaer bundistischen Zeitung an der Konferenz teilnahm, galt ihre Meinung viel. Ester Frumkin, mehr als alle anderen, zwang die Konferenz zu der Frage, ob Jiddisch als die einzige jüdische Sprache anerkannt werden sollte, und zog damit die Aufmerksamkeit von anderen Punkten der Tagesordnung ab. Nach Ansicht mancher Teilnehmer trug sie die Hauptverantwortung für die Ergebnislosigkeit der Konferenz.

Als Perez vorschlug, ein internationales System jiddischer Schulen, Büchereien, Theater und kultureller Institutionen einzurichten, sprach sich Ester Frumkin vehement dagegen aus. Das scheint absonderlich angesichts ihres Engagements für Jiddisch und die jüdische Arbeiterklasse, die von diesem Plan nur gewonnen hätte. Offensichtlich hatte sie Angst, dass Jiddisch seine Bedeutung für die russischen Juden verlieren würde, wenn man es mit allen Juden auf der Welt verband. Für Ester Frumkin war Jiddisch das Verbindungsglied für die Juden unter zaristischer Unterdrückung, und sie wollte seinen Bedeutungsverlust durch übermäßigen Gebrauch in der Diaspora verhindern. Ester Frumkin war so überzeugt von ihrer Ansicht, dass sie unter Protest die Konferenz verließ. Wenn dies alles verwirrend und extrem klingt, sollten wir an die damals weit verbreitete Auffassung denken, derzufolge ideologische Reinheit erwartet wurde. Ideen, Vorschläge und Argumente waren alles, was diese Menschen besaßen.

Aber die Akteure der Konferenz mussten wie spielende Kinder ausgesehen haben, als bald darauf Krieg und Revolution die Welt erschütterten. Das Trauma und die Zerstörungen durch den Ersten Weltkrieg waren verbunden mit dem verwüstenden Umbruch durch den russischen Bürgerkrieg. Die russische Wirtschaft brach zusammen, und es war nur allzu leicht, den Juden die Schuld daran zu geben. Mindestens hunderttausend Juden wurden bei Pogromen getötet. Ganze *schtetlech* wurden zerstört, und Tausende jüdischer Waisenkinder irrten durch die Städte.

In der Ukraine zum Beispiel, wo die jüdische Bevölkerung zwischen 1897 und 1926 um sechsunddreißig Prozent angewachsen war, sank der Anteil der Juden um fünf Prozent. Es hätte viele Tausend weitere Opfer gegeben, wären da nicht die Hilfslieferungen von Juden gewesen, die in die Vereinigten Staaten emigriert waren.

Als die russische Revolution ausbrach, wurde sie von den meisten Juden begrüßt. Sie empfanden keine Liebe für die Romanows und glaubten, ihre Situation könne sich durch die Revolution nur verbessern. Am 20. März 1917 druckte die New Yorker jiddische Zeitung *Forwerts* die Schlagzeile: «Die jüdischen Probleme haben ein Ende.»

Aber als die Bolschewiki ihre Macht im postrevolutionären Russland etablierten, waren sie argwöhnisch den Juden gegenüber, die, das spürte man, anfällig für Loyalitätskonflikte waren. Obwohl die Bolschewiki vor der Revolution dem bundistischen Parteiprogramm mit seinem Anspruch auf kulturelle Autonomie zugestimmt hatten und zu dessen wichtigsten Punkten jiddischer

Unterricht gehörte, änderten sie ihre Meinung, als sie an die Macht gekommen waren. Eine ihrer ersten Kampagnen bestand darin, den Bund aufzulösen. Der wichtigste Mann bei dieser Aktion war Trotzki, der sich, eine der wenigen Male in seinem Leben, öffentlich als Jude bekannte.

Für die bundistischen Führer muss dies eine extrem schwierige Zeit gewesen sein. Ester Frumkin gehörte zu jenen, die dazu rieten, ihre geliebte Organisation in den bolschewistischen Organisationen aufgehen zu lassen, und es war ihre Ansicht, die sich schließlich durchsetzte. Der Russische Bund löste sich 1921 selbst auf. Die jüdischen Kommunisten erklärten sich damit einverstanden, die jüdischen Institutionen zu vernichten, um ein Beispiel zu geben.

Die ehemaligen Bundisten erreichten jedoch ein wichtiges Zugeständnis. Die Bolschewiki hielten im Gegenzug ihr altes Versprechen, Jiddisch anzuerkennen. Anfangs mag der Grund dafür wohl nur der gesunde Menschenverstand gewesen sein. Da in der neuen Sowjetunion 108 Nationalitäten und 22 kleinere ethnische Gruppen lebten, war es offensichtlich, dass man alle Hilfsquellen und viel Zeit brauchen würde, um einen neuen sowjetischen Bürger zu schaffen. Die Sprache der Menschen zu ändern war ein zu großer Luxus in den ersten Tagen der Sowjets. 1919 rief Lenin dazu auf, «sich nicht nur für eine wirkliche rechtliche Gleichberechtigung der schwer arbeitenden Massen der ehemals unterdrückten Völker einzusetzen, sondern auch für eine Entwicklung ihrer Sprache und ihrer Literatur». Und wer war unter dem Zaren unterdrückter gewesen als die Juden?

Die kommunistische Partei gründete spezielle Jüdische Sektionen, deren Aufgabe es war, Propagandamaterial zu verbreiten und auf Jiddisch Parteiarbeit innerhalb der jüdischen Arbeiterschaft zu betreiben und «dafür zu sorgen, dass die jüdischen Massen eine Chance haben, ihre intellektuellen Bedürfnisse in dieser Sprache zu befriedigen». Jiddisch war offiziell anerkannt als wesentlicher Bestandteil der legalen Identität der jüdischen Nationalität. Das war ein wichtiger Fortschritt für die Sprache. Die alten Unterdrücker waren verschwunden, und es schien, als würden die neuen kommunistischen Machthaber die Bedürfnisse der Jiddisch Sprechenden verstehen. Wenn sich die verschiedenen Völker der neuen Sowjetunion versammelten, würden Jiddisch Sprechende einen Platz am gemeinsamen Tisch haben.

Für Ester Frumkin müssen die Jahre nach der Revolution sehr hoffnungsvoll gewesen sein. Sie war die einzige Frau in dem elf Personen umfassenden Zentralbüro der Jüdischen Sektion der Kommunistischen Partei und wurde zur Kommissarin für politische Erziehung ernannt. Sie war dafür verantwortlich, dass Synagogen und religiöse Schulen geschlossen wurden und dass die jüdischen religiösen Führer ihre Macht verloren. Der Slogan für derartige Aktivitäten war: «Die Revolution in die jüdische Gasse zu tragen.»

Da alle Unternehmen nun unter staatlicher Aufsicht standen, war es möglich, die Arbeitsplätze für Rabbiner, für *cheder*- und *jeschiwe*-Lehrer zu eliminieren, ebenfalls für die *schochtim*, die rituellen Schlachter, und für die *mojlim*, die rituellen Beschneider. Da die privaten Unternehmen verschwanden, gab es für die religiösen Funktionsträger keine Möglichkeit mehr, ihren Lebensunterhalt zu verdienen. Es war eine effiziente Methode, sowohl die *kehileß* zu demontieren als auch die Religion zu unterdrücken.

Ester Frumkin stand bei der antiklerikalen Kampagne an vorderster Front. Ihr Slogan war: «Nieder mit den Rabbinern!» Obwohl ähnliche Entwicklungen gegen die Russische Orthodoxe Kirche stattfanden, wurden die Attacken gegen jüdische Institutionen mit besonderer Rachsucht ausgeführt. Frumkin sagte zu einem amerikanischen Besucher: «Sie verstehen nicht, in welcher Gefahr sich die Juden befinden. Wenn das russische Volk glauben würde, dass wir die Partei der Juden ergreifen, würde das den Juden sehr schaden. Jüdische Kommunisten müssen noch härter gegen die Rabbiner vorgehen als nichtjüdische Kommunisten gegen ihre Priester.»

121

Ester Frumkin unterstützte, was man heute vielleicht Guerilla-Theater-Aktionen nennen würde, bei denen die Aktivisten an Feiertagen laut vor den Synagogen demonstrierten oder den Gottesdienst am Jom Kippur, dem Versöhnungstag, störten. Während die Gläubigen fasteten und beteten, aßen die Eindringlinge demonstrativ und wedelten mit unkoscheren Würsten vor den Nasen der Betenden herum.

Doch obwohl Ester Frumkin die jüdische Religion demontierte, errichtete sie eine Infrastruktur für die jiddische Sprache. Mit ihrem pädagogischen Hintergrund brachte sie ein staatlich unterstütztes jiddisches Erziehungssystem in Gang. Das war ein beachtlicher Fortschritt. Zum ersten Mal bekamen Jiddisch sprechende Kinder eine komplette, freie und säkulare Erziehung in ihrer Muttersprache.

Ester Frumkin übersetzte Lenin ins Jiddische. Sie trug wesentlich dazu bei, dass Jiddisch als eine der vier Nationalsprachen der neuen Sowjetunion geplant war. Und sie unterstützte die staatlich geführten jiddischen Schulen, die sich anfangs großer Beliebtheit erfreuten. In Weißrussland und in der Ukraine, zwei der neuen Sowjetrepubliken im ehemaligen Rayon, besuchten Ende 1920 die Hälfte der jüdischen Kinder diese neuen Schulen. Das war ein außerordentlicher Moment in der Geschichte. Jiddisch, die verachtete Sprache, hatte einen offiziellen Status in einer der größten, mächtigsten Nationen der Welt gewonnen. Idealistische Juden kamen von überall her, um es selbst zu sehen und zu Hause darüber zu berichten.

Avrahm Yarmolinsky, ein in Russland geborener amerikanischer Jude, fuhr 1928 in dieser Mission in die neue Sowjetunion. Für ihn war die Anerkennung der jiddischen Sprache durch die Sowjets ein Meilenstein für die Einheit der Juden. Sie beeindruckte ihn weit mehr als die Perspektive einer Assimilation, die er für die Vereinigten Staaten erwartete.

Die 106 Sowjets (Verwaltungsbüros), die in kleinen Bezirken errichtet wurden, waren oft jüdisch. Ein Postbüro war nach Scholem Alejchem benannt. In den jüdischen Sowjets wurden alle Geschäfte auf Jiddisch erledigt. Es gibt eine ganze Reihe von Unteren Gerichtshöfen (sechsunddreißig in der Ukraine und fünf in Weißrussland), wo alles auf Jiddisch verhandelt wird. In einigen größeren Städten, wie zum Beispiel in Kiew und Odessa, gibt es Polizeiwachen, bei denen man seine Anzeige auf Jiddisch erstatten kann, die dann von einem jüdischen Polizisten schriftlich aufgenommen wird. Ebenso können Hochzeiten, Geburten und Todesfälle bei den staatlichen Standesämtern auf Jiddisch registriert werden.

Die Wirkung dieser Änderungen konnte nicht hoch genug eingeschätzt werden. Zum ersten Mal seit fast zweitausend Jahren, seit der Zerstörung des Tempels in Jerusalem, wurde eine jüdische Sprache in offiziellen, staatlich sanktionierten und staatlich gegründeten Institutionen eingesetzt.

Allerdings hatten die Kommunisten den Juden keine unbeschränkte Vollmacht gegeben. Sie favorisierten eine Politik, die sie als «sozialistisch im Inhalt, national in der Form» beschrieben. Dies bedeutete, dass es ethnischen Gruppen wie den Juden gern gestattet wurde, ihre eigene Sprache zu benutzen, solange die Gedanken, die sie darin ausdrückten, sozialistisch waren. Die alte jiddische Literatur aus vorsowjetischen Tagen wurde fast nie in den Schulen gelesen; Religion existierte nur als ein Gegenstand des Spotts. Das Buch, mit dessen Hilfe die Kinder ihr *alef bejß* lernten, ihr Alphabet, begann mit einem großen Bild Lenins.

Mochten auch ältere Juden mit Entsetzen auf die Zerstörung ihres religiösen und säkularen Erbes reagieren, die jüngeren waren eher bereit mitzumachen. Sehr schnell entwickelte sich eine neue sowjetische jiddische Kultur. Staatlich unterstützte jüdische Theater wurden in Moskau, Kiew und sechzehn weiteren Städten eröffnet. Marc Chagall malte Bühnenbilder und Wandbilder für das Moskauer Jiddische Staatstheater. Etwa 850 jiddische Bücher wurden zwischen 1917 und 1921 publiziert, viele von ihnen im neuen, staatlich geführten jiddischen Verlag. Die Zahl der jiddischen Zeitungen verdoppelte sich zwischen 1923 und 1927.

Viele russische Autoren und Intellektuelle, die vor und nach dem Umsturz aus ihrer Heimat geflohen waren, kehrten zurück, um beim Aufbau dieser neuen jiddischen Welt mitzuhelfen. Die Dichter Dowid Bergelson, Perez Markisch und Der Nister kamen aus Westeuropa zurück, ein anderer Dichter, Dowid Hofschtejn, aus Palästina. Der jiddische Poet Schmuel Halkin schrieb ein Gedicht «Russland – 1923», aus dem ich zitiere:

> Jeder Schlag deiner Hand ist kostbar für uns,
> Und schmerzhaft hart zu ertragen –
> Doch so groß auch Unglück mag sein oder Scham,
> Wir kommen zu dir und wir flehen:
>
> Was ist das Versprechen dort über den Meeren
> Welche Länder sind es und welche Gebiete?
> Hier in Russlands glücklichen Straßen
> Leben wir freudig unsere Leben.

Unglücklicherweise passten die jüdischen Leben mit ihren jiddischen Träumen nicht immer zu den Plänen der Kommunisten. Die neuen, staatlich unterstützten jiddischen Schulen waren vor allem ein Mittel der Propaganda. Ihr Ziel war es, jüdische Kinder dazu zu erziehen, ihren Platz in der neuen sowjetischen Gesellschaft einzunehmen. Der Unterricht in jüdischer Geschichte war natürlich nicht gestattet, obwohl es erlaubt war, etwas über die Rolle des jüdischen Proletariats während der Revolution zu erfahren. Jiddische Literatur war nur dann nützlich, wenn sie die alte schtetl-Kultur lächerlich machte. Schon bald wurde klar, dass der Slogan «national in der Form, sozialistisch im Inhalt» genau das meinte, was er sagte. Wenn Juden sich in die neue Sowjetunion einfügen wollten, war das gut. Wenn sie es nicht taten, ging es ihnen noch schlechter. Ihre traditionellen Gemeinden und religiösen

Institutionen waren zerschlagen. Nun hatten sie keinen Ort mehr, dem sie sich zuwenden konnten.

Die neue, entwurzelte jiddische Ausbildung gab es auch nur bis zur Elementarschule. Höhere Bildung auf Jiddisch war nicht erlaubt. Weiterführende Schulen und Universitäten waren streng auf das Russische beschränkt. Die Lektion war deutlich: Jiddisch würde seinen Sprechern nicht zu einer glänzenden Zukunft in der sowjetischen Arbeitswelt verhelfen. Ester Frumkins Vision von Jiddisch als der einigenden Kraft eines machtvollen jüdischen Proletariats verblasste schon bald.

Selbst als die Sowjets einer jiddischen Ausbildung zugestimmt hatten, unterminierten sie ihre Basis. Ihre Politik spornte Juden nicht zu einem Studium der jiddischen Sprache an, sondern lieferte jeden Grund, die Sprache abzulegen. 1926, ein Vierteljahrhundert nach der ersten russischen Volkszählung, gaben über 70 Prozent aller russischen Juden noch immer Jiddisch als ihre Muttersprache an. 1939 jedoch hatte sich diese Zahl fast halbiert. Der sowjetische Soziologe Jankl Kantor beschrieb die Situation 1934 so: «Die Mutter spricht Jiddisch, aber wenn ihr Kind aus dem Kleinkindalter heraus ist, zerbricht sie sich die Zunge und spricht Russisch mit ihm, um es den anderen gleichzustellen.»

Die Sowjets – und wir müssen daran denken, dass jahrzehntelang Juden in kommunistischen Kreisen gut repräsentiert und aktiv waren – versetzten Jiddisch einen weiteren ernsthaften Schlag, indem sie die Sprache selbst änderten. Sie entwickelten etwas, was Sowjetjiddisch genannt wurde. Wörter, die ihre hebräische Schreibweise mit dem typischen Mangel an Vokalen bewahrt hatten, wurden gemäß der europäischen Orthographie verändert. Zum Beispiel ist das jiddische Wort für Wahrheit «*emeß*». Traditionell wird es mit drei Buchstaben geschrieben, einem e-Klang, einem m-Klang und einem t-Klang, entsprechend dem hebräischen *emet*, geschrieben mit den entsprechenden hebräischen Buchstaben e-m-t. In der jiddischen Aussprache wird das t zu einem scharfen s, in der Transkription ein ß. Die sowjetische

Schreibweise richtete sich nun nur nach dem Klang, das Wort wurde zu e-m-ß und verlor damit den direkten Bezug zum Hebräischen. Wenn Jiddisch Sprechende nun das Wort «emeß» lasen, sahen sie nicht mehr die Verbindung zu dem Hebräisch ihrer Gebete – falls sie überhaupt noch ihre alten Gebete sprachen.

Es gab noch andere Änderungen. Viele Wörter religiösen Ursprungs wurden entfernt, auch wenn sie nur noch symbolisch benutzt wurden. Wörter deutschen Ursprungs wurden durch Wörter slawischer Herkunft ersetzt. Einige Sprachplaner und Politiker (oft waren es dieselben Personen) schlugen vor, das hebräische Alphabet durch kyrillische Buchstaben zu ersetzen, doch dieser Plan wurde nie ausgeführt.

Obwohl einige dieser Reformen, zum Beispiel die Ausmerzung von Sonderformen von Buchstaben am Wortende, dazu dienen sollten, die Sprache einfacher und logischer zu machen, entwickelten sie nun eine Eigendynamik. Sprachplaner waren so begeistert davon, neue Wörter zu erschaffen, dass sie es auf ungefähr fünfzehnhundert brachten, fast alle russischen Ursprungs. Jiddisch bewegte sich weiter auf dem Weg von einer Volkssprache fort und hin zu einer politischen Sprache. Ein Witz machte die Runde, demzufolge ein jiddisches Buch nur von drei Menschen gelesen werde, vom Autor, vom Schriftsetzer und vom Zensor.

1933 schrieb Juda Darak, ein kommunistischer Pädagoge, einen stolzen Report über den Erfolg jiddischer Schulen.

Die Schule gewann, unterstützt durch alle Mittel, die der Regierung zur Verfügung standen, einen Sieg nach dem anderen. Als Erstes wurde der Schabbat als Tag der Ruhe abgeschafft. Zweitens wurden alle Bücher mit einer nationalen Färbung entfernt ...
Die Arbeit in der Schule folgt dem allgemeinen Programm des Volkskommissariats für Erziehung. Den Begriff «jüdische Geschichte» gibt es in der Schule nicht. Jeder beliebige Kurs in der Geschichte des Klassenkampfes kann Teile beinhalten, die den Kampf jüdischer Kunsthandwerker gegen ihre Ausbeuter und den Kampf jüdischer Arbeiter gegen die jüdische oder irgendeine andere Bourgeoisie enthalten.

Obwohl Ester Frumkin zuerst eine Rehabilitation jüdischer Feiertage und jüdischer Geschichte innerhalb eines kommunistischen Rahmens angestrebt hatte, wurde sie zur Aufgabe ihrer Pläne gezwungen. Die meiste Zeit, die sie im Zentrum der kommunistischen Bürokratie in Moskau stand, verbrachte sie wohl damit, zwischen Ideologie und Realpolitik hin und her zu manövrieren. Schon in den zwanziger Jahren gewann Jossif Stalin, ein Mann mit tiefen antisemitischen Gefühlen, an Macht.

Um gerecht zu sein, muss man jedoch sagen, dass es in dieser turbulenten Zeit der hebräischen Sprache wesentlich schlechter ging als der jiddischen. Als Sprache der Religion wurde sie vollkommen unterdrückt. Der Amerikaner Yarmolinsky beschreibt ihr Schicksal so: «Die Kommunisten fanden in ihrem Kampf gegen den Einfluss der Synagoge und gegen alles, wofür sie stand, effektivere Mittel als den Hohn und die Argumente der so genannten anti-religiösen Propaganda. Sie säkularisierten die Schulen ... Die Sprache der neuen jüdischen Kultur ist das gesprochene Idiom der Massen, während Hebräisch und alles, was mit Hebräisch zusammenhängt, verachtet und in jeder Hinsicht entmutigt wird.»

Dennoch brachte diese neue Ära enorme Vorteile für die Juden: Die Ansiedlungsbeschränkungen entfielen. Unter dem Kommunismus konnten Juden in Städten leben. 1920, drei Jahre nach der Revolution, lebten bereits 28000 Juden in Moskau. Gerade mal sechs Jahre später waren es bereits um 131000 Juden, die Moskau ihr Zuhause nannten. Um 1939 hatten fast vierzig Prozent der Juden das frühere Rayongebiet verlassen.

Die städtischen Juden gewannen eine neue Freiheit, aber sie verloren ihre alten Gemeinden. Da Synagogen verboten waren, Rabbiner ihre Funktion nicht ausüben konnten und religiöse Schulen nicht mehr existierten, war es unmöglich, neue jüdische Institutionen zu gründen. Die alte jiddische Kultur existierte nur noch informell. Viel leichter zu erreichen und viel anziehender war die neue sowjetische Welt. 1924 stand in der jiddischen Zeitung *Der emeß* (Die Wahrheit) der Bericht von einem Treffen der Transportarbeiter. «Ein Genosse, ein Träger, ergreift das Wort und spricht sich kategorisch gegen irgendeine Arbeit in Jiddisch aus. Als er zur Rede gestellt wird, antwortet er: ‹Das ist ganz einfach. Viele Jahre lang habe ich Hunderte von Pfund auf meinem Rücken getragen, tagaus, tagein. Nun möchte ich ein bisschen Russisch lernen und Büroarbeiter werden.›» Jiddisch, das sehr lange ein Verbindungsglied für alle Juden gewesen war, wurde nun zur Sprache rückständiger, erfolgloser Menschen. Ehrgeizige Juden lernten Russisch und kamen voran.

Ester Frumkin erkannte die Konsequenzen dieser Veränderungen, die sie selbst initiiert hatte. 1926, bei einer Konferenz der Jüdischen Sektionen der Kommunistischen Partei, sagte sie: «Wahrscheinlich wird der Prozess der Assimilation alle nationalen Minoritäten in den Städten ergreifen ... Bedenken wir die Wahrscheinlichkeit einer solchen Assimilation, müssen wir den jüdischen Arbeitern und ihren Führern beibringen, nicht jede bestimmte Aktivität von einem nationalen Standpunkt der Selbstbehauptung aus zu betrachten, sondern danach zu beurteilen, ob sie dem sozialistischen Wiederaufbau dient oder nicht.»

Aus heutiger Sicht können wir nicht beurteilen, ob Ester Frumkin ihre jüdische Identität, die ein so wichtiger Teil ihrer Persönlichkeit gewesen war, abgelegt hatte, oder ob sie sich auf notwendige Kompromisse einließ, um in einer schwierigen Zeit eine öffentliche Präsenz zu erhalten. Es ist auch möglich, dass sie zeitweise oder dauerhaft tatsächlich an so widersprüchliche Dinge glaubte. Sie war eine Frau, die ihr Leben nach der geltenden Ideologie ausrichtete. Sie hinterließ keinerlei persönliche Aufzeichnungen.

Obwohl Jiddisch in der Dekade nach der Revolution schwere Kämpfe gewonnen hatte, dauerte die Zeit staatlicher Unterstützung nicht lang genug, um bleibende jiddische Institutionen zu gründen. Das Erbe des Antisemitismus war zu stark; er war zu tief in der russischen Psyche verankert. Andere ethnische Gruppen der Sowjetunion mögen in der Lage gewesen sein, ihre Muttersprachen zu bewahren. Aber andere ethnische Gruppen waren eben keine Juden.

Nach dieser Dekade weit verbreiteter staatlicher Unterstützung begann die Regierung, an ihren juckenden jüdischen Stellen zu kratzen. 1930, dem Jahr, in dem, wie manche meinten, die offenbar epidemische Belastung des Antisemitismus wieder an die Oberfläche trat, wurden die Jüdischen Sektionen der Kommunistischen Partei nationaler Tendenzen beschuldigt und aufgelöst. Damit hatten die Juden ihren Ort der Macht verloren. Einige Historiker kamen zu dem Schluss, dass die Jüdischen Sektionen nie einen anderen Sinn gehabt hatten als den, als Mittel zur kulturellen Zerstörung zu dienen.

Erst langsam, dann ganz plötzlich, wurden die jiddischen Schulen und Theater geschlossen. Die Nachrichten, die am häufigsten in jiddischen Zeitungen veröffentlicht wurden, handelten von der «Entlarvung» und «Demaskierung» jiddischer Schriftsteller, Herausgeber, Dramatiker und Politiker, die man als «Feinde des Volkes» enttarnt hatte. Personen des öffentlichen Lebens verschwanden. Wenn das Jahr 1930 eine Zeit der Unsicherheit für die Russen war, so war es für die russischen Juden noch viel unsicherer.

Ester Frumkin schaffte es jedoch, auf den Füßen zu landen. Sie wurde die Vorsitzende der jüdischen Abteilung an der Universität der Nationalen Minderheiten des Westens. Doch diese Stelle behielt sie nur bis 1936, dann wurde diese Abteilung geschlossen. Die frühen Experimente der sowjetischen Zeit waren vorbei, die stalinistischen Säuberungen begannen. Ester Frumkin fand noch einmal eine andere Arbeit, doch wurde sie 1938 verhaftet und in ein sibirisches Arbeitslager gebracht. Obwohl sie Diabetikerin war, bekam sie keine medizinische Behandlung. Ihre inzwischen verheiratete Tochter wurde ebenfalls verhaftet, zusammen mit ihrem Mann. 1943 gelang es Freunden, Ester Frumkins Freilassung zu erreichen, doch die Gesundheit der nunmehr Dreiundsechzigjährigen war ruiniert. Sie starb wenige Monate später, ein

Opfer der Regierung, zu deren Etablierung sie selbst beigetragen hatte.

Nahezu alle Mitglieder der Jüdischen Sektionen der Kommunistischen Partei wurden liquidiert, um einen besonderen sowjetischen Euphemismus zu benutzen. Sie wurden ins Gefängnis geworfen, verbannt, hingerichtet oder so unmenschlichen Bedingungen ausgesetzt, dass sie sich selbst umbrachten oder verrückt wurden. Für Ester Frumkin und ihre Genossen war ihr Tod also auch der Tod eines Traums.

8. Kapitel

Die Sowjetunion: Marschierend und singend nach Birobidschan

א דערטרינקענדיגער מענטש כאַפּט זיך אָן אפילו אויף אַ שפּיץ פון אַ שווערד.

A dertrinkendiger mentsch chapt sich on afile ojf a
schpiz fun a schwert.

Ein ertrinkender Mensch hält sich sogar an der Spitze
eines Schwerts fest.

Ein Aspekt der sowjetischen Politik gegenüber den Juden und
ihrer Sprache war so bemerkenswert, dass er einen eigenen
Bericht verdient, denn es ist die groteske Geschichte eines behörd-
lichen Plans, der ein umfangreiches Gebiet betraf, tatsächlich so
umfangreich wie Belgien, etwa vierzehntausend Quadratmeilen.
Dieses Projekt war nicht besonders sinnvoll im Kontext des kom-
munistisch-jiddischen Unternehmens. Doch in diesem Teilaspekt
der Geschichte ging es nicht um irgendeinen Sinn.

In den zwanziger Jahren beschlossen die Kommunisten, als Teil
des sowjetischen Plans, die Unterscheidungen des alten Regimes
auszuradieren, die Juden zu «normalisieren» oder zu «produkti-
vieren». Das hieß, sie sollten genau das tun, was ihnen unter dem
Zarenregime untersagt war: als Landarbeiter arbeiten. Diese Möglichkeit sollte Juden von ihren «parasitären» Beschäftigungen
Handel oder Kunsthandwerk abbringen – bis dahin die einzigen
Berufszweige, denen sie hatten nachgehen dürfen.

Die Sowjets hatten damit begonnen, das alte System der Großgrundbesitzer abzuschaffen und landwirtschaftliche Kollektive zu gründen. 1924 schufen sie eine Kommission zur landwirtschaftlichen Ansiedlung jüdischer Arbeiter, mit dem Ziel, getrennte jüdische Kooperativen zu gründen. Die enge Verbindung jüdischer landwirtschaftlicher Ansiedlungen sollte vor allem zweierlei Zwecken dienen: Die Juden wären damit nicht nur von der übrigen sowjetischen Bevölkerung abgetrennt, sondern auch viel leichter durch die Regierung kontrollierbar.

Die jüdischen Sektionen der kommunistischen Partei sprachen sich ebenfalls für diesen Plan aus. Aus ihrer Sicht konnten die Ansiedlungen dazu dienen, säkulare jüdische Institutionen zu etablieren und noch vorhandene zionistische Gefühle auszutrocknen, denn die Forderung nach eigenem Land war zu einem wichtigen Teil des zionistischen Traums geworden. Dieser neue kommunistische Plan nährte das alte Ideal von Juden, die ein gesundes Leben in frischer Luft führen. Außerdem konnte eine Konzentration der jüdischen Bevölkerung den Juden nur nützen.

Ester Frumkin äußerte sich begeistert über diesen jüdischen landwirtschaftlichen Plan. «Unter der Diktatur des Proletariats gibt es für das jüdische Volk eine Möglichkeit, sich als Nation zu festigen.» Auch wenn es sehr unwahrscheinlich scheint, muss sie in diesem Plan eine Möglichkeit gesehen haben, die zu verfolgen sich lohnte. Zumindest gab es damals keine andere Regierung, die den Juden überhaupt irgendwelche Möglichkeiten anbot.

Der Plan wurde zuerst im Krimbezirk umgesetzt, in einer Region, die an das Schwarze Meer grenzt und heute zur Ukraine gehört, ein Gebiet, nahe den traditionellen Zentren jüdischer Ansiedlung. In diesen neuen jüdischen Kooperativen kontrollierten die Familien ihre eigenen kleinen Ländereien, ein logischer Übergang zwischen den alten *schtetlech* und dem neuen Kommunismus. Doch diese Form allmählichen Wandels schien nicht mehr zum Zeitgeist zu passen, 1928 waren alle landwirtschaftlichen Betriebe sowohl «kollektiviert» als auch «internationalisiert». Das bedeutete, dass alle Betriebe in Gemeinschaftsbesitz übergegangen waren und dass die Familien der jüdischen «Nation» in die anderen Nationen wie Russen oder Ukrainer integriert waren. Die Familien wurden gezwungen, das Land aufzugeben, das sie gerade erst bekommen hatten, der erste Grundbesitz, den sie je besessen hatten, und die jüdischen Kolonien wurden gewaltsam mit ihren nichtjüdischen Nachbargruppen gemischt. Die Kommunisten waren darauf aus, jede erkennbare jüdische Identität zu beseitigen.

Die Partei veröffentlichte Fotos von glücklichen jüdischen Kindern, die Schweine aufzogen, was den Moskauer Bürokraten vielleicht gut gefiel, nicht aber den Eltern der jungen Schweinebauern, die sich durch diesen Frontalangriff verletzt fühlten. Jüdische Bauern verließen scharenweise das Projekt, und die Bemühungen wurden bald aufgegeben. Doch die Saat zu einer Idee war gelegt.

Man sagt, dass Stalin selbst mit einem ambitionierten und weit reichenden Plan herauskam. Zur gleichen Zeit, als die Bauern des Bezirks Krim sich von ihren Juden verabschiedeten, kam von der Zentralregierung eine bemerkenswerte Ankündigung: Juden sollte ein Anreiz gegeben werden, sich auf einem eigenen landwirtschaftlichen Gebiet anzusiedeln, auf einem Territorium nur für sie. Dort könnten sie auch ihre eigene Sprache behalten. Und es ging noch weiter: Ein Versprechen hing in der Luft. Stalins Regierung ließ wissen, dass diese neue Region, wenn alles nach Plan liefe, den Status eines autonomen jüdischen Gebiets erhalten würde, verbunden mit besonderen Privilegien für die Juden. Mit der Zeit könne die Provinz sich sogar in eine jüdische Republik umwandeln, mit einem offiziellen Status innerhalb der Vereinigten Sowjetrepubliken – zu einer Jiddisch sprechenden Republik also. Es war ein atemberaubender Plan. Und etwas vollkommen anderes als die zum Scheitern verurteilten Schweinezuchtprojekte. Zum Leidwesen der Juden gab es ein Ortsproblem. Dieses glückliche Heimatland lag in Ostsibirien, fünftausend Kilometer entfernt von jedem Ort, an dem es überhaupt Juden gab.

Im Westen kann man sich wohl nur schwer die Weite der

Sowjetunion vorstellen. Sie erstreckt sich über zwei Kontinente und elf Zeitzonen. Fast alle sowjetischen Juden lebten im Westen der Sowjetunion, die neue Provinz war so weit von den jüdischen Zentren entfernt, wie es überhaupt möglich war. Noch heute dauert eine Zugfahrt von Moskau dorthin sieben Tage.

Der Ort für das Jüdische Autonome Gebiet war nicht zufällig gewählt. Er diente mehreren Zielen der Regierung, von denen aber keines mit den Interessen der Juden übereinstimmte. Die neue Ansiedlung in der Nähe der chinesischen Grenze würde ein Bollwerk gegen angreifende Chinesen und Japaner darstellen. Und wenn man die Juden so weit von ihren traditionellen Wohngebieten fortbrachte, wäre es leichter, sie aus ihren kulturellen Bindungen zu lösen. Nach einer Weile würden sie wahrscheinlich ihre besondere Identität verlieren und sich in die große Gemeinschaft der Sowjetbürger einreihen, eine mögliche Lösung des ewigen Judenproblems. Und für all das konnte die Sowjetunion zu einer Zeit, als sie dies dringend benötigte, auf der internationalen Ebene Punkte sammeln.

Doch auch wenn wir die sowjetischen Planer und Politiker verdächtigen, nur die niedrigsten Absichten zu verfolgen, müssen wir ihnen doch etwas zugute halten. Die Kommunisten taten mehr für die Juden als irgendein kapitalistisches oder westliches Land der damaligen Zeit. Juden hatten keine eigene Nation, und auch Palästina war eine Wüste, ein Spielball internationaler Politik. Sogar wenn dieses gottverlassene Land in Ostsibirien kaum eine Lösung war, so war es zumindest eine neue Entwicklung. Juden würden ihre eigene Sprache sprechen und eine gewisse Kontrolle über die örtliche Verwaltung und ihre Institutionen ausüben können.

Dieser winzige Hoffnungsfunken verfehlte seine Wirkung auch auf die amerikanischen Juden nicht. Viele von ihnen reagierten mit moralischer und finanzieller Unterstützung. Einige hundert Idealisten schlossen sich sogar den neuen Siedlern an, die zumeist aus der westlichen Sowjetunion kamen. Die amerikanischen Eheleute Morris und Rosa Becker, die aus ihrer Geburtsstadt im zaristischen Russland nach Amerika geflohen waren, gaben ihre Farm in Kalifornien auf und machten sich mit ihren beiden Kindern auf, einem Traum zu folgen.

1928 war die Region, die bald unter dem Namen ihrer Hauptstadt Birobidschan bekannt wurde, kaum mehr als ein Haltebahnhof der Transsibirischen Eisenbahn. In der Region lebten etwa siebenundzwanzigtausend Russen und Ukrainer, sie war mit Urwäldern bedeckt und extremen Temperaturen ausgesetzt. Im Winter herrschte endloser Schnee, im Sommer wurden amerikanische Besucher durch die krank machenden Sümpfe an die Everglades von Florida erinnert. Aber den siedlungswilligen Juden wurden freie Fahrt und Nahrung angeboten. Man versprach ihnen Unterkunft, Grundbesitz und alles, was sie benötigten, um das Land zu bewirtschaften. Man ermutigte sie auch in ihrer Hoffnung, Jiddisch sprechen zu können, eine Sprache, die für zwei Drittel der sowjetischen Juden, trotz der sowjetrussischen Eingriffe, noch immer die wichtigste Sprache war.

Sechs Jahre, nachdem das Projekt zum ersten Mal vorgeschlagen worden war, im Jahr 1934, verkündete das Präsidium des Zentralkomitees der UdSSR per Dekret eine Jüdische Autonomieregion, obwohl die jüdische Population in jenem Gebiet die zwanzig Prozent noch nicht überschritten hatte. Die Juden nahmen das als außerordentlich positives Zeichen. Dokumente, die man nach dem Fall der Sowjetunion gefunden hat, zeigen allerdings, dass diese Umsiedlung nie als erfolgreiches Experiment geplant war. Doch die Juden in jener Zeit wussten das nicht. Für sie war das kleine Stück Land und die Hoffnung, mit ihrem eigenen Volk zu leben, das beste Angebot, das sie je bekommen hatten. Tatsächlich war das Jüdische Autonome Gebiet, abgesehen vom Staat Israel, die einzige jüdische Verwaltungseinheit in moderner Zeit.

Leider entwickelten sich die Dinge nicht gut. Als die Juden eintrafen, die meisten aus dem früheren Rayongebiet, fanden sie Bedingungen vor, die man nur als primitiv und trostlos beschreiben kann. Es gab keine Häuser, kein Werkzeug, keine Traktoren, keine Pferde, keine medizinische Versorgung. Das Land war sumpfig und voller Insekten, die Wälder absolut unberührt. Fast keiner der Neuankömmlinge verstand etwas von Landwirtschaft. Die Familien lebten in Lehmhütten. Der Boden war schwer zu bearbeiten, sodass man von den Erträgen kaum leben konnte – genau wie Palästina, jedoch ohne den Vorteil, dass man das alte Heilige Land wieder aufbaute. Obwohl viele der Neusiedler vor einer entsetzlichen Armut in der Ukraine geflohen waren, wo sie am Hungertuch genagt hatten, kehrte die Hälfte aller Siedler in den ersten Jahren zurück.

Ilja Bliechermann war einer der frühen Siedler, der trotz der mühsamen Arbeit blieb. «Wir waren ungeheuer begeistert, weil wir von der Revolution geträumt hatten, und nun hatten wir die Möglichkeit, daran mitzuarbeiten», erinnerte er sich. «Die Bedingungen waren brutal, doch trotz aller Härte tat ich nun genau das, was ich hatte tun wollen.»

Ein anderer Siedler sagte: «Ich danke euch, Genossen, dass ihr mich hierher geschickt habt. Hier kann ich mich niederlassen und werde aufhören, zu leben wie ein Jude, wie *a luftmentsch*.» Der jiddische Ausdruck bedeutet jemanden, der von der Luft lebt, er war eine verächtliche Bezeichnung für Juden ohne Beruf und Beschäftigung.

Viele der jiddischen Dichter schrieben Oden über das Projekt. Hier folgt ein Ausschnitt von Itzik Fefers «Birobidschaner Marsch».

Wir bauen unsere Heimat am Ende des Landes,
An den Ufern des Amur wird unsere Provinz entstehen.
Die Taiga zieht sich zurück bei eines Mannes Stimme,
Marschiert singend nach Birobidschan.

Wir wecken die Straßen, wir lichten die Wälder,
Keiner ist alt, der jetzt mit uns kommt.
Dörfer entstehen, und wohin man auch schaut,
werden Straßen planiert und Städte gebaut.

Erhebet die Stimmen und schwingt eure Axt,
Holzfäller, zähmt dieses Land,
Mit allen Völkern, Hand in Hand,
Hier ist unsere Heimat, ein stalinistisches Land.

Leider blieben die Bedingungen in jenem «stalinistischen Land» schlecht. Die meisten Juden, die nicht weggingen, gaben bald jeden Versuch auf, das Land zu bewirtschaften, und zogen in die Hauptstadt. Nicht dass diese Stadt etwas von einer Metropole gehabt hätte. 1937 war Birobidschan eine Stadt von zehntausend Einwohnern, es gab kein Abwassersystem, keine Straßenbeleuchtung. Trotzdem setzte sich der Trend fort; Ende 1939 lebten nur noch ein Viertel der achtzehntausend Juden der Region auf Bauernhöfen.

Und noch immer besaß das Experiment einen großen Propagandawert, und welche anderen Fehler auch passierten, die Sowjets verwalteten diesen Teil des Unternehmens mit großer Effizienz. Die Zentralregierung in Moskau brachte etwa dreißig verschiedene Zeitschriften heraus, außerdem Broschüren, Bücher und Filme, in denen starke, glückliche, gesunde jüdische Landarbeiter gezeigt wurden. Und Juden in der ganzen Welt reagierten weiterhin, sie schrieben jiddische Gedichte und Romane voller idealistischer Verklärung. Juden, die aus Russland nach Westeuropa oder Amerika geflohen waren, kehrten zurück, um das neue Jüdische Land zu besiedeln, sie kamen sogar aus Palästina. Selbst einige Nichtrussen, Juden und Christen, wurden von diesem visionären Projekt angelockt.

1937 präsentierte eine Gruppe linksgerichteter amerikanischer Juden eine Mappe mit Lithographien, *Ein Geschenk für Birobidschan*, in der von «der Blüte eines neuen sozialen Konzepts» die Rede war, «in dem ein Künstler in die Form des ganzen Volkes gegossen wird und zum Resonanzboden seiner Wünsche und Hoffnungen wird».

Es besteht kein Zweifel daran, dass in den dreißiger Jahren die

Sehnsucht der Juden auf der ganzen Welt immer größer wurde. Während idealistische Amerikaner durch die Möglichkeit eines sowjetischen jüdischen Heimatlands angetrieben wurden, wurden die deutschen Juden ihrer Rechte beraubt. Es wurde auch darüber nachgedacht, deutsche Juden in Birobidschan anzusiedeln, doch dieses Projekt wurde nie realisiert.

Die jiddische Sprache profitierte dennoch von der sowjetischen Kolonie im Osten. Von Anfang an betrachteten sowohl die Siedler als auch die Verwaltung die jiddische Sprache als integralen Bestandteil des Jüdischen Autonomen Gebiets. Vom Konzept her war die Region bilingual, das heißt, Jiddisch und Russisch existierten gleichberechtigt nebeneinander. Alle Verwaltungsdokumente mussten sowohl auf Jiddisch als auch auf Russisch gedruckt werden. Die Namen der Bahnhöfe, die Straßenschilder und sogar die Briefmarken waren zweisprachig. Jüdische Kinder besuchten 128 jiddischsprachige Grundschulen. Sogar in den russischsprachigen Schulen war Jiddisch ein Pflichtfach. Für jüdische Kinder war es aber eine Notwendigkeit, ebenfalls Russisch zu lernen; es war die Sprache der Sowjetunion. Alle Bücher, Druckschriften, Erlasse oder Filme, die Birobidschan erreichten, waren in russischer Sprache verfasst. Jiddisch war lokal verfügbar, aber in der großen sowjetischen Welt blieb Russisch die wichtigste Sprache.

Die Birobidschaner konnten aber auch weiterhin mit staatlicher Unterstützung rechnen, um eigene jiddische Institutionen zu gründen. Eine staatlich geförderte jiddische Zeitung debütierte 1930. Die Provinz wurde zum Zentrum einer jiddischen Theatergruppe, die zu Gastspielen bis in den fernen Osten reiste. Es gab jiddische Bibliotheken, es gab ein jiddisches Lehrerseminar und sogar eine jiddische Medizinische Hochschule.

Doch an den Grundschulen lässt sich der Niedergang der Provinz erkennen. Wie früher in den jiddischsprachigen Schulen, im dichter besiedelten Westen der Sowjetunion, wurden nur sowjetische Inhalte unterrichtet. Die Kinder konnten zwar Jiddisch lesen, aber sie lasen von Lenin und dem Ruhm der Revolution, genau wie ihre russischen Altersgenossen. Hayim Greenberg, ein amerikanischer Besucher, schrieb 1938: «Wenn eine nationale Kultur nichts anderes ist als eine sprachbezogene Variante dessen, was allgemeine sowjetische Kultur genannt wird, warum braucht man sie dann? Ein junger Jude ist durchaus in der Lage, Russisch zu lernen.» Die Schulen drückten, wie die Kultur im Allgemeinen, die Trennung von Form und Inhalt aus. Genau wie in den Schulen, die Ester Frumkin im ehemaligen Ansiedlungsrayon gegründet hatte, reichte es nicht aus, nur Jiddisch zu beherrschen. Wenn die Inhalte, die von Schulen, Theaterstücken, Büchern und Zeitungen vermittelt wurden, explizit nichtjüdisch waren, welchen Sinn hatte es dann, die jüdische Sprache zu bewahren?

Sprache ist, wie wir gesehen haben, untrennbar mit der Identität verknüpft. Sie verliert ihren Wert, wenn man sie gewaltsam von Religion, Brauchtum und der eigenen Identität trennt. Das vorsowjetische Jiddisch war organisch aus einer allumfassenden Kultur erwachsen. Als die Sprache in der sowjetischen Ära von jener Kultur getrennt wurde, ging es mit ihr bergab. Wie hätte man, ohne etwas vom Beten zu wissen, den folgenden jiddischen Spruch verstehen können: *Auch wenn du den Kantor nicht magst, kannst du immer noch amen sagen.*

Die Träumer und die idealistischen Pioniere, die ihre Familien und ihre alten Lebensformen verlassen hatten, zahlten einen hohen Preis. Man hatte ihnen die Region als Juden angeboten, doch als sie sich dort niedergelassen hatten, wurde jeder Ausdruck ihres Jüdischseins stark eingeschränkt. Religion war natürlich verboten, jüdische Geschichte ebenfalls. Die klassische jiddische Literatur wie die Werke von Scholem Alejchem war nur als Beispiel für die unglückliche, vorsowjetische Vergangenheit erlaubt. Artikel in der Zeitschrift *Birobidschaner schtern* griffen jüdische Feiertage und Bräuche an. Die Jüdische Theatergruppe verhöhnte traditionell lebende Juden. Jiddisch wurde als antijüdisches Werkzeug eingesetzt.

Im Jahr 1937 sollte eine staatlich unterstützte Jiddische Konferenz dazu beitragen, «akademische und pädagogische Institutionen in Birobidschan zu etablieren, die in der Lage wären, die jiddische Sprache und die jiddische Kultur in der Sowjetunion zu beaufsichtigen.» Doch als der Zeitpunkt der Konferenz heranrückte, hatte sich die sowjetische Politik schon wieder geändert. Die stalinistischen Säuberungen hatten begonnen, und die Konferenz fand nie statt.

Die gesamte Führung des Jüdischen Autonomen Gebiets wurde liquidiert, auch Josef Liberberg, Spitzenfunktionär der Verwaltung. In der Anklage, die man, wäre sie nicht so tragisch gewesen, nur hätte lächerlich nennen können, warf man ihm vor, Birobidschan zum Zentrum jüdischer Kultur in der Sowjetunion machen zu wollen.

Überall in der Sowjetunion wurden jiddische Schulen geschlossen. Im Jüdischen Autonomen Gebiet wurden außer den Schulen auch die Zeitungen – sogar der *Birobidschaner schtern* – zugemacht. Die jüdischen Siedler, die schwere Arbeit, Not und Krankheiten überlebt hatten, fragten sich, warum sie diese weite Reise auf sich genommen hatten.

Sie waren durch das Versprechen angelockt worden, hier Platz zum Atmen zu finden, man hatte ihnen Unterstützung beim Aufbau ihrer eigenen Version der neuen sowjetischen Welt versprochen. Nun war alles dahin. Die alte sowjetische Vision, sie könne Menschen verschiedener ethnischer, nationaler und religiöser Herkunft harmonisch vereinen, war abgelöst worden. Von nun an sollten die Bürger der Sowjetunion ein einziges proletarisches Volk sein, vereint durch Ideologie und Sprache. Die Sprache war natürlich Russisch. In der neuen sowjetischen Welt würde es keinen Platz mehr für Jiddisch geben.

Birobidschan litt, wie die gesamte Sowjetunion, in der Zeit des Zweiten Weltkriegs. Als er zu Ende war, wandten die erschöpften Sowjets ihren Blick erneut auf jenes Gebiet. Zusätzlich zum kriegsbedingten Chaos hatten die Juden besonders schwer unter Massakern und antisemitischer Gewalt zu leiden gehabt. Hunderttausende Juden waren von den Deutschen, von ihren sowjetischen Nachbarn oder von beiden zusammen ermordet worden. Nun wollten sie einen Neuanfang wagen. Da eine Emigration aus der Sowjetunion unmöglich war, musste dieser Neuanfang innerhalb der sowjetischen Grenzen stattfinden.

Wieder einmal änderten die Kommunisten ihre Politik gegenüber den Juden, man gab dem Jüdischen Autonomen Gebiet grünes Licht. Parteifunktionäre reisten durch jüdische Gebiete im Westen, um Juden zu ermutigen, nach Birobidschan zu ziehen. Auch diesmal wurde ihnen freie Fahrt angeboten, man garantierte ihnen Wohnraum und Arbeit. Und wieder gab es das Versprechen einer Sowjetischen Sozialistischen Jüdischen Republik mit einer eigenen Sprache und einer eigenen Kultur. Um 1948 waren etwa zehntausend weitere Juden nach Birobidschan gezogen, die Gesamtzahl der jüdischen Bewohner belief sich nun auf zirka dreißigtausend. (Die Gesamtpopulation der Region war auf 185.000 angewachsen, wodurch die Juden in ihrer eigenen Provinz zu einer Minderheit geworden waren.)

Aber Jiddisch wurde erneut unterstützt. Die jiddischsprachige Zeitung in Birobidschan konnte wieder erscheinen und bekam aus Moskau sogar den Auftrag, ihre Auflagenhöhe zu steigern. Regierungsanweisungen wurden auf Jiddisch veröffentlicht, und Jiddisch wurde erneut Pflichtfach in den Schulen. Ein jiddischer Verlag wurde eröffnet, es spielten jiddische Theater. 1946 wurde der dreißigjährige Todestag von Scholem Alejchem mit Konzerten und Lesungen gefeiert, und die Hauptstraße von Birobidschan wurde nach ihm benannt.

Doch noch immer standen die sowjetischen Ziele an erster Stelle. Im Jahr 1947 fand ein Wettbewerb für ein «Sowjet-jüdisches Lied anlässlich des dreißigsten Jahrestags der Revolution» statt. Laut Ausschreibungskriterien sollte das Lied folgende Punkte darstellen: 1. den grundlegenden sozioökonomischen Wechsel im Leben der Juden während der Sowjetherrschaft; 2. den aktiven Anteil der jüdischen Arbeiter am Aufbau und der Verteidigung der

Heimat; 3. die Schaffung einer sowjetisch-jüdischen Staatsbürgerschaft; und 4. die grenzenlose Loyalität zur bolschewistischen Partei und dem Genossen Stalin. Man kann sich die schrecklichen Refrains vorstellen. Eine typische jiddische Geschichte jener Ära war Schifra Kochinas: «Wie wir eine große Gemüseernte erreichen.»

Wiederum reagierten die Unterstützer aus Übersee begeistert und großzügig. Das Amerikanische Komitee für Birobidschan veranstaltete 1948 ein Wohltätigkeitskonzert in der Carnegie Hall, um den zwanzigsten Geburtstag der Provinz zu feiern. Es mochte zwar gerade ein unsicherer jüdischer Staat in Palästina gegründet worden sein, aber in Birobidschan gab es eine jüdische Provinz, die schon seit zwei Jahrzehnten existierte und die Unterstützung einer Supermacht genoss.

Zu diesem Zeitpunkt hatten jedoch die Jahre der Gleichgültigkeit schon ihren Preis gefordert. Obwohl zwei kleine jiddischsprachige Schulen in Birobidschan den ganzen Zweiten Weltkrieg hindurch weiterexistiert hatten, war ihre Schülerzahl in der Nachkriegsära ständig gesunken. In der Zwischenzeit hatten fast alle Juden Russisch gelernt. Trotz der erneuten Unterstützung des Jiddischen war nur allzu deutlich, dass Russisch die Sprache der Sowjetunion war.

Plötzlich aber, so schnell, wie er begonnen hatte, war der Aufschwung wieder vorbei. 1948 wurde die für kurze Zeit bestehende Aussicht auf neue Möglichkeiten wieder versperrt, als Stalins Paranoia sich auf die Juden richtete. Heute wissen wir, dass der sowjetische Führer Birobidschan als geeigneten Platz für ein Konzentrationslager für die Juden betrachtete. Er sah dies als Möglichkeit, das sowjetische Volk auf immer von jüdischer Anwesenheit zu befreien.

Stalin befahl die Verhaftung der in Verwaltung und Künsten führenden Juden von Birobidschan. Sie wurden des «bourgeoisen Nationalismus» und des «wurzellosen Kosmopolitentums» angeklagt; das waren die russischen Codewörter für Antisemitismus.

142

Kontakte mit ihren amerikanischen Unterstützern hatten sie zu einer leichten Zielscheibe gemacht, und so wurden sie als «Lakaien der westlichen bourgeoisen Kultur» gebrandmarkt. Die meisten der Verhafteten wurden in sibirische Gulags geschickt. Nur wenige kamen zurück. Ilja Bliecherman, ein früher Siedler, der so begeistert geholfen hatte, das Land urbar zu machen, erinnerte sich an die schlechten Zeiten so: «Die Menschen verschwanden einer nach dem anderen aus unserer Gemeinde. Anfangs glaubte ich, dass die Verhafteten wirklich Feinde des Volkes waren. Aber dann fingen sie an, Leute zu verhaften, die mir näher standen, von denen ich wusste, dass sie nichts Schlimmes getan hatten. Doch niemand konnte den Mund aufmachen. Wir hatten alle schreckliche Angst, die Nächsten zu sein.»

Wieder wurden die jiddischen Schulen, die Bibliotheken und Theater geschlossen. Fast alle Mitarbeiter des *Birobidschaner schtern* wurden verhaftet. Die Zeitung erschien weiterhin, aber ohne jüdische Inhalte. Sie schrumpfte auf zwei Seiten zusammen, die aus Übersetzungen des russischsprachigen staatlichen Organs bestanden, vermutlich ein Knochen, den man jenen Birobidschaner Juden hinwarf, deren einzige Sprache Jiddisch war.

Als Boris Miller, der ursprüngliche Herausgeber des *schtern* 1956 aus der Haft entlassen wurde, nach acht Jahren Gulag, schrieb er ganz offen: «Das Jüdische Autonome Gebiet hat unsere Hoffnungen nicht erfüllt; es wurde stattdessen zu einer Fabrik der jüdischen Assimilation.» Assimilation war natürlich schon immer eine der Möglichkeiten der Region gewesen, eines Gebiets, in dem Juden konzentriert werden konnten, um irgendwelchen Zwecken zu dienen, die in den Plan der Sowjets passten.

Heute scheint es, dass Stalin vor seinem Tod 1953 (an Purim, dem jüdischen Fest, an dem alles drunter und drüber geht) geplant hatte, *alle* sowjetrussischen Juden nach Birobidschan und Sibirien zu verbannen. Zum Glück geschah das nie. Doch in der ganzen Zeit konnte diese Region, wie das jüdische Problem selbst, nie in irgendeinen Kontext integriert werden. Das Land, zu trocken und zu nass, zu heiß und zu kalt, spiegelt mit seinen extremen Bedingungen nur die extremen Schwankungen der Sowjets in ihrer Haltung gegenüber den Juden und ihrer Sprache wider.

9. Kapitel

Israel: Sprachkriege im Heiligen Land

גאָט, שוץ אונדז פֿון גוישע הענט און פֿון ייִדישע צינגען.

Got, schuz unds fun gojische hent un fun jidische zingen.

Gott, schütze uns vor gojischen Händen und jüdischen Zungen.

Eine halbe Welt entfernt von jiddischen *schtetlech* und russischen Steppen bekam ein einziger Jude, der aus Russland geflohen war, einen außerordentlich großen Einfluss auf das Schicksal der *mame-loschn*. Elieser Perlmann wurde 1858 in Luschky geboren, einem Ort, der damals zum zaristischen Russland gehörte, heute zu Litauen. Er brachte durch eine glückliche Wahl des Zeitpunkts und eine erschreckend intensive Hingabe an eine klare, wirkungsvolle Vision eine Bewegung in Gang, die in den Jahren danach weitgehend die Zukunft nicht nur der jiddischen Sprache, sondern auch des jüdischen Volkes bestimmen sollte. Selbst wenn das mystische Bild, das man von ihm hatte, mit den Jahren verblasst ist, wenn seine gottähnliche Aura verschwand, zu seiner Zeit war das alles zweifellos präsent.

Bestimmt sah er noch nicht so beeindruckend aus, als er 1881, dreiundzwanzig Jahre alt und schwindsüchtig, mit seiner Braut Debora in Palästina ankam. Die meisten Juden, die damals nach Palästina kamen, waren entweder religiöse Fanatiker oder krank, oder es handelte sich um alte, fromme Menschen, die kamen, um auf heiligem Boden zu sterben. Die liberalen, modernen Perlmanns hatten sich einem anderen Traum verschrieben. Sie wollten in Erez Israel leben und die heilige Sprache, Hebräisch, auf ihrem geheiligten Boden wieder zum Leben erwecken.

Es war fast zweitausend Jahre her, dass die Juden dort gelebt und Hebräisch als Alltagssprache benutzt hatten. Doch Perlmann, ein Mann, der den Tod vor Augen hatte und unter anderen Bedingungen wohl zum Messianismus geneigt hätte, war überzeugt, dass die Wiederbesiedlung des alten Landes und die Wiederbelebung seiner alten Sprache für die Juden der einzige Weg waren, als Volk zu überleben.

Perlmann war ein brillanter, unzufriedener Mensch, der die zivilisierte Welt verlassen hatte, weil er darin die einzige Chance sah, seinen Traum zu leben. Debora war eine ergebene, vergleichsweise gebildete Frau, die ein komfortables Zuhause aufgegeben hatte, um ihrem Mann zu dieser abgelegenen Ecke des niedergehenden Ottomanischen Reiches zu folgen. Ein Ausdruck ihrer Liebe war allerdings besonders bemerkenswert: Sie hatte zugestimmt, dass sie, wenn sie ein Kind bekämen, nur Hebräisch mit ihm sprechen wolle.

Diese große Zielstrebigkeit war gut und schön, doch zuvor galt es noch, einige Hürden zu überwinden. Erstens hatten Juden bis dahin keine besondere Sehnsucht danach gezeigt, die vertrauten Probleme Europas für die unvorstellbaren Schwierigkeiten aufzugeben, die sie bei der Besiedlung eines unentwickelten Landes erwarten mochten. Zweitens konnte Frau Perlmann zum damaligen Zeitpunkt kein Hebräisch. Und drittens gab es Hebräisch als moderne gesprochene Sprache überhaupt nicht.

Wie die anderen Juden im zaristischen Russland auch war Perlmann mit der jiddischen Sprache aufgewachsen und hatte erst später Hebräisch gelernt. Er war ein eifriger Schüler, lehnte sich jedoch heftig gegen die Beschränkungen der traditionellen Orthodoxie auf. Nachdem einer seiner Lehrer versucht hatte, ihm die hebräische Grammatik beizubringen, hätte der Mann fast seinen Arbeitsplatz verloren. (Die Rabbiner betrachteten die Sprache als Weg zur Disputation, nicht als eine Disziplin, die man um ihrer selbst willen studiert.) Als der Junge es später wagte, Robinson Crusoe in einer gestelzten hebräischen Übersetzung zu lesen, warf ihn seine Familie aus dem Haus. Er wurde von einer wohlhabenden, kosmopolitischen Familie aufgenommen und verliebte sich in deren älteste Tochter Debora, die ihm Russisch und Französisch beibrachte. Diese Debora wurde seine Frau.

Inzwischen war Perlmann nach Paris gegangen, wo er, statt sich dem geplanten Medizinstudium zu widmen, vom politischen Fieber jener turbulenten, anregenden Zeit angesteckt wurde. Der in Russland geborene Chaim Weizmann, der später der erste Präsident des modernen Staates Israel wurde, beschrieb den intellektuellen Aufruhr des westeuropäischen Studentenlebens. Er erinnerte sich dabei an seine eigene Zeit als Physikstudent in Berlin: «Ich denke mit einer Art Schauder an die vielen Diskussionen zurück, die wir führten. Nie gingen wir vor den frühen Morgenstunden auseinander. Wir sprachen über alles, über Geschichte, Kriege, Revolutionen, über gesellschaftlichen Neuaufbau. Doch vor allem sprachen wir über das jüdische Problem und Palästina. Wir sangen, wir feierten jüdische Feste, wenn wir nicht nach Hause fuhren, wir debattierten mit den Anhängern der Assimilation und entwickelten feste Pläne für die Erlösung unseres Volkes.»

Für Juden war Erlösung immer mit einem Ort verbunden – mit Erez Israel, wenn der Messias kommen und das Ende der Tage verkünden würde. Und Erez Israel war immer mit dem Volk Israel verbunden, mit *am israel*. Gottes Bund mit Abraham, die Basis der jüdischen Identität, beinhaltete das Versprechen Gottes: «Deinen Nachkommen will ich dieses Land geben.» (Genesis 12,7) Juden wenden sich mit dem Gesicht nach Jerusalem, wenn sie beten. Und bei jedem Sederabend sagen sie: «Nächstes Jahr in Jerusalem.»

Obwohl die Juden fast zweitausend Jahre im Exil gelebt hatten, hatten sie nie den Glauben verloren, dass sie eines Tages zurückkehren würden. Um die Zeit, als Perlmann in Paris studierte, fassten einige moderne Juden den Plan, tatsächlich dorthin auszuwandern. Wie wir gesehen haben, verlangten damals auch andere ethnische und nationale Gruppen Europas die staatliche Selbständigkeit. Warum sollten das die Juden nicht auch tun?

Doch die Frage der Sprache war kompliziert. Natürlich hatte man die heilige Sprache Hebräisch immer sorgfältig gehütet. Seit der *haßkole*, der Aufklärung, hundert Jahre zuvor, hatte das Hebräische sogar eine neue Bedeutung erlangt. Zum einen wurde es von nichtjüdischen Intellektuellen respektiert, zum anderen glaubten einige Juden, es könnte ihnen bei einer allgemeinen Modernisierung nützlich sein. Ihre erhabene Ausdrucksweise, so abgehoben von dem, was sie als die niederen des jüdischen Alltagslebens ansahen, könnte dazu beitragen, Juden von ihren überlieferten, abergläubischen Vorstellungen abzubringen.

Damals war Hebräisch jedoch eine archaische, kaum verwendete Sprache. Sie zu schreiben bedeutete, vorgegebene biblische Phrasen zu Standardkombinationen zu verbinden. Hebräisch wurde für Gesetzesdokumente verwendet, für Handelsverträge und, wenn es keine andere Möglichkeit gab, zur Basiskommunikation zwischen Juden verschiedener Herkunft. Hebräisch war immer die zweite oder dritte Sprache, nie die Muttersprache. Selbst wenn einzelne Juden sich zwanghaft bemühten, am Schabbat nur Hebräisch zu sprechen, muss das Ergebnis in langen Schlafstunden und schweigsamen Tagen bestanden haben.

Im intellektuellen Ferment des 19. Jahrhunderts erschienen jedoch einige europäische Zeitungen in einer Art Pidgin-Hebräisch. Wir bekommen ein Gefühl für die gequälte und schwerfällige Qualität dieser Sprache, wenn wir uns diesen Ein-Satz-Paragraphen anschauen, der sich im Vorwort zu einem 1859 entstandenen hebräischen Roman befindet. Obwohl der Autor zweifellos versuchte, damit etwas auszudrücken, ist es fast unmöglich, sich durch diese Bibelsprache zu kämpfen und überhaupt etwas zu verstehen.

Wer unter unserem Volk, wissend, dass der Ruhm der Sprache der Ruhm des Volkes ist und dass in ihrer Ehre auch seine Ehre liegt, wird nicht frohlocken zu sehen, dass unsere Heilige Sprache – die, da Ehre von Israel verbannt war, ebenfalls an einem Rückgang der Ehre litt, und sie war verbannt vom Angesicht der Erde und eingesperrt zwischen zwei Deckeln, in ihren wenigen heiligen Büchern und an ihren wenigen heiligen Plätzen – nun in diesen Generationen Gottes Geist empfing, durch die Hand ihrer wenigen und verstreut auftretenden Schreibenden, sodass sie zu ihrem vergangenen Wert zurückkehren und auch ihren Gang über das Gesicht der Erde beginnen möge, um erneut von allen Werken des Herrn und all Seinen Schöpfungen im Himmel und auf Erden zu sprechen.

Das moderne Hebräisch existierte also nur in einem sehr rudimentären Sinn. Aber es reichte, um Perlmann zu elektrisieren. Er stellte sich vor, die Sprache mit dem Traum eines Wiederaufbaus von Erez Israel zu verbinden. Er formulierte es so: «Eines späten Abends, nachdem ich einige Stunden lang Zeitungen gelesen und über die Bulgaren und ihre nahende Freiheit nachgedacht hatte, war es mir plötzlich wie ein Blitz vor den Augen. Meine Gedanken flohen vom Schipka-Pass im Balkan zu den Ufern des Jordan im Land Israel, und ich hörte eine seltsame Stimme in meinem Inneren, die rief: Die Wiedererweckung von Israel und seiner Sprache auf der alten Erde!»

Der messianische Mann hatte sein Ideal gefunden. 1880 publizierte Perlmann in der in Warschau erscheinenden hebräischen Zeitschrift *Haschachar* (Die Morgendämmerung) die ersten Artikel unter der Überschrift «Eine würdige Frage». Diese Frage war natürlich das jüdische Überleben. Anfangs ließ er noch offen, ob sein Plan sich nur auf die Wiederbelebung der hebräischen Literatur bezog oder auch auf das gesprochene Hebräisch, in jenem Moment spielte das keine Rolle; seine Artikel hatten nur mäßigen Erfolg.

Perlmann jedoch hatte keine Zeit, seine Ideen auszuarbeiten. Als bei ihm eine fortgeschrittene Tuberkulose diagnostiziert worden war, beschloss er, in den Orient zu fahren. Debora stimmte seinem Heiratsantrag zu und fuhr mit.

Das Palästina des 19. Jahrhunderts war eine öde, rückständige Region, die von den ottomanischen Türken nur sehr gleichgültig regiert wurde. Das türkische Reich stand kurz vor dem Zusammenbruch, und diese abgelegene Wüste hatte wenig zu bieten. Interessanterweise war es die Schwäche der Ottomanen, die die nationalen Bewegungen in Osteuropa, von denen Perlmann sich anstecken ließ, ermutigt hatte. Er sah voraus, dass nach dem Ende des Ottomanenreichs die westlichen Mächte versuchen würden, den Happen unter sich aufzuteilen, ein Happen, zu dem dieses an sich wertlose Land gehörte, das für die Juden jedoch einen ewigen Symbolwert besaß. Ihr Anspruch würde an Bedeutung gewinnen, wenn sie die «normalen» Attribute einer Nation – ein eigenes Territorium und eine gemeinsame Sprache – vorweisen könnten.

Einstweilen sah Erez Israel, trotz seiner großen Geschichte, wie ein Niemandsland aus. Große Teile des Landes wurden von niemandem beansprucht, sie waren sozusagen «totes Land». Das ganze Gebiet litt unter Gelbfieber, Typhus, Fleckfieber, Malaria und Granulose, ganz zu schweigen von der schrecklichen Hitze und dem Wassermangel.

Von den zweihunderttausend Menschen, die dort lebten, waren die meisten Araber. Nur ungefähr zehn Prozent waren jüdisch. Einige Juden waren seit der Zerstörung des zweiten Tempels in der Region geblieben, andere waren im Lauf der Jahrhunderte aus Europa zurückgekommen. Fast alle lebten in Jerusalem und Safed, wo einige Gelehrte, Mystiker und heilige Männer fortfuhren, eine extrem vereinfachte Version des Hebräischen zu sprechen.

Die meisten Juden im Palästina des 19. Jahrhunderts waren aus Europa gekommen oder waren Nachkömmlinge. Sie sprachen Ladino, Jiddisch, Russisch oder Arabisch, und sie erschraken bei dem Gedanken, die *loschn kojdesch* im Alltag zu benutzen. Einige dieser frommen europäischen Juden, die nach Erez Israel gekommen waren, um zu beten und zu sterben, erhielten Unterstützung aus ihren Heimatgemeinden. Das Geld reichte allerdings kaum, um ihre Witwen und ihre verwaisten Kinder oder Nachkommen zu ernähren. Als Perlmann eintraf, war Jerusalem voller jüdischer Bettler.

Der Neuankömmling machte sich gleich an die Arbeit. Er nahm den hebräischen Namen an, den er sich bereits für seine Artikel zugelegt hatte, Ben Jehuda, das heißt «Sohn von Juda». Er ging zu den türkischen Behörden, legte ihnen seinen Pass vor und verlangte, dass sie ihm eine neue Geburtsurkunde ausstellten. Später schrieb er: «Ich fühlte mich wie neugeboren. Meine Verbindung zur Diaspora war abgeschnitten.» Sein Ziel wurde «die Wiederbelebung des Volkes Israel und der hebräischen Sprache im Land der Vorväter».

Ben Jehudas Gesundheit stabilisierte sich in dem warmen Klima, und eine Zeit lang fand er Arbeit bei einem der wenigen hebräischen Verlage. Doch die junge Familie litt unter ständigem Geldmangel. Als Debora schwanger wurde, fand sie eine Unterkunft direkt gegenüber der Klagemauer, von wo aus Tag und Nacht das Jammern und Klagen der Betenden zu hören war.

Ein Sprichwort sagt: *Jedes Kind wird mit einem Laib Brot im Mund geboren.* (Im Fall von Ben Jehudas Familie wäre das eine wörtlich zu nehmende Notwendigkeit gewesen.) Debora fand eine neue Wohnung; nun gab es keine Klagen mehr, aber einen Eingang, der durch sieben mit Abfällen voll gestopfte Höfe gekennzeichnet war. Bald erschien eine Gruppe von sechsundzwanzig jungen Europäern vor ihrer Tür. Sie hatten Ben Jehudas Artikel gelesen und waren daraufhin nach Palästina gekommen. Sie nannten sich selbst *Biluim*, ein Akronym der hebräischen Worte «Bet Ja'akow lechu wenelecha» (Haus Jakobs, auf, lasst uns gehen). Sie wollten Land kaufen und den Boden kultivieren, um die Jahrhunderte der Entfremdung vom Ackerboden zu beenden. Außerdem wollten sie den Neuaufbau des Landes mit einer Wiederbelebung der hebräischen Sprache verbinden. Ben Jehuda hatte seine ersten

Jünger gefunden. Doch sie wendeten sich nordwärts und ließen Ben Jehuda mit seiner Mission in Jerusalem zurück. Er schrieb: «Ich spreche Hebräisch, nur Hebräisch, nicht nur mit den Mitgliedern meines Haushalts, sondern mit jedem Mann und jeder Frau, von denen ich weiß, dass sie Hebräisch mehr oder weniger gut verstehen, und ich kümmere mich dabei nicht darum, den talmudischen Gesetzen des allgemeinen Respekts oder der Höflichkeit Frauen gegenüber zu gehorchen. Ich tue das mit großer Rücksichtslosigkeit, einer Rücksichtslosigkeit, die viele Menschen dazu gebracht hat, mich zu hassen, und die in Erez Israel viel Opposition gegen mich hervorgerufen hat.»

Sein häusliches Leben war ebenfalls schwierig. Die neue moderne Sprache kam ihm nicht vollkommen ausgearbeitet in den Mund. Ein Gast, Josef Klausner, berichtete, Ben Jehuda kommuniziere mit seiner Frau vorwiegend durch Gesten und Zeichen. Wenn er eine Tasse Kaffee mit Zucker wollte, fehlten ihm die Wörter für Tasse, Kanne, ausgießen und Löffel, deshalb bedeutete er ihr mit Gebärden und wenigen Worten: Nimm jenes und tue dies und bringe es mir und ich werde trinken.

Als Debora, inzwischen einsam und krank, ins Kindbett kam, erlaubte Ben Jehuda nur Hebräisch Sprechenden, ihr zu helfen. Doch solche Frauen gab es kaum in Jerusalem. Ben Jehuda schrieb später: «Wir fürchteten uns davor, dass die Wände unserer Wohnung und die Luft im Zimmer die Klänge der fremden Sprache eines Dienstmädchens aufsaugen könnten, und ihr Widerhall könnte in das Ohr des Kindes gelangen und sein Hebräischhören zerstören, und die hebräischen Wörter könnten nicht so aufgenommen werden, wie es sein sollte, und das Kind würde kein Hebräisch sprechen.» Es gab also kein Dienstmädchen, keine Hebamme, keine guten Freundinnen. Für Debora würde es den jiddischen Witz über eine Frau in den Wehen nicht geben:

Wie kannst du wissen, wann eine Frau bereit ist zu gebären? Wenn sie auf Französisch *Mon Dieu* sagt, rufe den Arzt. Wenn sie auf Russisch nach ihrer Mama ruft, *Mamuschka*, dann weißt du, dass ihre Zeit gleich kommt. Aber wenn sie auf Jiddisch lieber Gott, *Gotenju* schreit, dann ist es so weit.

Während Debora in den Wehen lag, wachte Ben Jehuda an der Tür und prüfte mögliche Helferinnen auf ihre Hebräisch-Kenntnisse. Zum Glück bestand eine Frau diese Prüfung, und Debora gebar einen gesunden Knaben. Als ihr das Kind in den Arm gelegt wurde, gelang ihr ein hebräisches Wort, *jaldi*, mein Kind. Doch dieser ereignisreiche Tag war noch nicht zu Ende. Es kam ein Telegramm von Ben Jehudas jungen Anhängern. Sie hatten ein Stück Land außerhalb von Jaffa gekauft, das sie Rischon le-Zion nennen wollten, Erstling Zions. Die Ben Jehudas gaben ihrem Sohn zwei Namen: Itamar und Ben Zion, der Sohn Zions. Die erste Siedlung und das erste Kind wurden am gleichen Tag geboren.

Der kleine Itamar wuchs ohne Spielgefährten auf, ohne Schlaflieder, ohne Spiele. Wenn Ben Jehuda nicht arbeitete, stand er an der Wiege des Kindes und las ihm aus der Bibel vor. Debora, deren Gesundheitszustand immer schlechter wurde, je besser es ihrem Mann ging, durfte keine Haushaltshilfe anstellen. Und weil ihre Freunde kein Hebräisch konnten, durften sie nicht in der Anwesenheit des Kindes mit ihr sprechen. Sie selbst lernte nie mehr als ein rudimentäres Hebräisch. Es wird niemanden überraschen, dass der kleine Itamar mit drei Jahren noch kein einziges Wort sprach.

Er beschrieb später das zentrale Ereignis seines jungen Lebens. Seine Wiedergabe dessen, was einer Urszene gefährlich nahe kam, lässt uns den psychischen Preis ahnen, den die Hingabe seines Vaters an seine Ideen von der Familie verlangt hatte. Es hilft uns, die emotionale Belastung zu verstehen, wenn die *mame-loschn*, die Muttersprache, zugunsten einer neuen Vatersprache abgelegt wird.

Debora scheint nach Jahren der Unterordnung unter ihres Mannes Willen, demzufolge das Kind nur Hebräisch hören dürfe, ihren Ängsten, das Kind könne für immer stumm bleiben, doch nachgegeben zu haben. Vielleicht hatte sie auch selbst das Bedürfnis, ihre Verhangenheit zurückzuholen. Und so begann sie heimlich, dem Jungen russische und jiddische Kinderlieder aus ihrer eigenen Jugend vorzusingen.

Eines Tages kam ihr Mann unvorhergesehen früh nach Hause und ertappte sie dabei. Der junge Ben Jehuda erinnerte sich:

> Mein Vater sagte: «Was hast du getan? Alles, was wir im ersten hebräischen Haushalt aufgebaut haben – das hast du an einem einzigen Tag zerstört.»
> Als ich meinen Vater wütend und aufgebracht sah und meine Mutter wimmern hörte wie ein Kind, das auf frischer Tat ertappt wurde, da verstand ich plötzlich alles, was in unserem Haus vorging, ich stellte mich vor meinen Vater, ein Junge, der seine Mutter verteidigen will, sogar, wenn es gegen den eigenen Vater ging, und schrie: «Aba!» (Vater)
> Meine Mutter bedeckte mich mit Küssen. Sie erkannten beide, dass alles gut geworden war und dass der Schock, meinen Vater toben und meine Mutter schluchzen zu sehen, die Stummheit von meinen Lippen genommen hatte und dass die Sprache in meinen Mund gekommen war.

Die Ben Jehudas hatten ein mystisches Wesen geschaffen, das Erste Hebräische Kind.

Das Paar bekam noch vier weitere Kinder, doch die ständige Armut der Familie und die schrecklichen Bedingungen verlangten ihren Preis. Debora, die sich bei ihrem Mann angesteckt hatte, starb zehn Jahre nach ihrer Ankunft in Erez Israel an Tuberkulose. Drei ihrer Kinder starben in ihren ersten Lebensjahren.

Doch noch immer hielt Ben Jehuda an seinem Traum fest. Er schickte nach seiner verwitweten Mutter, Fejgele Perlmann, damit sie die beiden vom Schicksal hart geschlagenen Kinder versorgte. Von seiner nächsten Anordnung gibt es zwei Versionen. Der ersten zufolge soll er der siebzigjährigen Frau verboten haben, anders als Hebräisch mit den Kindern zu sprechen, obwohl sie die Sprache nicht beherrschte. Nach der zweiten Version ließ er sich erweichen und erlaubte ihr, Russisch mit ihnen zu sprechen, aber kein Wort Jiddisch. Die *mame-loschn*, sogar aus dem Mund seiner alten *mame*, war zum Feind geworden.

Ben Jehuda heiratete zum zweiten Mal, Deboras jüngere Schwester Pola, die den hebräischen Namen Chemda annahm, «Geliebte». Wie ihre Schwester war sie eine treue Hilfe für ihren Mann, und wie sie bezahlte sie ihren Preis. Von den sechs Kindern, die sie zur Welt brachte, starben zwei in ihrer Kindheit.

Ben Jehuda schaffte mehr als die Erste Hebräische Familie. 1884 gründete er eine Zeitung namens *Hazewi*, Der Hirsch. Der Name war von einer anderen Zeitung übernommen, die von der türkischen Herrschaft herausgegeben worden war. Er führte das Unternehmen fast zehn Jahre lang allein und veröffentlichte Nachrichten, die das neue Umgangshebräisch exemplifizierten. Er schuf das erste hebräische Wörterbuch – siebzehn Bände mit über achttausend doppelspaltigen Seiten, die im Lauf von fünfzig Jahren erschienen. Das einzige Beispiel einer humorvollen Bemerkung, die von ihm bekannt ist, bezieht sich auf dieses Unterfangen. «Denjenigen, den Gott schwer strafen will, macht Er zu einem Wörterbuch-Verfasser. Das Leben des Verfassers ist wie das Leben in der Hölle.»

Wann immer es möglich war, nahm Ben Jehuda Wörter aus der existierenden Literatur, um alte Formulierungen zu ersetzen. Das Wort *tismor,* sing (Imperativ Singular), wurde erweitert zu *tismoret*, Orchester. Das Wort für Verkehrslicht, *ramsor*, kommt von «Hinweis» und «Licht». Er adaptierte internationale technische Begriffe wie Telefon und Telegraph. Manchmal fand er Entsprechungen im Arabischen, das, wie das Hebräische, semitische Wurzeln hat. Dann wieder erfand er Wörter, zum Beispiel die Bezeichnungen für «Banane», «Bier», «Decke» und «Bus». Er übernahm sogar ein paar Wörter der ersten hebräischen Kindersprache, unter anderem das Wort für «Kreisel» und «Lätzchen». Man sagt, das erste Wort, das Ben Jehuda erfand, sei das Wort *milon* gewesen, Wörterbuch, abgeleitet von *mila*, Wort.

Es wurden nur wenige Wörter aus dem Jiddischen entlehnt.

Diejenigen, die Aufnahme in die hebräische Sprache fanden, schafften das nur unter den Augen der hebräischen Sprachpolizei. Da Hebräisch im Lauf der Jahrhunderte zu dem geworden war, was Linguisten eine «high-function language» nennen, was bedeutet, dass sie im formalen und öffentlichen Bereich existierte, hatte sie nur wenige Wörter für ein vertrautes, intimes Sprechen. Deshalb kamen liebevolle Diminutive und Babysprache aus dem «niederen» oder informellen Jiddisch. Man findet gelegentlich auch ein neutrales Wort wie *kumsiz*, das aus zwei jiddischen Wörtern besteht, «komm» und «setz dich». Auf Hebräisch wurden diese Befehle zu einem Substantiv, seine Bedeutung reicht von einem Zusammensitzen um ein Lagerfeuer, mit Singen und Tanzen, bis zu seiner gegenwärtigen Bedeutung eines Picknicks bei einer Wanderung.

Doch die Schaffung einer modernen Sprache unter schwierigen Bedingungen war alles andere als ein Picknick. Sogar das Problem der Aussprache und der Betonung war hoch politisch. Schon früh entschied sich Ben Jehuda, der sefardischen Sprechweise zu folgen. (Juden, die während des Mittelalters in Spanien lebten, sprachen Hebräisch deutlich anders aus als die mittel- und osteuropäischen.) Jiddisch Sprechende betonen ihr Hebräisch weitgehend so wie Jiddisch, d. h. voller *ojs*, während die sefardische Aussprache zu einem offenen *o* tendiert. Jiddisch Sprechende verwandeln die typisch hebräische Endung *-ot* zu *os* (mit einem scharfen s, in der Transkription also oß). Sefarden betonen die letzte Silbe, Jiddisch Sprechende ziehen die Betonung auf eine der vorderen Silben. Doch in Israel wurden diese Unterschiede nie neutral formuliert. Die aschkenasische Betonung wurde immer als weinerlich und schwach beschrieben, die sefardische hingegen als stark und kraftvoll. Es war offensichtlich, welche von beiden für eine neue Generation von starken, stolzen Juden geeignet war.

Ebenso wichtig wie die Schaffung einer neuen Sprache war es, die Menschen dazu zu bringen, sie auch zu benutzen. Und wegen der regionalen Politik musste das möglichst schnell geschehen.

Hebräisch wurde zum Mittel, die neuen Siedler zu vereinen, und es weckte die Hoffnung, dass es ihnen gelingen könnte, ihre Gebietsansprüche gegen die Türken und die öffentliche Meinung zu verteidigen.

Es war schon schwierig, die Assoziationen, die man ein Leben lang mit einer Sprache verknüpft hatte, zu ändern. Doch eine ganze Bevölkerung in eine Sprache einzuführen, die kaum existierte, war ein monumentales Unterfangen. Ben Jehuda wurde bald klar, dass die größten Veränderungen über die Schulen zu erreichen waren. Damals wurden die meisten jüdischen Schulen in Palästina von europäischen philantropischen Vereinigungen finanziert. Diese Entwicklung war noch ziemlich neu. Einige Westeuropäer hatten ein gewisses Maß an Stabilität und Erfolg erreicht, sie wollten den verarmten Juden im Heiligen Land helfen. Da sie selbst Bürger von Großbritannien, Frankreich oder Deutschland waren, beharrten sie auf einer Erziehung in der Sprache ihres «Heimatlandes» und heizten damit die Sprachkämpfe weiter an.

Als Ben Jehuda die Französische Schule in Jerusalem überredete, ihn die neue Sprache Hebräisch unterrichten zu lassen, tat er dies auch nur in dieser Sprache. Obwohl er dieses System des Intensivunterrichts in einer Fremdsprache nicht erfunden hatte (die Berlitz-Methode existierte bereits in Frankreich), erwies es sich als besonders sinnvoll für eine Sprache, die sehr schnell die verschiedensten Bevölkerungsgruppen vereinen sollte. Außerdem fehlte es an der Zeit, eine andere Methode auszuprobieren. Die Linguisten waren zu sehr damit beschäftigt, die Sprache zu erfinden, um eine sorgfältige Lehrmethode auszuarbeiten.

Die hebräischen Wörter verbanden sich mit dem Aufbau des neuen Landes und brachten die neue Mentalität zum Ausdruck. *Sabra*, der Name einer Kaktusfrucht, außen stachelig und innen süß, wurde zur Bezeichnung für ein im neuen Land geborenes Kind.

Und bald gab es sehr viele dieser stolzen, Hebräisch sprechenden Kinder. Ben Jehuda war auf dem Höhepunkt der ersten Welle zionistischer Siedler nach Erez Israel gekommen. Da die Pogrome in Russland immer schlimmer wurden, hatten die Juden in großen Gruppen das Land verlassen. In den letzten beiden Dekaden des 19. Jahrhunderts emigrierten zwanzigtausend europäische Juden nach Palästina. Auch im 20. Jahrhundert wuchs ihre Zahl ständig. Diese gesunden, idealistischen und jungen Neuankömmlinge waren das Gegenteil der früheren religiösen Pilger. Sie waren entschlossen, ihren Hintergrund abzuschütteln, den sie als städtisch, intellektualisierend und ängstlich geduckt empfanden. Zu dieser Mischung fügten sie die Adjektive passiv, weibisch und jiddisch hinzu.

Sie bildeten landwirtschaftliche Kolonien und machten sich ans Werk, um beides, das Land wie sich selbst, zu erneuern. Diese aufeinander folgenden Einwanderungswellen wurden *Alijot* genannt, eine Bezeichnung, die einen Hinweis auf die Bedeutungstiefe dieses Bevölkerungstransfers gibt. Das hebräische Wort *Alija* bedeutet «hinaufgehen». Es bezeichnet den Gang zur *bima*, einer in der Synagoge aufgestellten Plattform, die benutzt wird, um aus der Tora zu lesen. Nun wurde es zu dem Wort für die Einwanderung nach Erez Israel.

Obwohl die neue hebräische Sprache in den landwirtschaftlichen Siedlungen Wurzeln schlug, blieb der Mangel an Standardisierung und auch an Vokabular weiterhin ein Problem. Die Siedler witzelten, dass Hebräisch die erste Sprache sei, die Eltern von ihren Kindern lernten.

Als 1912 der zionistische Theoretiker Achad Ha'am (Achad Ha'am, Einer aus dem Volk. Eigentlich: Ascher Ginzberg, 1856–1927) zu Besuch nach Palästina kam, berichtete er: «In jeder Schule finde ich eine Wortpräge-Fabrik. Jeder Lehrer prägt mit fröhlicher Unbefangenheit, der eine nennt ein bestimmtes Ding so, der andere wieder anders ... Sogar innerhalb derselben Schule werden verschiedene Wörter benutzt.»

Das erste Sprachunterrichtsbuch erschien erst 1900. Anfangs beherrschten wesentlich mehr Männer als Frauen die neue Sprache, weil sie als Knaben das biblische Hebräisch gelernt hatten. Ein frauenfeindlicher Witz drückt seine Zufriedenheit darüber aus, dass Frauen endlich nicht mehr sprechen, ohne zu verstehen, sondern verstehen, ohne zu sprechen. Doch mit der nächsten Generation wuchsen kleine Mädchen heran, die ebenso selbstverständlich Hebräisch sprachen wie die kleinen Jungen.

Das enge Band zwischen Sprache und Land wird in der Gründungserklärung des Hebräischen Lehrerverbands in Palästina von 1904 deutlich. «Ob die Kinder in den ländlichen Schulen mehr oder weniger die Grundlagen der Grammatik lernen, ob sie mehr oder weniger Geschichte lernen, mehr oder weniger Naturwissenschaften, all das spielt keine Rolle. Was sie jedoch lernen müssen, ist dies: starke und gesunde Landbewohner zu sein, die ihre Umgebung und die körperliche Arbeit lieben, und vor allem sollen sie Landbewohner sein, die ihre hebräische Sprache und die jüdische Nation aus ganzem Herzen und ganzer Seele lieben.»

Eine Reihe von Sprachkomitees entwickelte Standards für Rechtschreibung, Grammatik und Sprachgebrauch und führte linguistische Dispute ein. Das erste Komitee, 1889 gegründet, nannte sich *Safa Berura* (Klare Sprache). Der Name wurde sofort zu einem Witz umgewandelt, nämlich in *Safa Arura*, die Verfluchte-Sprache-Gesellschaft, wegen der Unfähigkeit ihrer Mitglieder, zu einer einvernehmlichen Verständigung zu kommen. Doch ihre Nachfolger wurden immer effektiver. Die sefardische Aussprache wurde im Jahr 1907 offiziell angenommen. 1918 beschloss die Versammlung des Jischuw, die offiziellen Vertreter der jüdischen Bevölkerung Palästinas, dass niemand in den Jischuw gewählt werden könnte, der nicht Hebräisch verstand.

Die neue Sprache anzunehmen bedeutete, dass man seine Assoziationen von Grund auf ändern musste. Der Gelehrte Maurice Samuel, der 1920 nach Palästina kam, schrieb: «Auch für mich war die hebräische Sprache, trotz meiner Sympathie für ihre Wiedererweckung, hauptsächlich ein Mittel zum Transport großer religiöser, ethischer und spiritueller Kommunikation. Wie seltsam war es eine ganze Zeit lang, einen Busfahrschein von Tel Aviv nach Jerusalem auf Hebräisch zu kaufen oder mit dem Schneider Änderungen, die ich bei einem Paar Hosen wollte, auf Hebräisch zu diskutieren.» Er erinnerte sich an den Besuch eines Restaurants im Heiligen Land. «Ich betrachtete die Plakate an den Wänden. An diesem Morgen hatte ich Jesaja gelesen und glühte noch immer von dem fürchterlichen Verrat, den heuchlerischen Opfergaben, den Beschreibungen, die ihren Höhepunkt in dem donnernden Satz erreichen: *Dirschu mischpat!* Trachtet nach Recht! Und auf einem Plakat vor mir, in handgroßen Buchstaben, war eine Reklame: *Dirschu glida!* Trachtet nach Eiscreme! Ich konnte eine innerliche Grimasse des Unbehagens nicht unterdrücken.»

Doch Samuel empfand den Reiz der Sprache und verstand ihre Bedeutung für die Wiedergeburt des Volkes. Als er eine Gruppe Schulkinder beobachtete, denen auf Hebräisch ein Ereignis aus der Bibel erzählt wurde, das genau dort stattgefunden hatte, wo sie jetzt saßen, verstand er, dass «das dreifache Band von Menschen, Land und Sprache in ihren Herzen verflochten ist, und ein dreifaches Band wird man nicht leicht zerreißen können. Für diese Kinder ist die Bibel nicht nur heilig; sie ist die Quelle der ersten Wahrnehmung ihrer kindlichen Umgebung».

Es war die Ausbildung dieser neuen Generation jüdischer Kinder, die einen der dramatischsten Kämpfe im Krieg um die Sprache auslöste. Als 1913 die Schulen des deutschsprachigen Hilfsvereins das Curriculum für ihr neues Technion, eine technische Hochschule planten, gingen sie davon aus, dass auf Deutsch gelehrt würde, der unbestrittenen internationalen Sprache der Wissenschaft. Damals waren die Anhänger des Hebräischen aber schon zahlreich, lautstark und gut organisiert. Überall in Palästina gingen Studenten und Lehrer auf die Straße. Jüdische Zeitungen in aller Welt berichteten über den Streik und unterstützten die Protestierenden aktiv. Nur der Ausbruch des Ersten Weltkriegs schob den hitzigen Konflikt hinaus. Als die neue Institution nach dem Krieg ihre Türen öffnete, war das Wort Technion bereits in den hebräischen Sprachschatz übergegangen, und Hebräisch wurde zur Sprache der neuen technischen Hochschule.

In einer damals stattfindenden Volkszählung bezeichneten sich ein Viertel der jüdischen Erwachsenen und über die Hälfte der jüdischen Kinder, die in Palästina lebten, als Hebräisch sprechend. Als 1917 die Balfour-Deklaration erschien, in der die britische Unterstützung «eines jüdischen Heimatlands in Palästina» verkündet wurde, erkannte sie offiziell drei Sprachen an: Englisch, Arabisch und Hebräisch, die Sprache der jüdischen Siedler. Nun wurde die Sprache noch stärker mit *Hatikwa* gleichgesetzt, der Hoffnung, durch die sich Hebräisch sprechende Siedler berechtigt fühlten, alles Notwendige für die Verwurzelung der Sprache in der neu bewässerten Wüste zu tun.

Inzwischen war Jiddisch zu der zähen einheimischen Pflanze geworden, die ausgerissen und ersetzt werden musste. Die Hebraisten störten routinemäßig jiddische Versammlungen und erzählten den Leuten, dass sie Hebräisch sprechen müssten. Fand eine jiddische Unterhaltung auf der Straße statt, wurde sie von höhnischen Passanten unterbrochen. Zuweilen kam es sogar zu Gewaltakten. Kioske, deren Besitzer es wagten, jiddische Zeitungen zu verkaufen, wurden wiederholt demoliert oder abgebrannt.

Bei jiddischen literarischen Abenden, Vorträgen und Theateraufführungen wurden die Darsteller oft mit Tomaten oder Steinen beworfen. Als Chaim Schitlowsky, der führende Theoretiker der jiddischen Sprache, Palästina im Jahr 1914 besuchte, hinderten ihn militante Hebraisten daran, seinen Vortrag zu halten. 1927, als der Hebräische Schriftstellerverband ein Versöhnungsessen gab, um jiddische Autoren zu begrüßen, ging ein Sturm der Entrüstung durch die Presse.

Die Sehnsucht danach, die hebräische Vergangenheit zu retten und sie mit einer neuen jüdischen Zukunft zu verweben, ist leicht nachvollziehbar. Das Schlimme daran war nur, dass die neuen Siedler keine Möglichkeit hatten, die jiddischen Fasern in das neue, schützende Gewand mit hineinzuweben. Die Heftigkeit, mit der Jiddisch entfernt wurde, zeigt nur, wie tief die Identifikation gewesen sein muss. Maurice Samuel charakterisierte die neuen jüdischen Siedler als «eine bemitleidenswert schizophrene Gruppe, die sich nach der vollständigen Hebraisierung sehnt, aber nach Gewohnheit und Neigung noch immer mit dem Jiddischen verbunden ist. Ich habe Jiddisch sprechende Pioniere gesehen, die ständige Qualen und Frustrationen auf sich nahmen, um vollständig auf das Hebräische umzusteigen. Bei den gemeinsamen Mahlzeiten deuteten sie stumm auf das, was sie haben wollten – ein Messer, einen Apfel, eine Teekanne –, und warteten darauf, dass man sie an das hebräische Wort *sakin, tapuach, kumkum* erinnerte, statt auf Jiddisch *meßer, epl, tschajnik* zu sagen».

Keine andere Sprache wurde mit solcher Verachtung abgelehnt. Englisch, Französisch, Deutsch, Russisch, Arabisch und Ladino wurden ebenfalls überall in Palästina gesprochen. Doch diese Sprachen mussten nicht aus der jüdischen Seele gerissen werden.

Ein typischer jiddischer Witz aus der Pionierzeit beschreibt zwei alte Männer, die am Strand von Tel Aviv spazieren gehen, und einer wird von einem Sog mitgerissen. Gegen das Wasser kämpfend, ruft er auf Hebräisch: «Hilfe! Hilfe!» Sein Kamerad ruft zurück, auf Jiddisch: «So! Hebräisch hast du also gelernt! Jetzt wirst du auch noch schwimmen lernen müssen!»

In einer Biographie Isaac Bashevis Singers von Dvora Telushkin lässt sich nachlesen, wie Singer sich öffentlich bei Menachem Begin darüber beklagt, dass die israelischen Juden zwar Hebräisch wiedererweckt, dabei aber Jiddisch umgebracht hätten.

«Jiddisch war eine lebendige Sprache, die ungefähr acht- oder neunhundert Jahre gelebt hat, und ihr habt es geschafft, sie umzubringen.»
Menachem Begin, selbst in einem jiddischsprachigen Haus aufgewachsen, begann, mit den Fäusten auf die Glasplatte des Kaffeetisches zu schlagen, während Speicheltröpfchen aus seinem Mund sprühten ...
«Mit Jiddisch», rief er, «hätten wir keine Kriegsflotte schaffen kön-

nen, mit Jiddisch hätten wir auch keine Armee, mit Jiddisch könnten wir uns nicht mit mächtigen Düsenjägern verteidigen, mit Jiddisch wären wir nichts. Wir wären wie Tiere!»

Isaac saß da, die Hände in den Schoß gefaltet, und zuckte mit den Schultern. «Nu», sagte er sanft zu der still gewordenen Menge, «da ich Vegetarier bin, ist es für mich nicht so schlimm, wie ein Tier zu sein.»

Es machten viele Geschichten von berühmten Hebraisten die Runde, die dabei ertappt worden waren, Jiddisch zu sprechen. Immer gab es Entschuldigungen. Wenn die Person zum Beispiel gerade in einen Bus steigen wollte, hieß es, mit Jiddisch ginge es schneller; war sie zu Hause, war Jiddisch bequemer, wie ein Paar alte Schlappen. 1930 erreichte einer dieser Vorfälle internationale Prominenz, als nämlich die Brigade zur Verteidigung der Sprache versuchte, die Aufführung des jiddischen Films *Di jidische mame*, einem Schmachtfetzen aus New York, zu verhindern. Die jüdische Presse in Europa und in den Vereinigten Staaten verbündete sich in diesem Sprachenkampf, und die Britische Armee musste eingreifen, um die Sicherheit des Publikums, das diesen Film sehen wollte, zu garantieren. Jiddisch, trotz aller warmen Assoziationen, vielleicht sogar *wegen* seiner warmen Assoziationen, musste verschwinden.

Der Dichter Jacob Glatshteyn war sich des prekären Status seiner Sprache bewusst. In seinem Gedicht «Red zu mir jidisch» (Sprich jiddisch mit mir) schrieb er mit bitterer Ironie über die Sprache, die, vor allem in Palästina, zum Schweigen gebracht wurde. Hier versetzte er die erste jüdische Familie, Abraham und Sara, in eine moderne jüdische Siedlung.

Got helf, sejde-bobeschi,
Awrum gejt schwajgendik die gaß ariber.
Nem sich nit zum harzn Jankele,
sogt Sure, er is mewin kol dawar.
ß'is asoj do ongenumen.

163

A manßbil darf jidisch stumen.
Ober a jidene fun jidisch-tajtsch
hot ojch epeß woß zu sogn.
Sog ich dir got helf, majn kind,
solßt mir aldoß guts farmogen.

Gott helfe uns, Großvater, Großmutter.
Abraham geht schweigend über die Straße.
Nimm's dir nicht zu Herzen, Jankele,
Sagt Sara, er versteht jedes Wort.

Es ist so hier angenommen.
Ein Mann muss Jiddisch verstummen.
Aber eine Jüdin mit *jidisch-tajtsch*
Hat auch etwas zu sagen.
Sag ich dir Gott helf, mein Kind,
sollst du mir alles Gute besitzen.

Sie wäre allerdings heftig unterdrückt worden, hätte sie im Heiligen Land versuchen wollen, weiterhin jiddisch zu sprechen. Im Jahr 1922, als Elieser Ben Jehuda im Alter von vierundsechzig Jahren starb, war die hebräische Sprache fest im Zentrum der neuen zionistischen Identität verankert. In Europa lernten Juden, die nach Palästina auswandern wollten, die neue Sprache noch bevor sie aufbrachen. Eine ganze Literatur entstand, Erzählungen, Gedichte, Lieder, jede Art von Sachbüchern. Die Geschwindigkeit, mit der dieser Wandel vonstatten ging, war übernatürlich.

Unglücklicherweise musste ein Preis für die Schaffung dieser lang ersehnten neuen Heimat bezahlt werden: Es gab keinen Platz für zwei jüdische Sprachen. Die nährende *mame-loschn* wurde zum Sterben verurteilt, damit das neue, virile Hebräisch leben konnte.

10. Kapitel
Amerika: Das goldene Land

אמעריקע גנב

Amerike ganef

Amerika, der Dieb

Zur gleichen Zeit, als Ben Jehuda Europa in östlicher Richtung
verließ, machten sich Millionen Jiddisch sprechender Juden in
eine andere Richtung auf. Mit Beginn der achtziger Jahre des 19.
Jahrhunderts wählten sie einen Neuanfang in England, Kanada,
Südafrika, Australien und Südamerika. Doch für die meisten waren die Vereinigten Staaten von Amerika das endgültige Ziel.

Bei ihrer Ankunft war die Freiheitsstatue nicht immer das, was
sie überwältigte. Manchmal wurden die neuen Immigranten weit
mehr von den Bildern von *Ivory Soap* oder *Crisco Backfett* beeindruckt. *H-O-Weizenmehl, Coca-Cola, Bayer-Aspirin* und *Dutch-
Master-Zigarren*, alle platzierten die Werbung für ihre Produkte
auf riesigen Reklameflächen, die den Neuankömmlingen ins Auge
fallen mussten. Sie druckten jiddische Zeitungsanzeigen und
zweisprachige Rezeptbüchlein als Werbekampagnen für Jiddisch
sprechende Juden.

Diese Neuankömmlinge waren verblüfft und verwirrt – und
passten sich schnell an. Auch wenn es nicht der *Gan Eden* war, in
dem sie gelandet waren, waren doch viele von ihnen überzeugt, in
einem städtischen Äquivalent des Garten Edens angekommen zu
sein. Anders als in den Ländern, aus denen sie gekommen waren,

Länder, die sich scheinbar ein Vergnügen daraus gemacht hatten, Juden auf alle möglichen Arten loszuwerden, gab Amerika sich Mühe, sie anzulocken. Immigrantenleben bedeutete Entwurzelung, enge Wohnverhältnisse, endloses Arbeiten, doch sogar die ärmsten Slumbewohner konnten sich auf bessere Zeiten freuen.

Auch wenn der Preis für den Eintritt in dieses neue Land darin bestand, zu unterdrücken, woher sie gekommen waren, auch wenn die Neuankömmlinge also das Kind mit dem Bade ausschütteten, war das doch ein Preis, den die meisten Jiddisch Sprechenden zu bezahlen bereit waren. Das Badewasser war braun und trüb gewesen, geschöpft aus einem schmutzigen Fluss. Und das Kind? So niedlich war es nun auch nicht gewesen. Hier würde es ein neues Baby geben – ein echtes amerikanisches.

In Abraham Cahans 1917 entstandenem Roman *The Rise of David Levinsky* lässt sich der erste Blick eines Immigranten gut nachempfinden, ein Blick aus weit aufgerissenen Augen:

Ich ging den Weg durch den Battery Park und unter der Hochbahn hindurch zur State Street. Ein Zug, der dröhnend über mir fuhr, gab mir ein verwirrendes, ein erschreckendes Gefühl ... Wohin sollten wir gehen? Was sollten wir tun? ... Ich sammelte Mut, um mich an einen Polizisten zu wenden, etwas, was ich zu Hause nie gewagt hätte ... Ich wandte mich auf Jiddisch an ihn, bemüht, es so Deutsch auszusprechen, wie ich nur konnte, aber meine Anstrengungen waren bei ihm vergebens.

In diesem Moment begrüßte uns eine Stimme auf Jiddisch ... Sein glatt rasiertes Gesicht und die breitschultrige, untersetzte Gestalt drückte Wohlstand aus. Er glühte buchstäblich vor Diamanten und Selbstzufriedenheit. Aber er war zweifellos einer von uns. Es war, als träfe man mitten im Dschungel einen Menschen.

Als der Mann hört, dass der Neuankömmling von Beruf ein Gelehrter ist, klärt er ihn auf, dass damit in Amerika kein Geschäft zu machen sei. Aber er sagt ihm auch, er brauche sich keine Sorgen zu machen.

«Es wird dir gut gehen. Wenn einer nicht faul und nicht dumm ist, hat er keinen Grund, sich in Amerika Sorgen zu machen. Alles wird *all right* sein.»

«All right», sagte er auf Englisch und ich erriet aus dem Kontext, was es bedeutete. Im Lauf von einer oder zwei Minuten, die er mir widmete, sagte er diese beiden Wörter so oft, dass sie sich mir ins Gedächtnis gruben. Es war das erste bisschen Englisch, das ich lernte.

Der Jude, den David getroffen hatte, hatte seinen Bart und vielleicht seine Gelehrsamkeit verloren, und ganz bestimmt war er dabei, seine Sprache abzuwerfen. Aber er hatte Diamanten und ein großes Lächeln.

Cahan war Romancier, Journalist, Denkschriftenschreiber und Historiker, dessen Spezialgebiet, ob er nun auf Jiddisch oder Englisch schrieb, die Erfahrung der Immigration war. Ein halbes Jahrhundert lang, als Redakteur des *Forwerts*, der auf Englisch als *Jewish Daily Forward* bekannten und einflussreichsten jiddischen Zeitung Amerikas, machte er sich diese Erfahrungen in einem bemerkenswerten Umfang zunutze. Jiddisch schreibend, führte er seine Leser dem Englischen zu. Er half, die Türen zur neuen Welt zu öffnen, und die Menschen strömten begierig hindurch.

Er wurde 1860 in einem Städtchen in der Nähe von Wilna geboren. Sein Vater war ein *melamed*, ein Lehrer; auch seine Mutter war Lehrerin, was für die damalige Zeit unüblich war, und sie konnte außer Jiddisch auch Deutsch und Russisch schreiben und lesen. Cahan wurde am Staatlichen Pädagogischen Institut für jüdische Studenten in Wilna ausgebildet, an dem es, so unglaublich es auch klingen mag, den Studenten verboten war, Jiddisch zu sprechen. Cahan studierte Pädagogik vor allem aus einem Grund, er wollte dem Dienst in der verhassten zaristischen Armee entgehen. Sein Herz und sein Verstand gehörten der linksgerichteten Politik.

Kurz vor einer drohenden Verhaftung wegen seiner politischen Aktivitäten floh er 1881 aus Russland. Im selben Jahr fiel der liberale Zar Alexander II. einem Mordanschlag zum Opfer – damit endete die Hoffnung einer ganzen Generation von Juden. Das neue Regime verbot jiddische Zeitschriften und Theater, und die Juden begannen, mit ihren Füßen abzustimmen. Cahan kam an der Spitze einer riesigen Gruppe von Jiddisch Sprechenden in die USA.

Cahan, fixiert auf Sprache, wie er nun einmal war, lernte während der Überfahrt mit Hilfe eines Jiddisch-Englischen Wörterbuchs Englisch und fing bald an, zwischen Passagieren und Besatzung zu dolmetschen. Zwei Wochen nach seiner Ankunft in New York besuchte er ein Treffen der Propagandavereinigung für die Verbreitung sozialistischer Ideen unter jüdischen Immigranten. Er beschrieb, wie er eine zündende Rede auf Russisch gehört habe, die so ähnlich gewesen sei wie eine seiner eigenen. Anschließend fragte er die Veranstalter, warum die Reden auf Russisch und Deutsch gehalten würden, wenn ihre Organisation sich doch an jüdische Immigranten richte.

> «Was für eine Sprache schlagen Sie vor?», fragte der Sprecher spöttisch. «Welcher Jude spricht denn kein Russisch?»
> «Mein Vater», antwortete ich.

Eine Woche später hielt Cahan auf Jiddisch eine zweistündige Rede über den Marxismus, etwas, was ihn früher, zu Hause, ins Gefängnis gebracht hätte.

Aber Jiddisch überstand die Reise von Europa in die Vereinigten Staaten nicht unverändert. Cahan beschrieb die erste Familie, bei der er in New York lebte.

> Alle, außer Mrs. Zass, sprachen ein armseliges Jiddisch, überlagert von amerikanischer Aussprache und amerikanischen Idiomen. Als die achtjährige Tochter und ich uns beispielsweise eines Abends Witze erzählten, sagte sie zu mir: *«Du kenst nit machn mir lachn.»*

Die Verwendung des vertraulichen, zwanglosen «du» schockierte und amüsierte mich. Ich war nicht an dieses nichtjiddische Jiddisch gewöhnt, das sie alle sprachen, obwohl meine Hauswirtin mir erklärt hatte, dass sich in Amerika alle Leute mit «du» ansprachen, weil die Sprache keine Entsprechung für die jiddische Höflichkeitsform «ir» kenne.

Später beschrieb er, wie «das Jiddisch der in Amerika geborenen Kinder meinen Ohren wehtat». Das amerikanisierte Jiddisch der Immigranten, durchsetzt mit englischen Ausdrücken, war nicht besser. «Ich ärgerte mich, wenn ich solche Ausdrücke hörte wie *er macht a lebn* (er lebt gut) oder *er is wert zen tojsend dolar* (er ist zehntausend Dollar wert). Oder solche Horrorwörter wie *vindes* (windows), *silings* (ceilings) und *petejteß* (potatoes).» Die ersten beiden Formulierungen sind wörtlich übersetzte englische Idiome. Die drei Wörter, die er rügt – *vindes, silings, petejteß* –, sind jiddisch klingende Aussprachen englischer Wörter, als Ersatz für die adäquaten jiddischen Wörter (*fenstern, sufitn, bulbeß*). Die ursprünglichen jiddischen Wörter waren offenbar bei der Ankunft im Hafen von New York über Bord geworfen worden.

Cahan verdiente seinen Lebensunterhalt durch Sprachunterricht (Jiddisch und Hebräisch und ziemlich bald auch Englisch, bei dem er seinen Schülern immer nur einen Schritt voraus war). Außerdem schrieb er für englischsprachige New Yorker Zeitungen und erlaubte damit auch nichtjüdischen Lesern einen Insiderblick auf die wimmelnden Immigrantenviertel, die in der Stadt wie Pilze aus dem Boden schossen. In den Jahren zwischen 1870 und 1914 kamen mehr als zwei Millionen Juden in die Vereinigten Staaten, sechzig Prozent von ihnen aus Russland. Ihre Lebens- und Arbeitsbedingungen erschreckten die einheimischen Amerikaner. Doch für die Juden, die in der New Yorker Lower East Side und ähnlichen Vierteln in den amerikanischen Großstädten hausten, bot das neue Leben wenigstens Hoffnung. In ihrer alten Heimat sorgten die Russen dafür, dass Juden von immer weiteren Erwerbsmöglichkeiten ausgeschlossen wurden, und sie unterstützten eine Reihe von Pogromen, durch die jüdische Gemeinden zerstört wurden. Während im übrigen Europa eine Periode des Wohlstands begonnen hatte, versanken die russischen Juden immer tiefer in hoffnungslose Armut.

In Amerika hatten sie genug zu essen, und selbst wenn die ganze Familie in einem einzigen Zimmer zusammengedrängt leben musste, so gab es doch wenigstens ein Zimmer pro Familie, es lebten nicht mehrere Familien zusammengequetscht in einem Kellerloch. In den Vereinigten Staaten waren Juden nicht per Gesetz davon ausgeschlossen, einen Beruf zu ergreifen oder in den Großstädten zu leben. Sie durften sogar Land besitzen. Und ihre Kinder wurden nicht von einer fremden Armee eingezogen. Über einen stillschweigenden Ausschluss aus manchen Clubs, bestimmten Wohnvierteln und Berufen mochte man sich wirklich nicht beklagen, wenn man an die gezielte Unterdrückung und das staatlich sanktionierte Morden unter dem Zaren dachte.

Die Juden begannen also begeistert, sich einen Platz zu erobern. Auch wenn die Nachbarschaft eng und arm war, hielten sie sich für reich durch das Gefühl von Freiheit. Als in Russland jiddische Theater verbannt wurden, machte sich eines der prominentesten Ensembles auf den Weg nach New York, wo es großen Erfolg hatte. Es gab keine Zensur, das Theater konnte eine jiddische Übersetzung des *Hamlet* ebenso einfach spielen wie ein Melodram wie *Dos jidische harz* (*Das jiddische Herz*). Es konkurrierten sogar jiddische Theaterstücke zum Thema Geburtenkontrolle.

Die jiddische Kultur explodierte förmlich nach den Jahren der angestauten künstlerischen und politischen Sehnsüchte. Jiddische Theater spielten vor vollen Häusern. Jiddische Varietés feierten Triumphe. Es gab Vorträge, literarische Abende, Konzerte und Diskussionen. Politiker aller Richtungen hielten jeden Abend Reden. Nach vielen Stunden Arbeit in Fabriken oder Geschäften konnten Juden ausgehen und sich jiddische Reden und Debatten quer durch das politische und soziale Spektrum anhören.

Viele dieser Parteien und Interessenverbände gründeten ihre eigenen Zeitungen. *Der tog* (Der Tag), *Di worhejt* (Die Wahrheit) und das *Morgenjournal* waren konservativ. Die *Arbeter zajtung* (Arbeiter Zeitung) und das *Owent blat* (Abendblatt) waren sozialistisch. Das *Togblat* (Tagblatt) repräsentierte die Orthodoxen, die Zeitung *Frajhejt* (Freiheit) die Kommunisten und *Di zajt* (Die Zeit) die sozialistischen Zionisten. Doch außerhalb der jiddischen Viertel wurde Jiddisch von den Amerikanern mit Verachtung wahrgenommen. Deutsche Juden, die eine Generation zuvor gekommen waren, hatten sich bereits einen eigenen Platz erobert. Sie litten noch unter den deutsch-jiddischen Konflikten des vorigen Jahrhunderts, schämten sich ihrer ostjüdischen Brüder. Sie bemühten sich aber – manchmal mit einer bemerkenswerten philanthropischen Großzügigkeit, manchmal mit Widerwillen –, ihnen zu helfen, damit sie in der neuen Welt vorankamen.

Das strebten auch die meisten Nichtjuden an. In den öffentlichen Schulen, die von fast allen jüdischen Kindern besucht wurden, gab es keine bilingualen Programme, und nur wenige Lehrer verstanden Jiddisch. Der liberale amerikanische Reformer Jacob Riis, der 1892 im *Scribner's Magazine* schrieb, drückte die aufklärerische Sicht aus, als er eine Gruppe von Neuankömmlingen beschrieb: Die meisten, sagte er, «können sich nur untereinander verständlich machen, niemals der Welt um sie herum, in diesem seltsamen Jargon, der in der East Side als Hebräisch gilt, in Wirklichkeit aber nur eine Mischung aus einem Dutzend bekannter Dialekte und Sprachen ist und einigem, das man nie zuvor irgendwo anders gehört hat. Bei einer Volkszählung fällt es unter das, was es ist – ein Jargon und sonst nichts.»

Präsident Theodore Roosevelt sagte 1919, als er die Notwendigkeit einer kulturellen Anpassung der großen Immigrantenströme beschrieb: «Wir haben hier nur Platz für eine Sprache, und das ist Englisch, denn wir beabsichtigen, dass der Schmelztiegel unsere Bürger zu Amerikanern macht, nicht zu Bewohnern einer polyglotten Pension.»

171

Der Handel hätte nicht klarer formuliert werden können. Die Juden waren willkommen, aber nur, wenn sie lernten sich anzupassen.

Viele der kulturellen Institutionen, die von Jiddisch sprechenden Immigranten gegründet worden waren, erwiesen sich also als Mittel zu ihrem eigenen Untergang. Die Immigrantenzeitungen, die Theater, die Kinos, Clubs und Treffpunkte mögen die Sehnsucht nach dem *alter hejm,* der alten Heimat, gelindert haben, aber sie halfen *di griner,* den Greenhorns, auch, sich selbstbewusster in der neuen Heimat zu bewegen.

Unter all diesen Institutionen war eine Zeitung am erfolgreichsten. Der *Forwerts** wurde 1897 als Parteiorgan der sozialistischen Unionisten gegründet. Chefredakteur war der alte, linke Redakteur Cahan. Allen Berichten zufolge muss er ein diktatorischer, kleinlicher, arroganter Mann gewesen sein. Die Zeitung teilte sich bald in Splittergruppen auf, und Cahan verlor seinen Arbeitsplatz.

Er arbeitete für die englischsprachige Presse und lernte einige der anerkanntesten amerikanischen Schriftsteller und Publizisten der damaligen Zeit kennen. Er veröffentlichte Skandalgeschichten und Unterhaltungsromane. Auf Jiddisch und auf Englisch erklärte er die Immigranten den Einheimischen und sich selbst.

In seiner jiddischen Kurzgeschichte *The Imported Bridegroom* kehrt ein wohlhabender New Yorker Geschäftsmann in seine europäische Heimatstadt zurück, um einen frommen jungen Studenten für seine Tochter Flora auszuwählen, die, was nicht verwunderlich ist, die altmodische Art ihres Zukünftigen nicht ertragen kann. Das Blatt wendet sich, als der *Jeschiwa*-Student die New York Public Library entdeckt und Flora bittet, ihm die englische Sprache beizubringen, die er braucht, um diesen Schatz an Büchern zu lesen.

* In Amerika auch bekannt unter dem englischen Namen (Jewish) *Daily Forward.* A. d. Ü.

Er konnte nicht warten. Er war von einer fiebrigen Ungeduld besessen, die ganze nichtjüdische Sprache in sich aufzunehmen – Definitionen, Orthographie, Aussprache, einfach alles ...
«Oh, höre mich lesen – lang mögest du leben, Flora! Manchmal zieht es mich an wie mit einer unreinen Kraft.»

Eine unreine Kraft und eine nicht aufzuhaltende. Am Ende der Geschichte hat die amerikanische Landschaft den ehemals heiligen jungen Mann vollkommen verschlungen, und er verbindet sich mit seiner Zukünftigen auf eine Art, die der Vater nie gewollt hatte. Es war eine für Cahan typische Geschichte.

1902 war der *Forwerts* in einem so schlechten Zustand, dass man Cahan seinen früheren Job wieder anbot, diesmal mit absoluter Autorität. Für ihn, einen kinderlosen Mann in einer schwierigen Ehe, wurde die Zeitung zum Lebensinhalt. Er leitete sie bis 1946.

Cahan, der Erzähler, sah die Fülle an menschlichen Komödien und Dramen, die sich in den Straßen der Lower Eastside abspielten. Cahan, der Journalist, wusste, dass es ihm vergönnt war, eine Periode sozialen Umbruchs aus nächster Nähe zu beobachten. Cahan, der Sozialist, hoffte, dass seine Leser dadurch, dass er sie über wichtige neue Dinge informierte, sich selbst und ihre Welt verbessern würden. Cahan, der aufstrebende Amerikaner, wusste, dass er das alles tun und noch einen Gewinn daraus ziehen konnte. Cahan, der Egoist, war überzeugt, dies alles dank seiner Genialität erreichen zu können.

Obwohl er nie seinen sozialistischen Hintergrund vergaß und sogar *Das Kapital* von Marx ins Jiddische übertrug und es abschnittweise im *Forwerts* druckte, sorgte er dafür, dass die Zeitung auf dem New Yorker Markt der Ideen wettbewerbsfähig wurde. Er beharrte auf einem klaren, einfachen Jiddisch. Unter dem Einfluss der zeitgenössischen realistischen Autoren Amerikas und der Regenbogenpresse trieb er dem Blatt die politische Agitation aus.

Cahans Leser reagierten mit unersättlicher Begeisterung. Der

Forwerts wurde ihr Führer. Kein Thema, kein Stil war verboten. Ernsthafte Literaturkritik, erstklassige Romane und starke Reportagen teilten sich den Platz mit gut gehenden *soap operas*, Fotogeschichten, Ratgeberrubriken sowie Lektionen in Wissenschaft und Geschichte. Es gab Besprechungen der neusten jiddischen Theaterstücke und Filme. Und es gab Literatur – jiddische Originale genauso wie Übersetzungen moderner und klassischer Werke von Amerikanern und Europäern. In der Zeit vor dem Zweiten Weltkrieg wurde fast jedes jiddische Werk, welchen Genres auch immer, zuerst in einer Zeitung veröffentlicht.

Als Trotzki 1916 nach New York kam, wurde er vom *Forwerts* interviewt. Cahan selbst besuchte 1923 die neuen jüdischen Kolonien in Palästina und berichtete zu Hause darüber. Die bekanntesten jiddischen Schriftsteller der 1920er und 1930er Jahre, Schalom Asch und I. J. Singer, arbeiteten für das Blatt. Singers Romane, einschließlich *Die Brüder Aschkenasi* und *Josche Kalb* erschienen als Fortsetzungsromane im *Forwerts*. Als Cahan sich weigerte, Schalom Aschs 1938 entstandenen Roman *Der Nazarener* wegen seines prochristlichen Themas zu drucken, entstand eine Kontroverse, die ein Jahrzehnt dauern sollte.

Der *Forwerts* war nicht die einzige jiddische Zeitung, die Erfolg hatte. Auf dem Höhepunkt der Marktentwicklung unterstützten die Vereinigten Staaten mindestens zehn jiddische Tageszeitungen. (Viele der großen in New York ansässigen Zeitungen unterhielten Regionalausgaben.) 1914 hatten die jiddischen Zeitungen New Yorks eine geschätzte Auflage von 646.000, was etwa zwei Millionen Leser bedeutete. *The Day,* der vielleicht härteste Konkurrent des *Forwerts*, brachte die meisten der Werke von Scholem Alejchem in Fortsetzungen, dazu eine komplette Bibel auf Jiddisch, übersetzt von Solomon Bloomgarden, der unter dem Pseudonym Jehoasch schrieb.

Doch egal, welche Ideologie sie vertraten, die jiddischen Zeitungen lebten von Dollars. Die Zeit der großen Migration im letzten Viertel des 19. und im ersten Viertel des 20. Jahrhunderts brachte blühende Jahre für die amerikanische Industrie, die oft auch den aufstrebenden jüdischen Markt im Blick hatte. Ein Handbuch jiddischer Ausdrücke für Englischsprachige enthält auch diese Formulierungen: «Wo ist das Einkaufsbüro? ... Ich habe ein paar neue Warenmuster, die ich Ihnen zeigen möchte», und «Wir versprechen Ihnen eine Lieferung in ... Tagen».

Eine in jiddischen Zeitungen erscheinende Anzeige für das pflanzliche Backfett *Crisco* schlug Kapital aus dem Bedürfnis der Juden, den Speisegesetzen entsprechend Milchprodukte von Fleischprodukten trennen. Da *Crisco* für beides benutzt werden konnte, verkündete die Werbung: «Besonders für Juden ist Crisco eine wichtige Erfindung.» *Borden's* Kondensmilch, *Aunt-Jemima*-Pfannkuchen und *Rice Crispies* brachten alle spezielle Werbung auf Jiddisch. Für die Neueinwanderer gehörten die einprägsamen Bilder und die reißerischen Texte dieser Annoncen zu den reizvollsten Teilen einer Zeitung. Sie wurden, da sie leichter zugänglich waren als politische Artikel, quasi zu einer Eintrittskarte in die neue Kultur, zu einem bequemen Schritt auf dem Weg zur Assimilation.

Die Mitarbeiter des *Forwerts* waren sich wohl bewusst, dass nicht nur der redaktionelle Teil der Zeitung einen großen Einfluss ausübte, sondern auch der Anzeigenteil. Sie diskutierten zum Beispiel darüber, ob man die Anzeigen der Ford Motor Company annehmen sollte, da Henry Ford doch ein bekannter Antisemit war. Aber die Dollars, die hereinkamen, bedeuteten auch Geld für den redaktionellen Teil, und der *Forwerts* brachte die Anzeigen.

Die Zeitung prosperierte. In ihrer besten Zeit, den 1920er Jahren, verfügte der *Forwerts* über das königliche Budget von 250.000 Dollar im Jahr. *Der tog* lag mit fast 200.000 Dollar nicht weit dahinter. Irgendwann hatte die Forward Foundation Rücklagen von drei Millionen Dollar aus dem Gewinn der Zeitung, und im Lauf der Jahre wurde das Geld für eine ganze Reihe linksgerichteter Projekte ausgegeben.

Cahan bestimmte den Ton dieses enorm rentablen Unternehmens. Seine Vorgehensweise war wie die Sprache selbst, *hejmisch* und hausgemacht. Trotz seiner früheren Ablehnung eines «amerikanisierten» Jiddisch wurde er selbst zum wichtigsten Vertreter dieser Richtung – sehr zum Unwillen vieler Schriftsteller, die ein literarischeres Jiddisch bevorzugten. Doch Cahan verfügte über einen untrüglichen Spürsinn für seine Leserschaft. Seine Leser brauchten praktische Informationen ebenso wie intellektuelle und literarische Anreize. Doch vor allem wünschten sie sich einen sicheren Hafen auf ihrem Weg durch diese verwirrende neue Welt. Der *Forwerts* nahm den Platz der vertrauenswürdigen Verwandten und der verehrten Institutionen ein, die seine Leser in der alten Heimat zurückgelassen hatten.

Hier ist Cahans Artikel anlässlich der Eröffnung des neuen Redaktionsgebäudes im Jahr 1912, das mit seinen zehn Stockwerken das höchste Gebäude der Lower East Side war: «Unsere alten religiösen Juden hier haben ihre Synagogen. Wo ist die Synagoge unserer jüdischen Arbeiter? Wo ist der Tempel der Freiheit, der Gleichheit, der Brüderlichkeit? Das *Forwerts*-Gebäude wird das Heim der jüdischen Arbeiterbewegung werden. Das *Forwerts*-Gebäude ist der Tempel der Arbeiterreligion.»

Diese Religion fand ihren Ausdruck in einem Stil, den man in Amerika verächtlich als *potato Yiddish* bezeichnete, weil er, wie wir bereits gesehen haben, Ausdrücke wie *petejteß* verwendete statt des korrekten jiddischen Worts *bulbeß*. Inzwischen ging der *Forwerts* aber noch weiter. Wenn im Kulturteil Fotos aus Europa veröffentlicht wurden, einer Welt, die ihre Leser verlassen hatten, brachte die Zeitung auch englische Anmerkungen und Überschriften. Als die Familien der *Forwerts*-Leser bilingual wurden, entwickelte sich daraus allmählich ein englischsprachiger Teil. Während die Immigranten unbekümmert englische Brocken in ihr Jiddisch mischten, sprachen einige ihrer Kinder kaum oder gar nicht mehr Jiddisch. Ob Cahan mit seinem enormen Einfluss die Richtung angab oder ob er seinem Publikum nur folgte, kann endlos diskutiert werden, und das wurde es auch.

Das *Ze'ena ure'ena* (jidd. *zenerene*), ein jiddisches Buch mit Bibelkommentaren, war für Frauen bestimmt, die häufig kein Hebräisch lesen konnten. Diese Ausgabe stammt aus dem Jahr 1848. (YIVO Institute for Jewish Research, Strashun Collection)

Der Ba'al Schem tow, genannt Bescht, ein Mystiker des 18. Jahrhunderts und Begründer des Chassidismus.
(YIVO Institute for Jewish Research)

Ein traditionelles ost-europäisches *schtetl.*
(YIVO Institute for Jewish Research)

Scholem Alejchem mit seiner Frau und den Kindern.
(YIVO Institute for Jewish Research)

Eine Postkarte mit einigen der führenden Köpfe der Czernowitzer
Konferenz. Von rechts nach links: D. Nomberg, Chaim Schitlowsky,
Schalom Asch, J. L. Perez und Abraham Reisen. (YIVO Institute for
Jewish Research)

Offizielles Porträt der Czernowitzer Konferenz im August 1908.
Nathan Birnbaum und seine Frau sitzen in der ersten Reihe links, J. L.
Perez und seine Frau in der ersten Reihe rechts; Chaim Schitlowsky, im
hellen Anzug, befindet sich am rechten Bildrand. Auf dem Schild steht
jidische kultur, der Name der Studentenorganisation, die das Ereignis
unterstützte. (YIVO Institute for Jewish Research)

Wealthy dowager Hebrew (to I. L. Perets, walking arm in arm with Yiddish): 'Woe unto me that I have lived to see such things in my old age! My Perets, at the age of 60, is romancing the servant girl.' Perets: 'Come, we will ride in the chariot of time…we will spin gold and silver…we will build palaces of marble…' (*Der groyser kundes*, June 16, 1911)

In dieser Illustration eines jiddischen humoristischen Magazins aus dem Jahr 1911 wird Hebräisch als wohlhabende Witwe von Stand dargestellt, die sich darüber beschwert, dass J. L. Perez eine Affäre mit dem Jiddischen hat, dem Dienstmädchen.

Dieses Bild veröffentlichte der *Forwerts* 1936 als Teil eines Berichts über Birobidschan. Es zeigt Mordechai Asimow, wie er die jiddische Zeitung *Birobidschaner schtern* verkauft. (YIVO Institute for Jewish Research)

Die erste allgemeine Konferenz des Verbands für landwirtschaftliche Ansiedlung der jüdischen Arbeiter im November 1926. Diese Gruppe setzte sich für jüdische kollektive Bauernhöfe in der Ukraine ein. Ester Frumkin ist in der ersten Reihe zu sehen. (YIVO Institute for Jewish Research)

Kinder in Birobidschan vor einem bilingualen Plakat in den 1930er Jahren.
(YIVO Institute for Jewish Research)

Ein Doppeldecker in Birobidschan, 1935. Auf Russisch steht dort:
Birobidschaner Spezielles Propaganda-Geschwader Maxim Gorki.
Auf Jiddisch: *Der Birobidschaner.* (YIVO Institute for Jewish Research)

Eine Buchhandlung im Paris der 1920er Jahre. Die französische
Inschrift bietet ausländische Bücher und Zeitungen an, die jiddische
Sprachlehrbücher. (YIVO Institute for Jewish Research)

Schimon An-ski während des Ersten Weltkriegs an der russischen Front. Sein russischer Hut trägt das Zeichen des Roten Kreuzes. (YIVO Institute for Jewish Research)

Eine Postkarte von 1929, die die feierliche Einweihung des neuen Gebäudes des Jiddischen Wissenschaftlichen Instituts in Wilna zeigt. (YIVO Institute for Jewish Research)

Abraham Rechtman, vor dem Haus seines Großvaters sitzend, während der alte Mann ihm seine Memoiren diktiert. Rechtman gehörte zu der Expedition, die von der Jüdischen Historisch-Ethnographischen Gesellschaft von St. Petersburg in den frühen 1910er Jahren organisiert worden war. (YIVO Institute for Jewish Research)

Max Weinreich mit seinen Söhnen Uriel und Gabriel in den 1930er Jahren. (YIVO Institute for Jewish Research)

Di chaljastre, «Die Gruppe», in Warschau, 1922. In der Mitte
Perez Markisch; I. J. Singer rechts. (YIVO Institute for Jewish Research)

Historiker bei einer Konferenz des Jiddischen Wissenschaftlichen
Instituts (heute YIVO). Simon Dubnow, mit weißem Bart und
Spazierstock, sitzt in der Mitte. Emanuel Ringelblum sitzt am
rechten Rand. (YIVO Institute for Jewish Research)

וואָס זאָל זײַן גרעסער ווי
די וועלכע ליגט אין דעם
אַלטן פעדאַגאָגישן
געבאָט.
איז דען דאָ אַ ליטערא-
רישערע שאַפונג, וועל-
כע דערביט צו עקל צו
דער קנעכטשאַפט, צו
פרײַהײַט ליבע, מער
ווי די געשיכטע פון
פאַרשקלאַפונג און
יציאת מצרים ?
איז דען דאָ אַן אַלטע
דערינערונג, וואָס זאָל זײַן
דער סימבאָל פאַר דער
געגנוואַרט און צוקונפט

Die Seite einer *Überlebenden-Haggada*. Ursprünglich herausgegeben 1946 von der amerikanischen Besatzungsarmee in Deutschland. Man beachte die Zeichnung Hitlers, der am rechten Rand auf einer Leiche steht. (Jewish Publication Society)

Von den Nazis konfiszierte jiddische Bücher und Materialien, die von
der US-Armee wiederentdeckt und 1947 von Wilna aus zum YIVO
Institute nach New York gebracht wurden. (YIVO Institute for Jewish Research)

Aaron Lansky im National Yiddish Book Center.

(National Yiddish Book Center)

Isaac Bashevis Singer, links, bei der Verleihung des Literatur-Nobelpreises 1978 durch König Carl Gustaf von Schweden. (© Bettman/ORBIS)

Ein Standbild aus dem Film *American Matchmaker (amerikaner schadchen)* von 1940, auf dem ein moderner Heiratsvermittler von Demonstranten beschimpft wird, die Plakate mit sowohl englischer als auch jiddischer Beschriftung tragen.

Ein Standbild aus *East and West* (Misrech un majrew) von 1923. Picon spielt einen amerikanisierten Juden, der zu seinem traditionellen *schtetl* zurückkehrt.

Eine Neujahrskarte aus dem Polen des frühen 20. Jahrhunderts.
Der jiddische Text lautet: «Siehst du die goldenen Strahlen?
Die Lerche singt und trillert. Es mögen Licht und Freuden
beherrschen unsere Welt.» (YIVO Institute for Jewish Research)

Die Kinder, die zu Hause Jiddisch sprachen, lernten Englisch, sobald sie in die öffentlichen Schulen kamen. Sogar in den religiös geleiteten, von einer Minderheit der jüdischen Knaben besuchten Tagesschulen, in denen die Tradition fortgeführt wurde, hebräische Texte auf Jiddisch zu diskutieren, lernten die Schüler Englisch, damit sie die unter staatlicher Aufsicht stattfindenden Examen ablegen konnten. Im Laufe der Zeit gab es diese traditionelle Art des Lernens immer seltener. Die meisten Jungen, wie auch einige Mädchen, besuchten am Nachmittag Hebräisch-Schulen. Sowohl in konservativen Schulen als auch in Reformschulen wurde die heilige Sprache auf Englisch unterrichtet, damit ging eine weitere Verbindung zum Jiddischen verloren.

Das Jahr des Wendepunkts war 1924. Der Johnson Act unterband die Immigration aus Süd- und Osteuropa, der Nachschub an jiddischsprachigen Einwanderern verebbte. Für die unmittelbare Zukunft verfügten die Vereinigten Staaten allerdings noch über ein beachtliches Kontingent. Im amerikanischen Klima von Freiheit und Unternehmertum stand diesen Menschen eine Fülle von Möglichkeiten offen. Um 1920 war die jüdische Bevölkerung New Yorks auf anderthalb Millionen angewachsen, New York war damit zur größten jüdischen Stadt der Welt geworden. Die Metropole unterhielt sechzehn jiddische Radiostationen. Es gab auch viele verschiedene jiddische Schulen. Obwohl Juden nie ein Netzwerk von Tagesschulen gegründet hatten, gab es Wochenend- und Nachmittagsschulen mit politischer und kultureller Zuordnung.

Die jiddischen Scholem-Alejchem-Schulen boten eine breite Erziehung in Politik, Literatur und Kunst an. Hier folgt Alan Lelchucks Beschreibung seiner Schultage aus einer etwas späteren Zeit:

Meine Scholem-Alejchem-Schule in Brownsville (Brooklyn) war mein wirkliches Lernzentrum – für Jiddisch, für jüdische Kultur und fürs Leben. Mein Lehrer war *chawer* (Freund, Genosse) Goichberg, der, wie sich herausstellte, ... ein jiddischer Dichter von gewissem Ansehen war. Er war ein ernsthafter Erzieher und, wie ich fand, eine Vaterfigur und ein Freund ... Ich lernte jüdische Geschichte, Geographie, Literatur; und ich las Kurzgeschichten von Scholem Alejchem, den Brüdern Singer, Perez, Mendel, als ich neun und zehn Jahre alt war; ich spielte in jiddischen Theaterstücken mit; ich las regelmäßig das Kinder-Journal – alles durch die Schule und meinen wundervollen Goichberg. Ich tat dies fünf Jahre lang, am späten Nachmittag, neben meinem normalen Unterricht in einer öffentlichen Schule. Und obwohl ich mich laut über meinen langen Schultag beklagte, ging ich doch immer hin und war insgeheim sehr glücklich, dort zu sein.»

Zusätzlich führten der *Idisch-nazionaler-Arbeter-Farband* (Jüdisch-nationaler Arbeiterbund) und die *Poale Zion* (zionistische Arbeiter), beides linksgerichtete Gruppierungen, etwa vierhundert jiddische Sprach- und Kulturschulen. Der *Arbeiter-Ring*, eine andere linke Gruppe, hatte über hundert Schulen mit einer Schülerzahl, die Mitte der 1930er Jahre zwanzigtausend erreichte. Entsprechend ihrer linken, säkularen Ausrichtung enthielt die Liste der Feiertage auch die Feste nichtjüdischen Ursprungs. Sogar die Anhänger des traditionellen jüdischen Kalenders übernahmen einige neue, nichtreligiöse Formulierungen. Pessach wurde zum «Fest der Befreiung der Juden», und Chanukka wurde nicht wegen des Wunders der acht Tage des Lichts gefeiert, sondern wegen der «Brechung des hellenistischen Jochs». Diese Feiertage teilten sich ihren Platz im Kalender mit dem 1. Mai und dem Jahrestag der Russischen Revolution.

Es gab Theatergruppen, Kinderzeitungen und Bücher, Sommerlager für Familien und für Kinder – all das half, eine jiddische Identität zu bewahren. Der *Arbeiter-Ring* prahlte, dass in der Dekade zwischen 1925 und 1935 ungefähr 140.000 Erwachsene und 14.000 Kinder seine sieben Freizeitlager besucht hatten. *Landsmanschaftn*, Organisationen von Menschen, die aus demselben *schtetl* oder derselben Region stammten, halfen ihren Mitgliedern, Arbeitsplätze und Ehepartner zu finden oder eine anständige Beerdigung in der Gemeinschaftsecke des Friedhofs zu bekommen.

Jiddisch, als Sprache der proletarischen Masse, war auch mit einer Reihe linksgerichteter Utopien verbunden. Diese dauerhafte Koalition hielt auch dann noch, als die Immigranten ihre Bande zur traditionellen Religion schon gelockert oder verloren hatten. In New York entstand eine kurzlebige, aber feurige Bewegung jiddischsprachiger *swetschop poetn.**

Diese Immigranten, auch *di junge* (die jungen Leute) genannt, verbanden das Persönliche mit dem Politischen und betonten die Identifikation von Jiddisch mit der Linken.

1893 schrieb Morris Rosenfeld:

Es rojschn in work-shop schtark di maschinen,
As oftmol in tumel farlir ich dem sin,
Ich wer in sich selber farsunken, farlojren,
Majn «ich» wert dan betel – ich wer a maschin.

Es lärmen in der Werkstatt laut die Maschinen,
Dass oftmals im Taumel verlier ich den Sinn,
Ich bin in mich selber versunken, verloren,
Mein «Ich» wird dann nichts – ich werd zur Maschin.

Mani Leybs Gedicht *I Am* bezieht sich auf die alte jiddische Diskrepanz zwischen der weltlichen Erscheinung eines Juden und seiner ganz anderen persönlichen Wahrnehmung.

Ich bin Many Leyb, dessen Namen man singt –
In Bronsville, Jehupez und weiter bekannt:
Unter Schustern ein glänzender Schuster;
unter Poeten ein glänzender Poet.

---

* Im Amerikanischen *sweatshop poets. Sweatshop* – Ausbeutungsbetrieb. A. d. Ü.

O Poeten, inspiriert, bleich und frei,
Wie all die geflügelten Sänger der Luft,
Wir sangen von Schönheit, wild anzusehen,
Wie glückliche Bettler auf einem Markt ...

In Brownsville, Jehupez, und drüber hinaus,
Soll mein Name bekannt sein, o Muse.
Ich bin kein schreibender Schuster, zum Glück,
Sondern ein Poet, der Schuhe macht.

Leider gelang den *Sweatshop-Poeten* nie der Sprung aus den
Immigrantenvierteln heraus, und diese verzweifelten Idealisten
waren sich ihrer marginalen Rolle im amerikanischen Leben auch
bewusst. Es folgt eine Beschreibung Moshe Nadirs von einem
Abend zu Ehren des Dichters Abraham Reisen, den wir bereits als
Herausgeber von *Doß jidische wort* kennen gelernt haben. «Ich
sammle Geld und kaufe ihm eine goldene Uhr ... Ich wollte nur
sichergehen, dass er sie, falls notwendig, versetzen könnte. Reisen, in einem schwarzen Smoking, mit der glänzenden goldenen
Uhrkette, die aus seiner Tasche herausschaute, hatte keine Geduld
für die Ehre und kein Geld, um seine Miete zu bezahlen.» Nach
diesem Abend, sagt Nadir, «warf ich mir den Blumenstrauß über
die Schulter ... Wir liefen eine halbe Stunde herum ... Wir kamen am Columbus-Denkmal an der 59. Straße vorbei, und Reisen
sagte: ‹Weißt du was, Nadir? Gib ihm die Blumen, es ist sein Amerika.›»

Sein Amerika – und das der Immigrantenkinder. Keine andere
Einwanderergruppe kam in so kurzer Zeit so weit. Keine andere
Gruppe empfand eine solche Ambivalenz gegenüber dem, was sie
zurückgelassen hatte. Isaac Bashevis Singer beschrieb seine ersten
Tage in New York im Frühling 1935 so:

Hier war das Klima anders und so auch der Lebensstil – das Essen, die Kleidung und das Verhalten der Menschen zueinander.
Nur die jiddischen Schriftsteller blieben so, wie sie in der alten

180

Heimat gewesen waren, aber ihre Kinder sprachen alle Englisch und waren richtiggehende Amerikaner (...)
Wir aßen bei unserem Hauswirt und seiner Familie. Obwohl er der Bruder eines bekannten Kritikers und glühenden Jiddischisten war, sprachen seine Kinder schon kein Jiddisch mehr. Sie saßen schweigend da.

Schweigen konnte man mindestens noch als Neutralität deuten. Innerhalb einer Immigrantengeneration aber wurde die jiddische Sprache und ihr Akzent zu einer nie versiegenden Quelle des Humors. Obwohl die europäischen Juden und manchmal auch ihre Kinder die Beziehung zum Jiddischen beibehielten, war das Kennzeichen des Amerikaners ein flüssiges, akzentfreies Englisch. Betrachten wir uns diesen Auszug aus dem in den zwanziger Jahren ungeheuer populären Dialektbuch *Nize Baby* von Milt Gross, der den jiddischen Akzent für ein jüdisches Publikum so parodierte: «So I went by de jenitor I should feex de car so I esk him a ceewilized quastion so I sad, ‹Do you got here plizze a ranch?› So he geeves me a henswer, ‹Wot kind from a ranch you want?› So I sad, ‹A monkeh ranch*.› So dot dope geeves me a henswer so he sad, ‹Hm – I hoid from maybe a cettle ranch odder a sheep ranch bot I deedn't hoid never from a monkeh ranch!›»
Innerhalb einer Generation war die Bedeutung des Jiddischen als goldener Schlüssel zur jüdischen Tradition zu einem leichten Lacherfolg auf Kosten der Immigranten herabgesunken. Die Kinder der Neueinwanderer dienten oft als Dolmetscher ihrer Eltern. Doch die Immigranten der ersten Generation sorgten dafür, dass ihre Kinder Jiddisch lesen, schreiben oder wenigstens sprechen konnten. Die Sprache, die das Volk mit seiner Vergangenheit verbunden hatte, die Sprache, mit deren Hilfe die Menschen die moderne Welt kennen gelernt hatten, die Sprache, die eine lebendige Kultur und den Anfang einer literarischen Tradition hervorgebracht hatte, wurde, wenn nicht gar ganz abgelegt, auf Nostalgie

* monkey-wrench: verstellbarer Schraubenschlüssel, Engländer (A. d. Ü.)

reduziert. Amerika lehrte die Juden, sich ihrer Sprache zu schämen. In der relativen Sicherheit ihrer neuen Heimat empfanden sie nicht mehr das verzweifelte Bedürfnis, das Jiddische zu schützen. Und so ließen sie es häufig genug fallen.

Der Dichter Jacob Glatshteyn schrieb:

> In Wirklichkeit ist es eines der größten Rätsel. Von Anfang an lasen Zehntausende Leser eine Sprache mit dem Gedanken, dass sie sich ihrer entwöhnen müssten. Oft war das sichere Zeichen einer «besseren» Wohngegend eine graduelle, aber ständig zunehmende Entfremdung von der jiddischen Sprache ... In der «alten» Nachbarschaft, die so voll jüdischen Lebens zu sein schien, waren Eltern noch immer bereit, Jiddisch für ihre eigenen noch verbleibenden Jahre zu akzeptieren. Aber sie schützten ihre Kinder vor einer Ansteckung durch sie selbst, die Eltern, und vor den Worten auf ihren eigenen Lippen.

Kein anderes Volk hat je seine nationalen Schätze so vergeudet, wie die Juden es taten, als sie Jiddisch ablegten.

Gelehrte haben durch jahrelange Forschungsarbeit herausgefunden, dass die Juden schneller als alle anderen Immigranten auf ihre Heimatsprachen verzichteten. Die amerikanische Volkszählung von 1940 zeigte, wie viele aus der zweiten und dritten Generation noch die Sprache der «alten Welt» sprachen. Unter achtzehn verschiedenen Immigrantengruppen landete Jiddisch, eine Kultur mit großer Tradition, ganz weit unten, auf dem fünfzehnten Platz.

Eine Erklärung dafür mag sein, dass die Jiddisch sprechenden Einwanderer eine ganz andere Beziehung zu den Ländern gehabt hatten, aus denen sie gekommen waren, als etwa Italiener oder Schweden. Jiddisch Sprechende waren nicht nur vor einer fürchterlichen Armut geflohen, sondern auch vor Regierungen, die sich den Juden gegenüber gleichgültig bis feindlich verhalten hatten. Zu der Zeit, als die Studie entstand, kam es sogar zu Genoziden. Oft gab es die Ortschaften, die sie verlassen hatten, gar nicht mehr. Während der Dekaden ihrer Einwanderung in das neue Land war «Jiddischland» verschwunden.

In der sowjetischen Ära traten ganz spezielle Probleme zutage. Als das Regime immer unterdrückender und fremdenfeindlicher wurde, weigerten sich die Juden in der Sowjetunion oft, Kontakt zu ihren Verwandten im Westen zu halten. So verloren die amerikanischen Juden einen weiteren Rückhalt. Mit Ausnahme einer zahlenmäßig geringen Gruppe von Zionisten hatten die Juden, die sich in den Vereinigten Staaten angesiedelt hatten, das Gefühl, die beste Wahl getroffen zu haben. Und einmal dort, war der Auftrag klar: Sie mussten lernen, sich einzufügen.

Cahan beschrieb einen bedeutenden Rabbiner, der gerade aus Wilna gekommen war. «Es war bei seiner zweiten oder dritten Predigt nach seiner Ankunft, und er unternahm bereits einen unbeholfenen Versuch, sich seiner Zuhörerschaft anzupassen, indem er amerikanisches Jiddisch benutzte. Einmal benutzte er das Wort *clean* für *rejn*, und der offensichtliche Zweck war zu zeigen, dass er kein *greenhorn* war.»

Und so ging Jiddisch unter. Es ist die Tragödie der Sprache, dass ihre Blütezeit so kurz war und ihr kulturelles Leben unter Dauerbeschuss stand. Der *Forwerts* wurde weiter gedruckt, doch in den harten Zeiten der Depression nahm seine Auflage ständig ab. Inzwischen stieg der prozentuale Anteil amerikanischer Wörter innerhalb der Zeitung stetig. Und Jahr um Jahr wurde die Leserschaft älter und gebrechlicher.

Doch Cahan schrieb und redigierte noch immer: weitere Erzählungen für den *Forwerts*, ein jiddischsprachiges Lehrbuch der amerikanischen Geschichte, ein beeindruckendes Romanwerk. Sein bekanntester Roman, *The Rise of David Levinsky*, auf Englisch geschrieben, erzählt die klassische Geschichte eines Mannes, der Reichtum erwirbt, aber seine Seele verliert. Das letzte Kapitel des fünfhundert Seiten umfassenden Werks beginnt so: «Bin ich glücklich? Es gibt Augenblicke, da bin ich überwältigt von einem Gefühl des Erfolgs und des Behagens.» Wenig später aber gibt er zu: «Ich bin einsam … Manchmal, wenn ich allein in meiner schönen Wohnung über diese Dinge brüte und meine Einsamkeit nähre, sage ich mir selbst: In manchen Fällen kann Erfolg eine Tragödie sein.»

Cahan trat erst mit sechsundachtzig Jahren aus gesundheitlichen Gründen von seinem Posten als Chefredakteur zurück. (Um eine Vorstellung davon zu geben, wie schnell der Untergang des Jiddischen vor sich ging: Im selben Jahr, 1946, besuchten von allen Kindern, die in jüdischen Schulen eingetragen waren, nur fünf Prozent eine jiddischsprachige Schule.) Cahan lebte noch weitere fünf Jahre, bis 1951. Zehntausende kamen zu seiner Beerdigung, um einer Ära ihren Tribut zu zollen, die endgültig vorbei war.

11. Kapitel

Polen: Die Welt aufsaugen

אָט בין איך דאָך, אָן אויפגעבליטער אין מיין גאַנצער גרייס.

Ot bin ich doch, an ojfgebliter in majn ganzer grejß.

Hier bin ich doch, ein Erblühter in meiner ganzen Größe.
Abraham Sutzkever

Eine Warschauer Filmgesellschaft produzierte 1938 eine Serie von kurzen Reisefilmen, in denen die fünf wichtigsten jüdischen Städte Polens gezeigt wurden – historische Synagogen, moderne Krankenhäuser, belebte Handelsbezirke. Wir sehen Menschenmengen, gekleidet nach neuester Mode, und Familien, die in den Stadtparks spazieren gehen. In einem Sommerlager führen Kinder Freiübungen vor, während in den alten Vierteln bärtige Männer mit merkwürdigen dunklen Gewändern schnell vor dem neugierigen Auge der Kamera vorbeihuschen. Was den heutigen Betrachter beeindruckt, ist, wie wenig bemerkenswert das alles ist, wie vertraut uns diese Art des modernen urbanen Lebens ist. Der einzig ungewöhnliche Aspekt ist, dass dieses moderne Leben auf Jiddisch stattgefunden hatte.

Hier scheint sich die Geschichte der *mame-loschn* am stärksten mit dem Referenzrahmen eines Betrachters aus dem 21. Jahrhundert zu kreuzen, hier erkennen wir uns leicht in den fotografierten Gesichtern wieder. Unglücklicherweise werden dadurch auch reflexartige Reaktionen ausgelöst. Wenn sich diese Szenen aus der Zeit vor dem Holocaust vor uns entfalten, neigen wir dazu, in diesem flüchtigen Blick auf eine bestechende Normalität jenseits des

185

Abgrunds das Vorspiel der Vernichtung zu sehen. Doch wenn das alles ist, was wir wahrnehmen, engen wir unser Blickfeld ein und versäumen es, bei einer Betrachtung des Waldes der Geschichte, den Blick auf einen außergewöhnlichen Standort mit vielen bunten Bäumen zu richten.

Die politische Landkarte Zentral- und Osteuropas wurde mit dem Ende des Ersten Weltkriegs grundsätzlich verändert. Das österreichisch-ungarische Kaiserreich war zerschlagen, und Polen, das anderthalb Jahrhunderte zuvor als Königreich zerstückelt worden war, erfuhr eine Wiedergeburt als Republik. Zu dieser neuen polnischen Republik, die von der Ostsee im Norden bis zur Tschechoslowakei und Rumänien im Süden reichte, einschließlich einiger Gebiete, die zuvor unter zaristischer Herrschaft gewesen waren, gehörten nun ungefähr drei Millionen Jiddisch sprechender Juden. Die Friedensverträge vom Kriegsende verpflichteten die neue polnische Nation, den Grundschulunterricht der Kinder ihrer Minderheiten in deren eigener Sprache zu unterstützen. Doch die Polen betrachteten diesen Staatsvertrag als Kränkung und missachteten ihn bei geringer oder gänzlich fehlender internationaler Kontrolle weitgehend.

So kam es, dass in den beiden Dekaden bevor der Krieg Europa erneut überschwemmte, die polnischen Juden sich eine eigene, inoffizielle Schattenverwaltung schufen. Sie gründeten, unterhielten und finanzierten allerneuste Gesundheitssysteme, pädagogische, politische, kulturelle und religiöse Organisationen sowie Erholungszentren. Anders als früher in den alten *kehileß* funktionierten diese Einrichtungen auf nationaler Basis. Doch wie bei den lokalen Systemen war das Medium Jiddisch – eine Sprache, die inzwischen zum bewussten Teil ihrer Gruppenidentität geworden war.

In den geschäftigen Städten boten Banken, Krankenhäuser, Geschäfte und Schulen alles zum Leben Notwendige auf Jiddisch an. Einige Wörter wie *bank-konte* (Bankkonto) oder *bank-kaßir* (Bankkassierer) stammten aus anderen europäischen Sprachen.

Doch ein Bankfeiertag wurde *legaler jontew* genannt, legaler Feiertag, zum unterschied vom *jontew*, einem nach religiösem Gesetz oder Brauchtum festgelegten jüdischen Feiertag. (*Jontew* kommt übrigens von den hebräischen Wörtern *jom tow*, sie bedeuten «guter Tag».) Außerdem beschrieben Hunderte neuer Wörter wie *telefon, telegraf, fotografie, gasolin* und *motozikl* die neue Welt der Jiddisch Sprechenden.

Die jiddische Sprache erfüllte also weiterhin ihren uralten Auftrag. Sie erweiterte sich, wo es nötig war, und behielt ein offenes Ohr für die Sprachen ihrer Umgebung. Zugleich festigte sie die Abgeschiedenheit der Menschen, die sie sprachen. Die Juden schätzten es noch immer, *a jidisch wort* im Munde zu führen. Nun vergrößerten sie aber ihren Wortschatz. Jiddisch war nicht länger nur die Sprache der Traditionalisten. Es passte sich Veränderungen an und blieb ständig auf dem Laufenden. In den Künsten war es die Sprache der Avantgarde. Es war die Sprache des technologischen, medizinischen, politischen und philosophischen Fortschritts. Das jiddische Leben in Polen zwischen den Kriegen wird oft als *saftik* beschrieben, ein Wort, das über seine heutige Bedeutung «drall» weit hinausging. In den zwanziger und dreißiger Jahren bedeutete es «saftig», «voll übersprudelnden Lebens».

Die Szenerie für dieses Leben war vom Ersten Weltkrieg geprägt, der in Europa viel vernichtet hatte. Für die osteuropäischen Juden war er besonders hart gewesen. Den Bürgerkriegen folgten Pogrome, sowohl offizielle als auch spontan entstandene. In der Folge nahm die Armut bei Juden sowohl in den *schtetlech* als auch in den großen Städten epidemisch zu, eine Armut, die bis an den Rand des Hungertods reichte. Oft wurde das Leben nur durch Hilfspakete mit Nahrung, Kleidung und jiddischen Büchern aus der *goldene medine* gesichert, dem goldenen Land der Vereinigten Staaten, wohin mehr als zwei Millionen Juden aus den polnischen Provinzen vor dem Ausbruch der Feindseligkeiten geflohen waren. Ein jiddisches Bittgebet lautete: *Gott, wenn du mir nicht hilfst, werde ich meinen Onkel in Amerika fragen.*

Die neue polnische Republik, in der sich die Juden nun wieder-
fanden, war sehr heterogen – fast ein Drittel der Bürger waren
Nichtpolen, vor allem Juden und Ukrainer. Doch in dieser Zeit nationalen Aufbaus betrachteten die Polen diese Vielfältigkeit als
Manko, und am schlimmsten waren in ihren Augen die Juden. Da
sie immer Teil der polnischen Landschaft gewesen waren, aber nie
wirklich der Gesellschaft zugehörig und weder Bauern noch Landbesitzer waren, wurden sie besonders verachtet. Im Lauf der Zeit
verschlechterten sich die Verhältnisse noch, und in den 1930er
Jahren wurde der Antisemitismus zur offiziellen Staatspolitik.

Diese Entwicklung führte zu einer bizarren Situation für polnische Juden, von denen viele zum Aufbau der polnischen Wirtschaft und des polnischen Nationalismus beigetragen hatten. Einer der Widersprüche dieser überhitzten Epoche war, dass die Juden gleichzeitig polnischer und jüdischer wurden.

Historisch gesehen war der Judaismus ein komplettes Lebens-
system. Doch Modernisten konnten ihn auch als Religion, als Nationalität oder ethnische Bezeichnung verstehen. Einige der assi-
miliertesten Juden begannen, sich Polen mosaischen Glaubens zu
nennen, doch die meisten Jiddisch Sprechenden fuhren fort, einander mit der Standardfrage zu begrüßen: *Woß macht a jid?* (Was
macht ein Jude?), eine Frage, die eine kosmische Dimension hatte.

Um zu verstehen, wie stark die jiddische Quelle weiterhin all
diese verschiedenen jüdischen Individuen nährte, muss man nur
einmal ein Ereignis betrachten, das Franz Kafka, der große und
gequälte Schriftsteller, der nicht weit entfernt in Prag lebte, im
Jahr 1912 organisiert hatte, kurz vor Ausbruch des Ersten Weltkriegs. Kafka sah sich als Europäer und stand mit seiner jüdischen
Identität in schwerem Konflikt. Dennoch entwickelte er eine enge
Beziehung zum jiddischen Theater und dadurch auch zur jiddischen Sprache. Dieser depressive und introvertierte Mann organisierte einen Abend im Prager Rathaus mit jiddischen Gedichten
und Theaterszenen, vorgetragen von einem befreundeten Schauspieler. Kafka sprach in seiner Einführung zu einem Publikum, das

aus modernen Stadtbewohnern bestand, so wie er selbst einer war; Menschen, die eine, wie sie meinten, provinzielle, altmodische Sprache und die dazugehörige Kultur weit hinter sich gelassen hatten.

> Vor den ersten Versen der ostjüdischen Dichter möchte ich Ihnen, sehr geehrte Damen und Herren, noch sagen, wie viel mehr Jargon Sie verstehen als Sie glauben.
> Ich habe nicht eigentlich Sorge um die Wirkung, die für jeden von Ihnen in dem heutigen Abend vorbereitet ist, aber ich will, dass sie gleich frei werde, wenn sie es verdient. Dies kann aber nicht geschehen, solange manche unter Ihnen eine solche Angst vor dem Jargon haben, dass man es fast auf ihren Gesichtern sieht ...
> Ganz nahe kommen Sie schon an den Jargon, wenn Sie bedenken, dass in Ihnen außer Kenntnissen auch noch Kräfte tätig sind und Anknüpfungen von Kräften, welche Sie befähigen, Jargon fühlend zu verstehen ...
> Wenn Sie aber einmal Jargon ergriffen hat – und Jargon ist alles, Wort, chassidische Melodie und das Wesen dieses ostjüdischen Schauspielers selbst –, dann werden Sie Ihre frühere Ruhe nicht mehr wiedererkennen. Dann werden Sie die wahre Einheit des Jargon zu spüren bekommen, so stark, dass Sie sich fürchten werden, aber nicht mehr vor dem Jargon, sondern vor sich.

Meist fürchteten diese kosmopolitischen Intellektuellen, in etwas zurückzufallen, was sie als eine enge, abergläubische, *schtetl*-definierte Vergangenheit ansahen. Nun, in einer Welt im Fluss, konnten sie sich freier bewegen und sich selbst sowohl als Volk wie auch als Personen neu definieren. Wieder einmal ging es darum, Herrn Israel mit dem Volk Israel in Übereinstimmung zu bringen.

In Polen lebten Herr Israel und Frau Israel immer häufiger in Städten. Obwohl die urbanen Zentren bis 1862 für Juden verboten gewesen waren, hatte es schon damals drei Viertel aller Juden in die Gebiete rund um die Hauptstadt gezogen. In den späten 1930er Jahren war der jüdische Bevölkerungsanteil Warschaus auf die außerordentliche Zahl von vierzig Prozent gestiegen, obwohl die Juden nur zehn Prozent der polnischen Bevölkerung ausmachten.

Hier trafen Welten aufeinander. Ein Jude konnte sein Kind in eine öffentliche Schule schicken, eine Nichtjüdin heiraten, sein Jüdischsein vollkommen ablegen. Einige entschieden sich mal so, mal so, indem sie zum Beispiel sowohl für jiddische als auch für polnische Zeitungen schrieben oder ebenso Opernmusik wie religiöse Musik sangen.

Doch selbst wenn die meisten an ihrer jüdischen Identität festhielten, konnten sie diese nun individueller gestalten. Die neuen urbanen Zentren jüdischen Lebens ermöglichten verschiedene Lebensstile, da sie auch spezielle Interessen befriedigen konnten. Es bestand die Möglichkeit, das jiddische Theater zu besuchen (es gab über zwanzig verschiedene Ensembles, die regelmäßige Gastspiele gaben), um eine jiddische Übersetzung von Ibsen oder Molière zu sehen. Man konnte die neueste avantgardistische Produktion der *Wilne trupe* (der Wilnaer Truppe) besuchen, oder man konnte schauen, was das *jung teater* (das Junge Theater) gerade probte. Ihr Stück über den amerikanischen Prozess von Sacco und Vanzetti wurde in Warschau über zweihundert Mal aufgeführt. Man konnte sogar jiddische Stücke sehen, die ins Polnische übersetzt waren. (Die Juden bildeten die größte Gruppe der Theaterbesucher in Polen.)

Auch in politischer Hinsicht wurde viel geboten. Unter den üblichen Verdächtigen gründeten die Autonomisten die *Jidische Folks-partej in Pojln* (Jüdische Volkspartei in Polen), deren Ziel ein eigenes polnisch-jüdisches Parlament war, während Territorialisten für einen europäischen jüdischen Staat ohne Anbindung an ein existierendes Land kämpften. All diese verschiedenen Parteien unterstützten ein reiches Sortiment an kulturellen Institutionen. Die Zionisten gründeten sogar Modelle von *kibuzim*, um ihre Mitglieder für eine *alija*, eine Einwanderung nach Palästina, und auf ein Leben in den landwirtschaftlichen Siedlungen vorzubereiten.

Doch trotz dieses verlockenden Angebots an modernistischen

Strömungen erwies sich der Chassidismus – das lebendige Verbindungsglied zur Tradition – weiterhin als sehr stark. Über ein Drittel der polnischen Juden blieb orthodox, auch wenn nicht alle Orthodoxen Chassidim waren. Allerdings versammelten sich im Jahr 1937 in Warschau achtzigtausend Juden, um den chassidischen Rebe Gerer *hern blosn schofar*, das Widderhorn blasen zu hören, das zur Zeremonie des jüdischen Neujahrsfests gehört.

Aber auch die Gegenspieler der Chassidim gewannen an Einfluss. Der Bund, in der Sowjetunion verboten, wurde in Polen immer stärker. In Wilna feierte seine Jugendgruppe das jüdische Neujahr mit einer entschieden antireligiösen Tanzveranstaltung. Die amerikanische Besucherin Lucy Dawidowicz beschrieb die Zusammenkunft der Gruppe zum Kol Nidre, dem feierlichsten Abend im jüdischen Jahr, der den Beginn des traditionellen Tages des Fastens und bußfertigen Betens markiert: «Eine ansehnliche Menge – vielleicht zweihundert Jungen und Mädchen unter zwanzig, alle mit roten Halstüchern, liefen fröhlich herum. Der Gastredner ... lieferte eine altmodische feurige Rede gegen Religion. Die jungen Leute applaudierten ihm herzlich. Das Treffen endete mit dem Absingen der Bund-Hymne.»

Für die Bundisten, die Chassidim und alle, die dazwischen standen, blieb Jiddisch ein vertrauter Teil ihrer jüdischen Identität. Sogar die am stärksten assimilierten Juden, die sich große Mühen gaben, es nicht mehr zu sprechen, bewiesen durch ihre Ablehnung, dass Jiddisch die Sprache der Juden geblieben war. Bei der Volkszählung von 1931 bezeichneten achtzig Prozent der polnischen Juden Jiddisch als ihre Muttersprache. Im Jahr 1937 unterhielten die polnischen Juden siebenundzwanzig Tageszeitungen und hundert Wochenzeitungen auf Jiddisch. Sogar die Nichtjuden bemerkten das. Es gab unter Polen den abschätzigen Spruch, dass jemand Polnisch spreche, aber Jiddisch plappere.

Unter den Familien, die zu dieser Zeit ihre *schtetlech* verließen, war auch die Familie des damals fünfjährigen Isaac Bashevis Singer. Doch sogar in der polnischen Hauptstadt führten die Singers ihr Leben in chassidischer Umgebung fort. Isaac lernte erst mit fünfzehn Jahren Polnisch. Später schrieb er: «Kaum ein Jude hielt es für notwendig, Polnisch zu lernen: kaum ein Jude interessierte sich für polnische Geschichte oder polnische Politik. Sogar in den letzten Jahren vor dem Zweiten Weltkrieg kam es selten vor, dass ein Jude gut Polnisch sprach. Von drei Millionen Juden, die in Polen lebten, waren zweieinhalb Millionen unfähig, einen einfachen Brief auf Polnisch zu schreiben, und sie sprachen es nur sehr schlecht. Es gab Hunderttausende von Juden, denen Polnisch so fremd war wie Türkisch.» Und selbst wenn Juden die Sprache lernten, verrieten sie sich durch Akzent und Sprechweise und wurden zur Zielscheibe für antisemitische Witze und Schlimmeres.

Anders als in den Vereinigten Staaten, wo es den Juden nur allzu leicht gemacht wurde, Jiddisch abzulegen, brachte das allgemeine Klima in Polen die Juden dazu, sich nur noch tiefer in ihre jiddischen Seelen zu vergraben. Sie sahen, wie sich die Religion veränderte, und beschlossen, noch weiter zu gehen und ihre *jidischkejt* neu zu definieren. Sie entfernten Gott aus der Gleichung und nannten das verbleibende System von Moral, Kultur, Geschichte und Sprache «säkulares Judentum». Das Herz der alten Religion war Hebräisch gewesen, das Herz der neuen Nichtreligion würde Jiddisch sein.

Chaim Schitlowsky, den wir schon früher getroffen haben, war der große Theoretiker der *jidischkejt*, auch Jiddischismus oder Jiddische Sprachbewegung genannt. Schitlowsky, der sozialistische Aktivist und Theoretiker, wurde 1865 im zaristischen Russland geboren. Er beschrieb, wie er zu seiner Rolle kam, und bezog sich dabei auf seinen Vater: «Mein Vater, sehr belesen in der rabbinischen Literatur, ein scharfsinniger und ernster Mann, war genauso ignorant wie der Schuhmacher, wenn es um westliche Kultur ging.» Der junge Schitlowsky suchte nach Wegen, damit Menschen wie sein Vater lernen könnten, den Rest der Welt wenn nicht zu lieben, so doch zu verstehen. «Die Frage, die sich mir stellte, war zu entscheiden, in welcher Sprache ich mich an die Juden wenden sollte, um nicht nur die unwissende Masse, sondern das ganze Volk anzuspornen und eine Avantgarde dazu zu bringen, für die Ideen eines universalen Fortschritts und seiner Verwirklichung im jüdischen Leben zu kämpfen ... Wir, die Träger der Ideen eines universalen humanen Fortschritts, mussten mit unserer Botschaft von einer neuen Welt, der Welt der modernen, fortschrittlichen westeuropäischen Kultur, das Volk ansprechen.»

Schitlowsky übersiedelte schließlich nach New York, doch seine Botschaft fand ein begieriges Publikum in der ganzen jiddischsprachigen Welt. Besonders in Polen war die Resonanz sehr groß. Um 1930 beschrieb er mit glühendem Enthusiasmus die Fortschritte in Jiddisch, die er festgestellt hatte.

> Vor unseren Augen hat sich, zugleich gegen Hebraismus und Assimilation ankämpfend, eine wundervolle Kultur in jiddischer Sprache entfaltet, Werke, die schon das spirituelle Wohl der Menschheit beinhalten. Hundertfünfzig Tageszeitungen in Jiddisch, Theater in jeder jüdischen Gemeinschaft, große Inszenierungen auf der ganzen Welt, über die die englische Presse schreibt und die sie als beispielhaft hervorhebt. In jeder jüdischen Gemeinschaft haben sich Inseln jiddischer Kultur gebildet, die das jüdische Leben und die jüdischen Bevölkerungen von Buenos Aires, New York, Warschau, Kaunas und allen anderen Orten verbindet, wo das Leben pulsiert und wo der Klang des jiddischen Wortes gehört wird.

Seiner Meinung nach wurden die Dinge immer besser.

> Unsere wachsende jiddische Kultur macht solche Fortschritte, dass wir in einer oder zwei Generationen fähig sein werden, uns mit den kultiviertesten Völkern zu messen ... Moderne jiddische, säkulare Kultur ist bereits eine kolossale Eiche, die gleiche Rechte unter anderen Kulturen verdient; sie ist unsere nationale Heimat, die das ganze Volk, die Intellektuellen zusammen mit der Masse, zu einer internationalen Einheit verbindet. Und im selben Maß, wie unsere Fähigkeit der Assimilation zu widerstehen

wächst, sammeln wir Kraft, um für die Prinzipien des Fortschritts, der persönlichen Freiheit und Erfüllung zu kämpfen, für kulturelle Bereicherung, soziale Gerechtigkeit und Gleichberechtigung, für die internationale Gemeinschaft und gleiche Rechte für alle Nationen.

Er nannte Jiddisch die «nationale geistige Heimat». Und er ging sogar noch weiter: «Ein Jude, der in der sprachlichen Sphäre des Jiddischen lebt, kann, religiös gesehen, ein Jude sein, ein Christ, ein Freireligiöser oder sogar ein Antireligiöser.»

Das war harter Tobak. Der marxistische Journalist und Historiker Isaak Deutscher beschrieb den Höhepunkt der Zwischenkriegszeit in Polen: «Hier entwickelte sich so etwas wie ein neues jüdisch-kulturelles Bewusstsein, und es entstand durch einen scharfen Bruch mit dem religiösen Bewusstsein.»

In Polen entstand ein großer Teil dieses neuen Bewusstseins durch den Bund. Hier entwickelte die Jüdische Arbeiterpartei ihre stabilste Basis. Das Gedicht *A Schwue* (*Ein Schwur*), geschrieben von An-ski, den wir noch kennen lernen werden, zeigt die intensive Hingabe der Bund-Anhänger.

> Brider un schweßter fun arbet und nojt
> Ale woß senen zesejt un zeschprejt.
> Zusamen, zusamen, di fon si is grejt
> Si flatert fun zorn, fun blut is si rojt
> A schwue, a schwue, ojf lebn un tojt!
>
> Himl un erd wet unds ojßhern,
> Ejdeß weln sajn di lichtike schtern,
> A schwue fun blut un a schwue fun trern –
> Mir schwern, mir schwern, mir schwern!
>
> Brüder und Schwestern der Arbeit und Not,
> Alle, die sind versät und zerstreut.
> Zusammen, zusammen, die Fahne erhoben,

Sie flattert vor Zorn, von Blut ist sie rot.
Ein Schwur, ein Schwur, auf Leben und Tod!

Himmel und Erde werden uns hören,
Unsere Zeugen werden sein die leuchtenden Stern',
Ein Schwur aus Blut und ein Schwur aus Tränen –
Wir schwören, wir schwören, wir schwören!

Für eine Generation polnischer Juden war der Bund eine Gewerkschaft, eine politische Partei, eine Ideologie, eine alternative Realität. Der Bund stellte jiddische Schulen zur Verfügung, er bot Sommerlager an, Gesundheitsfürsorge, Berufstraining, kulturelle und sportliche Aktivitäten, Selbstverteidigungskurse für Kinder und Erwachsene.

1935 entstand in Polen ein Film mit dem Titel *Mir kumn on* (Wir kommen), auf Englisch unter dem Titel *Children Must Laugh* bekannt. Dieser Film hatte zum Ziel, amerikanische Geldgeber für das Medem-Sanatorium zu gewinnen, ein Heim, das der Bund für arme jüdische, tuberkulosegefährdete Kinder unterhielt. Er zeigt Kinder, die arbeiten, die im Freien spielen und gesunde Nahrung essen, die sie selbst gezogen haben. Zwischen den Schachspielen und den Demonstrationen ihrer Talente sieht man den Kinderrat an der Leitung der Institution mitwirken und sich in einer Abstimmung dafür aussprechen, die Kinder polnischer Bergarbeiter zu unterstützen. Kameradschaft und jüdischer Universalismus wurden gemeinsam mit Tellern voller frischer Brötchen serviert.

Die neue jiddische Kultur blühte in allen Bereichen, quer durch das politische und religiöse Spektrum. In Warschau gab es einen jiddischen Schriftstellerverband und eine jiddische Sektion des PEN. Man sagte, sogar die jiddischen Taschendiebe hätten ihre eigene *schul*, ihre eigene Synagoge, wo man beim Vorlesen des *Sch'ma* die Augen auf eigenes Risiko schloss. In der polnischen Landschaft drehten Produzenten wie Joseph Green und Adolph Mann jiddische Dramen und Musicals und nutzten die Vorteile, die das «alte Land» für Ausstattung und Kostenersparnis bot.

Überall stand das Alte Schulter an Schulter mit dem Neuen. Im Haus der Singers in Warschau beriet der Vater, fromm und arm wie eh und je, seine Anhänger in seinem rabbinischen Gericht. Doch der ältere Sohn, Israel Joshua, trieb sich schon mit Künstlern herum und verdiente seinen Lebensunterhalt als Autor. (So schrieb er für den *Forwerts* in New York über die Juden in der neuen Sowjetunion.) Außerdem korrumpierte oder erleuchtete er – je nach dem Blickwinkel – seinen jüngeren Bruder Isaac Bashevis, indem er ihm säkulare Bücher wie die jiddische Übersetzung von *Robinson Crusoe* gab. Als Israel Joshua aus der Wohnung der Familie in ein Atelier zog, lud er den jüngeren Bruder ein, ihn zu besuchen.

Dort lernte Isaac Bashevis eine Welt kennen, die anders war als alles, was er bisher gesehen hatte. «Die Mädchen posierten nackt und schämten sich so wenig, als zögen sie sich in ihren eigenen Schlafzimmern aus. Es war tatsächlich wie im Garten Eden, bevor Adam und Eva vom Baum der Erkenntnis gegessen hatten. Obwohl sie Jiddisch sprachen, benahmen sich diese jungen Leute so frei wie Nichtjuden.»

Die Künstler, angetan von dem jungen Mann mit seinem langen chassidischen Mantel und den *pejeß*, den Schläfenlocken, baten ihn sogar, für sie Modell zu stehen. «Niemand in meinem chassidischen Hintergrund hatte je meine roten Haare, die weiße Haut und die blauen Augen erwähnt, hier wurde der Körper gewürdigt; hier besaß ein Junge mehr als die Fähigkeit zu studieren.» Ein weiterer traditioneller, jiddisch sprechender Jude hatte die Welt entdeckt.

Ein Kennzeichen dieser neuen Wahlmöglichkeiten war das vielfältige Bildungssystem. Es war nicht mehr so, dass alle Knaben gemeinsam einen traditionellen religiösen *cheder* besuchten und später, für die Fortgeschritteneren, eine *jeschiwe*, während Mädchen sich ihr Wissen stückchenweise zusammenklaubten. Zwischen den beiden Weltkriegen gab es in Polen für jüdische Kinder vier Arten von Schulen. Da waren zuerst die öffentlichen Schulen.

Obwohl die polnische Regierung nie ihre im Staatsvertrag festgelegten Verpflichtungen erfüllte, richtete sie doch polnischsprachi-
ge Schulen ein, die, als Geste für die Juden, am Samstag geschlossen blieben. Antisemitische Vorfälle gab es jedoch ständig, und
diese «Samstagsschulen» wurden schließlich wieder zugemacht.
Die Juden selbst gründeten jedoch drei unterschiedliche, landes-
weite, regierungsunabhängige Schulzweige – der erste bot eine
traditionelle orthodoxe Erziehung an, mit der Diskussion hebräischer Texte auf Jiddisch, der zweite eine moderne, auf Hebräisch
basierende Ausbildung und der dritte eine innovative säkulare Erziehung auf Jiddisch.

Doch eines der größten Hindernisse für die Expansion sowohl
der jiddischen wie der hebräischen Schulen war die Tatsache,
dass, mit Ausnahme einiger weniger, von Juden geführter Institutionen, eine weiterführende Bildung nur auf Polnisch möglich war.
Die Universitäten und Berufsschulen mit ihren stark leistungsbe-
zogenen Aufnahmebedingungen waren nur jenen jüdischen Schülern zugänglich, die Polnisch sprachen. Die Quote jüdischer Studenten sank in den Jahren zwischen 1920 und 1930 beständig.
Schließlich machten staatlich tolerierte, antisemitische Ausschreitungen jede Art von höherer Bildung für die Juden in Polen unmöglich. Sogar als die Juden ihre eigenen Institutionen gründeten,
stießen sie immer wieder auf ihre Machtlosigkeit außerhalb der eigenen Welt.

In der gesamten polnischen Gesellschaft waren sie eine Minderheit, die immer mehr verachtet und gehasst wurde. Es blieb
ihnen oft nichts anderes übrig, als untereinander zu argumentieren, um immer differenziertere Aspekte in Theorie und Stil zu entwickeln.

Isaac Bashevis Singer beschrieb den Jiddischen Schriftstellerverband so:

Hier im Schriftsteller-Klub war fast jeder von einer Leidenschaft
erfüllt und von ihr verblendet. Die jungen Schriftsteller wollten

alle literarische Genies werden, und viele von ihnen waren überzeugt, dass sie es bereits waren, nur weigerten sich die anderen, ihr Genie anzuerkennen. Die Kommunisten warteten ungeduldig auf den Beginn der sozialen Revolution, damit sie Rache nehmen könnten an den Bourgeois, Zionisten, Sozialisten, Kleinbürgern, dem Lumpenproletariat, der Geistlichkeit und vor allem an den Redakteuren, die nichts von ihnen drucken wollten. Die wenigen weiblichen Mitglieder waren überzeugt davon, dass sie Opfer der männlichen Verachtung für das weibliche Geschlecht waren.

Doch irgendwie schafften es die polnischen Juden, trotz aller Zersplitterungen zusammenzuhalten. Ihre alten dörflichen *kehileß* waren in den Städten zu Gemeinderäten umgeformt worden. Diese stellten Rabbiner ein, leiteten Hospitäler, stellten Hilfen für bedürftige Juden bereit. Manchmal waren sie Austragungsort vernichtender Auseinandersetzungen, so wie bei einem Treffen der Warschauer *kehile*, bei dem der zionistische Vertreter dem Vertreter der orthodoxen Agudat Israel Partei mit einem Wasserkrug ins Gesicht schlug. Viel öfter aber zeigten sie den Zusammenhalt, den sie als Gemeinden von Neuankömmlingen und Außenseitern, als Juden innerhalb der großen, modernen Städte aufbringen mussten.

Denn so viele Bücher, Stücke und Druckschriften sie auch schrieben, die Welt außerhalb der *jidischer gaß*, der jüdischen Straße, stand ihnen gleichgültig bis feindlich gegenüber. Ein jiddischer Witz machte die Runde, dass ein Bär aus dem Zirkus entkommen sei und die Polizei den Auftrag habe, ihn zu erschießen. Ein Jude, der das hörte, lief sofort in sein Haus. Nicht weil er Angst vor dem Bären habe, sagte er zu seinen Freunden, aber die Polen könnten doch einen Juden erschießen und hinterher überrascht feststellen, dass die Kreatur, die sie erschossen hatten, überhaupt kein Bär gewesen war.

Als die wirtschaftliche Entwicklung Polens sich immer mehr verschlechterte, wurden die Juden wieder, für den Fall, dass sie es vergessen haben sollten, an ihren bevorzugten Status als Sündenbock erinnert. 1927 verlangte ein polnisches Gesetz, dass alle Kunsthandwerker eine Prüfung auf Polnisch abzulegen hätten, obwohl ein Drittel von ihnen Juden waren, von denen viele weder Polnisch sprechen noch schreiben konnten. Die Stadtverwaltung von Wilna belegte Ladenschilder mit Steuern, und zwar in Abhängigkeit von ihrer Größe, wodurch die jüdischen Ladenbesitzer mit ihren zweisprachigen und daher größeren Schildern gezwungen wurden, höhere Abgaben zu zahlen. Schließlich wurden jiddische Aufschriften auf Ladenschildern überhaupt verboten.

Das polnische Parlament erließ ein Verkaufsverbot an Sonntagen, was bedeutete, dass Juden ihre Geschäfte an zwei Tagen in der Woche geschlossen halten mussten, wenn sie den jüdischen Schabbat einhalten wollten. Ein anderes Gesetz legte fest, dass alle Ladenschilder den Namen des Besitzers ausweisen müssten, und zwar so, wie er in seiner Geburtsurkunde stand, was einen Ladenbesitzer natürlich als Juden auswies, auch wenn er sich dazu entschieden hatte, seinem Geschäft einen polnischen Namen zu geben. Ein antijüdischer Boykott ließ sich dadurch leichter durchsetzen.

Obwohl den Juden ihre Lebensbedingungen in Polen nicht gefielen, gab es keinen anderen Ort für sie. Die Vereinigten Staaten hatten ihre Tore 1924 geschlossen. Die Briten, die Palästina kontrollierten, machten 1931 die Einwanderung von Juden weitgehend unmöglich. Und die prekäre ökonomische Situation ließ den Juden wenig Spielraum. In einer Welt, die ihre Interessen weitgehend missachtete, gab es kein Entkommen. So stand die neue brodelnde säkulare jiddische Kultur immer kurz vor der Überhitzung. Es schien, als könne nur die *mame-loschn* Stabilität gewährleisten. Viele Gedichte wurden der geliebten, bedrohten Mutter Jiddisch gewidmet. In einer Art sprachlicher Ritterlichkeit schworen ihr Dutzende von Dichtern, bis zum Tod für sie zu kämpfen. Viele dieser Gedichte drücken allerdings mehr Herzblut als poetische Kunst aus: «Meine Lungen gedeihen unter Jiddisch nicht weniger als unter Luft.» Oder: «Die jiddische Sprache –

unser angesammelter Schatz – ist ein Glanz, der für ewig lodert und strahlt.»

Selbst die engagiertesten Jiddischisten starrten, wenn sie nicht gerade Veranstaltungen organisierten oder Reden hielten, an die Wand und versuchten, die Schriftzeichen zu erkennen. Auch wenn sie für eine bessere Welt kämpften, mussten sie und ihre Kinder sich doch weiter in dieser bewegen. In seiner typischen bitteren Art beschrieb Isaac Bashevis Singer später eine Facette jener Zeit, die dem ähnelte, was er in den Vereinigten Staaten sah: «Es gab ein ungeschriebenes Gesetz unter den Frauen der jiddischen Schriftsteller und unter einer großen Zahl der so genannten Jiddischisten, nämlich dass ihre Kinder dazu erzogen werden sollten, Polnisch zu sprechen. Die Frau meines Bruders war keine Ausnahme. Die Ehemänner mussten sich fügen. Nur die Chassidim und die Armen, besonders in den Kleinstädten, sprachen Jiddisch mit ihren Kindern.»

Doch in Polen, anders als in den Vereinigten Staaten, bot Assimilation keine Garantien. Julian Tuwim, einer der wichtigsten polnischsprachigen Dichter jener Zeit, wurde beschuldigt, die polnische Sprache mit Jiddischismen zu verderben, weil er Jude war.

Als sich die polnische Gesellschaft in den 1930er Jahren noch stärker gegen die Juden abschloss, bekam der Bund Zulauf. Trotz seiner heftigen Opposition gegen den Zionismus und seiner hartnäckigen Weigerung, mit traditionellen religiösen Praktiken Kompromisse zu schließen, wurde er die letzte Hoffnung der polnischen Juden. Jüdische Arbeiter schrieben sich in großer Zahl für die Selbstverteidigungskurse ein; Streiks und Protestveranstaltungen mobilisierten Hunderttausende. Doch die polnische Regierung schützte weiterhin antisemitische Banden, die Juden angriffen.

Sogar als sich die Bandbreite der ideologischen Möglichkeiten vergrößerte, schrumpften die realen Wahlmöglichkeiten drastisch. Dieses Volk, bereit zur Aktion, konnte sich nur innerhalb engster Grenzen bewegen – innerhalb seiner eigenen, selbstbestimmten Institutionen, seiner eigenen Gruppen, seiner eigenen fiebrigen Gedanken.

Ein jiddisches Gedicht, *Das Neugeborene*, von Schmuel Halkin in den Jahren zwischen den beiden Weltkriegen geschrieben, zeigt, wie bereit die Juden waren, für etwas zu arbeiten, und wie wenig sie tatsächlich dafür zu bekommen erwarteten.

Das neugeborene Kind, es möge gesegnet sein.
Es möge mit seiner Mutter Milch
das Verlangen danach einsaugen, der Menschheit zu leuchten,
Licht, das auch für uns scheinen wird.
Aber wenn es einen neuen Stern in der Welt entdeckt,
mögen die Dinge für sein eigenes Volk wenigstens nicht dunkler
werden.

12. Kapitel
Osteuropa: Sprache als Geschichte

א שפּראַך איז א לעבעדיגע זאַך, זי וואַקסט צוזאַמען מיט דער נשמה פֿון
פֿאָלק. זי ווערט רייכער ווען די נשמה פֿון מענטשן, וואָס דערן אויף איר,
צערייכערט זיך.

A schprach is a lebedike sach, si wakßt zusamen mit der
neschume fun folk. Si wert rajcher wen di neschume fun
mentschn, woß redn ojf ir, zerajchert sich.

Eine Sprache ist ein lebendiges Ding, das mit der Seele
des Volkes zusammenwächst. Sie wird reicher, wenn die
Seele der Menschen, die sie sprechen, reicher wird.
Ba'al Machschowes (Isidor Eljaschoff)

In dieser schwierigen Zeit entstand eine ganz besondere, Grenzen
und einfache Definitionen überschreitende Institution, das *Jidischer Wißnschaftlecher Institut* (Jiddisches Wissenschaftliches
Institut, heute YIVO*). In dieser visionären Organisation arbeiteten jiddisch orientierte Juden mit halsbrecherischer Geschwindigkeit daran, ihre Vergangenheit neu zu entdecken und neu zu inter-
pretieren, ihre Gegenwart umzustrukturieren und eine Zukunft zu
entwerfen. Während es der zivilisierten Welt nicht gelang, sie vor
neuen heftigen Attacken des Antisemitismus zu schützen, bauten
Jiddisch Sprechende fieberhaft an ihrem eigenen kulturellen Haus.

* YIVO *(Yidisher visnshaftlekher institut)*, Institute for Jewish Research.
A. d. Ü.

202

Es war ein außerordentliches Gebäude, erbaut auf den starken Grundmauern eines reichen Erbes, und seine Räume waren offen für erfrischende moderne Brisen. Aber der Boden, auf dem es stand, gehörte nicht den Erbauern. Seine Besitzer würden ihn bald zurückfordern.

Die Idee, die hinter dem Gebäude stand, kann man bis zum Jahr 1891 zurückverfolgen, als der Historiker Simon Dubnow aus Odessa eine Druckschrift auf Russisch veröffentlichte, *Zum Studium der Russisch-Jüdischen Geschichte.* Er war der Ansicht, Juden sollten sich über ihre historische, chronologische Vergangenheit informieren, statt sich selbst als Außenstehende des historischen Kontinuums zu betrachten. Dubnow rief das jüdische Volk zu einer archäologischen Expedition auf, um das zu sammeln, was er «die natürlichen Quellen unserer Geschichte» nannte. Er argumentierte, dass Juden sich nie als historische Gruppe verstanden und sich deshalb nie die Mühe gemacht hatten, wichtige Dokumente wie *kehile*-Urkunden aufzuheben, ebenso wenig die Protokolle von Handels- oder Handwerksorganisationen. Obwohl sie durch die Jahrhunderte hindurch sorgfältig die philosophischen und theologischen Argumentationen bewahrt hätten, gebe es keine Aufzeichnungen über ihr Kommen und Gehen in der Weltgeschichte. Sie hatten weder volkstümliche Erzählungen noch Lieder gesammelt. Sie hatten keine Ahnung, wie ihr Volk in verschiedenen Zeiten gelebt hatte. Dieses Volk mit einem obsessiven Sinn für Erinnerung, mit einer ungebrochenen Tradition hinsichtlich theoretischer Fragen und Antworten, hatte zugelassen, dass die Protokolle früherer Zeiten einfach verschwanden.

«Ich appelliere an alle gebildeten Leser, unabhängig von ihrer Zugehörigkeit zu einer Partei, die Frommen und die Aufgeklärten, die Alten und die Jungen ... Nicht jeder Gebildete oder des Schreibens Kundige kann ein großer Schriftsteller oder Historiker werden. Doch jeder von euch kann Material sammeln und beim Aufbau unseres Hauses der Geschichte helfen.» Obwohl Dubnow, bemüht um einen gelehrten Ton, diesen Appell auf Russisch und Hebräisch veröffentlicht hatte, war doch die Geschichte, die er so schätzte, weitgehend auf Jiddisch gesprochen, geschrieben, rezitiert und gesungen worden.

Dubnows Schrift war ein Weckruf. Überall in Osteuropa wurden Juden zu freiwilligen *samlers*, Sammlern. Der leidenschaftlichste und weitsichtigste Sammler der ersten Generation war ein Russe namens S. An-ski. Er wurde 1863 als Salomon Seinwil Rapoport geboren, drehte seiner jüdischen Herkunft wegen der linken Politik den Rücken zu und lebte und arbeitete unter russischen Bauern (daher stammt auch sein ans Russische angelehntes Pseudonym). Bald schon folgte er den Sirenenrufen der Intellektuellen nach Paris. Dort begann er, Perez zu lesen, den jiddischen Modernen, der jüdische Volksthemen und chassidische Märchen aufgegriffen hatte.

An-ski fiel es wie Schuppen von den Augen. Dies war die Vision, die es schaffen würde, die verschiedenen Fäden seines Lebens miteinander zu verweben. Die ganze Energie und Konzentration, die er früher für das russische Volk aufgebracht hatte, verwendete er nun für sein eigenes. Er wurde besessen vom jüdischen Volk – von seinen Visionen, Ideen und mythischen Themen. Er beschrieb diesen Wandel so: «Als ich mit dem Schreiben begann, strebte ich danach, für die Unterdrückten zu arbeiten, für die große Masse der Arbeiter, und damals schien es mir – und das war mein Fehler –, als könnte ich sie nicht unter Juden finden ... Ich trug in mir eine ewige Sehnsucht nach dem Judentum, trotzdem wandte ich mich in alle möglichen Richtungen und arbeitete für ein anderes Volk. Mein Leben war zerbrochen, abgetrennt, zerrissen. Viele Jahre meines Lebens vergingen an dieser Front, an der Grenze zwischen beiden Welten.»

An-ski feierte die Rückkehr zu seinem Volk, indem er eine Mammutreise zu seinen Wurzeln organisierte. 1911 begann er mit fünf anderen Personen eine drei Jahre andauernde Suche nach dem, was sein Kollege Abraham Rechtman «die unbezahlbaren

Juwelen einer wunderbaren Folklore» nannte. Unter der Schirmherrschaft der Jüdischen Historisch-Ethnographischen Gesellschaft von Sankt Petersburg stellte er einen Teil der über zweitausend Punkte umfassenden Fragebögen zusammen, die das ganze
jüdische Leben von der Empfängnis bis zum Tod umfassten.
Rechtman erinnerte sich:

> Wir durchstreiften die abgelegensten Flecken der Ukraine und
> sammelten überall die verbliebenen Schätze unserer Vergangen-
> heit; wir schrieben Geschichten auf, Legenden, historische Ereig-
> nisse, Zauberformeln, Beschwörungen, Heilmittel; Geschichten
> über *dibukim*, Dämonen und böse Geister; Lieder, Sprichwörter,
> Leitsprüche, Redewendungen; wir hielten auf Schallplatten fest:
> alte Melodien, Gebete und Volkslieder; wir fotografierten alte
> Synagogen, historische Plätze, Grabsteine, Gebethäuser von *zadi-
> kim*, verschiedene rituelle Szenen; wir fanden und kauften: jüdi-
> sche Antiquitäten, Dokumente, kommunale Chroniken, zeremo-
> nielle Objekte, Schmuck, Kleidung und alle möglichen jüdischen
> Altertümer.

Vielleicht ist es ebenso beeindruckend, dass es An-ski nach seiner
Rückkehr gelang, einige der alten Mythen, die er mit seinen Freunden gesammelt hatte, zu einem jiddischen Stück von erstaunlicher
Kraft zu verarbeiten. Die dramatische Legende *Der Dybuk* erzählt
die Geschichte einer chassidischen Frau, die vor der Hochzeit
steht und «besessen» ist von einem *Dibbuk*, dem Geist eines toten
Liebhabers. (*Dibbuk* oder *Dybuk* bedeutet «das Anhaften».) Man
glaubte, die Seele eines Toten könne von einem Lebenden Besitz
ergreifen.) Der Untertitel des Werks ist vielleicht ebenso wichtig:
Zwischen zwei Welten. So wie die besessene Frau zwischen den
Welten der Lebenden und der Toten lebt, so wanderte An-ski zwischen der modernen politischen Gegenwart und einer mythischen
jiddischen Vergangenheit hin und her. Dadurch, dass er den alten
Themen erlaubte, Besitz von ihm zu ergreifen, machte er sich ihre
allegorische Kraft zunutze. Er erforschte die chassidischen Legen-

den und schuf ein modernes Werk, das ständig neu interpretiert und aufgeführt wurde.

In der Dekade nach An-skis großer Expedition und dem daraus folgenden Theaterstück, nach der massiven Zerstörung durch den Ersten Weltkrieg, erreichte der Versuch der Juden, ihre kulturelle Vergangenheit sowohl zu bewahren als auch neu zu beleben, seine ambitionierteste Ausprägung. Zwischen den Weltkriegen kam in Polen das *Jidischer Wißnschaftlecher Institut* innerhalb einer sehr kurzen Zeit zur Blüte. Obwohl es ein Produkt des Zusammenwirkens vieler Menschen war, trug es doch den Stempel seines Gründers, eines dynamischen, vielseitigen Gelehrten namens Max Weinreich.

Weinreich wurde 1894 in einer kleinen baltischen Stadt geboren, wo seine ehrgeizigen, Deutsch sprechenden Eltern den frühreifen Knaben aus dem *cheder* nahmen und in eine säkulare Schule schickten. Doch als es ihm wegen des herrschenden Antisemitismus unmöglich wurde, diese Schule weiter zu besuchen, ging er zurück auf ein jüdisches *gimnasium*. Dort entdeckte er sein Interesse an jiddischer Politik und wurde Leiter einer Jugendgruppe des Bundes.

Nachdem er Philologie erst in St. Petersburg und später in Marburg studiert hatte, wo er auch seine Dissertation über die Geschichte jiddischer Linguistik schrieb, ließ er sich schließlich in Wilna nieder, das damals zu Polen gehörte. Wilna hatte eine lange Geschichte jüdischen Lernens und Studierens hinter sich; es war ein Zentrum der *Haskala* gewesen, der Aufklärung, und beherbergte die Straschun-Privatbibliothek, die wichtigste Bibliothek der damaligen jüdischen Welt. Doch der Stadt war es im Ersten Weltkrieg schlecht ergangen, sie war unter die Kontrolle von Besatzungsarmeen geraten – Russen, Litauer, Deutsche –, und nach dem Kriegsende war Wilna polnisch geworden. Keiner dieser Besatzungsmächte hatten die Interessen der jüdischen Bevölkerung am Herzen gelegen. Doch da dreißig Prozent der Einwohner Jiddisch sprachen, war das jiddische Milieu noch immer stark.

Lucy Dawidowicz, eine Amerikanerin, die damals, zwischen den Weltkriegen, ein Jahr in Wilna verbrachte, beschrieb es so:

In jüdischen Banken konnte man einen Scheck auf Jiddisch ausschreiben. Handelsgesellschaften und Handwerksgilden erledigten ihre Angelegenheiten auf Jiddisch. Ärzte sprachen Jiddisch mit ihren Patienten. Politische Parteien konkurrierten miteinander auf Jiddisch und hängten jiddische Plakate aus. Junge Dichter schrieben ihre Verse auf Jiddisch, und Komponisten schrieben die Musik zu jiddischen Liedern. Wanderer, die sich dem Studium der Natur verschrieben, hatten jiddische Führer, und bei Makkabi*-Boxkämpfen gab es Jiddisch sprechende Schiedsrichter. Sogar die jüdische Unterwelt, die Taschendiebe und Pferdediebe, erledigten ihre Geschäfte auf Jiddisch.

Als Weinreich in den 1920er Jahren nach Wilna kam, war die wirtschaftliche Situation verzweifelt, aber die Stadt, die das Jerusalem des Nordens genannt wurde, hatte ihre hohe kulturelle Bedeutung bewahrt. Ihr multiethnisches Gepräge erleichterte den Juden ihre Existenz, da sie eine unter vielen nationalen oder ethnischen Minderheiten waren. Weinreich unterrichtete am jiddischen Lehrerseminar, redigierte eine Zeitung der Bundisten und rief eine jüdische Pfadfinderbewegung ins Leben, deren Aufgabe unter anderem darin bestand, jiddische Namen für Flora und Fauna zu prägen. Zu dieser Zeit war er bereits verheiratet und hatte zwei Söhne.

Im Jahr 1929 schlug eine Gruppe um den Historiker Dubnow eine jiddische Akademie vor, die zwei Zielen dienen sollte. Sie sollte die Sprache standardisieren bzw. regulieren und ihr eine wissenschaftliche Basis schaffen, die ihren Status anheben und ein für alle Mal die verbreitete Lüge widerlegen würde, dass Jiddisch anderen Sprachen unterlegen sei. Doch linguistischer Fortschritt sollte kein Selbstzweck sein. Die wissenschaftliche Arbeit würde

* Name vieler jüdischer Sportvereine, A. d. Ü.

auch den Jiddisch sprechenden Massen dienen, dem Volk, das schließlich die Quelle und die Kraft der Wissenschaftler darstellte. Ein höherer Status der jiddischen Sprache und Kultur konnte den Juden nur nützlich sein, die ja wussten, dass sie keine andere Wahl hatten, als ihre Zukunft in die eigene Hand zu nehmen. *Mir hobn gornischt gehat, ober es hot unds gornischt gefelt.* (Wir haben nichts gehabt, aber es hat uns nichts gefehlt.)

Die Juden, die zwischen den beiden Kriegen in Polen lebten, wuchsen in schrecklicher Armut auf, und die politische Situation wurde zusehends düsterer. Trotzdem verfügten sie über eine große Tradition des Lernens und über viele sehr engagierte, neu säkularisierte Gelehrte. Da «Jiddischland» keine politischen Grenzen und keine konkrete Realität besaß, mussten diese Leute, die gerade erst begonnen hatten, die Rolle des Jiddischen in der jüdischen Geschichte wertzuschätzen, ein Jiddischland des Geistes erschaffen.

Obwohl das Jiddische Wissenschaftliche Institut genau genommen in Berlin geboren worden war und später Zweigstellen in Warschau, Paris, New York und Buenos Aires besaß, wurde, dank Weinreich, Wilna seine wahre Heimat. Weinreich, begeistert und gelehrt, besaß viele Beziehungen und machte sich daran, eine Institution mit äußerst ehrgeizigen Zielen aufzubauen.

Er schrieb: «Wir möchten jüdisches Leben mit den Methoden der modernen Wissenschaft ergründen. Darüber hinaus möchten wir, was immer die moderne Gelehrsamkeit hervorbringt, zu den jüdischen Massen zurückbringen.» Weinreich, der Linguist, der in Wien Psychoanalyse und in Yale Soziologie studiert und der Freud und Homer ins Jiddische übersetzt hatte, verstand die tiefe Bedeutung der Sprache als kultureller Magnet, als Ikone und Bindemittel. In seiner Jugend hatte ihm die Sprache ein Ziel gegeben, in seiner selbst erwählten neuen Stadt war sie eine Frage des Stolzes; sie war das ordnende Prinzip in einer auf die Zukunft gerichteten Periode jüdischen Lebens.

Das Jiddische Wissenschaftliche Institut wurde schnell zu einer einzigartigen Institution. *Wißnschaftlech* bedeutet «wissenschaftlich», aber zugleich auch «pädagogisch». Weinreich zog die Parallele zu *wißn woß schaft*, Wissen, das erschafft. Das Institut wurde ohne Geld geboren, aber mit einer reichen Agenda. Zu seinen Ehrenmitgliedern gehörten unter anderem Dubnow, Schitlowsky, Einstein und Freud.

Weinreichs Plan war es, An-skis Arbeit aus der Vorkriegszeit – Rettung und Sammlung jüdischer Artefakte sowie die Dokumentation von Volksgut – fortzusetzen. Hinzukommen sollten noch jüdische Studien, die entsprechend der neuesten Methoden der modernen Sozialwissenschaften erarbeitet worden waren. Die Sektionen für Geschichte, Ökonomie und Linguistik sollten mit den anderen Schwerpunkten des Instituts verwoben werden – mit Pädagogik und Jugendarbeit. Im Jahr 1933 bezog das Institut sein neues Quartier, eine renovierte Villa außerhalb des traditionellen jüdischen Viertels, auf dem höchsten Punkt der Stadt. Dawidowicz erinnerte sich: «Dieses Gebäude war völlig anders als die Gebäude der jiddischen Institutionen, die ich von New York her kannte, von denen die meisten in engen, schmuddeligen und baufälligen Vierteln untergebracht waren. Alles, was zu diesem Jiddischen Wissenschaftlichen Institut gehörte, strahlte eine Botschaft aus ... Dieses Institut war kein Relikt der Vergangenheit, es gehörte zur Zukunft.»

Entsprechend Dubnows Idee stellte das Institut eine Armee von freiwilligen *samlers* ein, die sich auf die Suche nach Büchern, Dokumenten und Objekten von historischem, sprachlichem oder ethnographischem Interesse machen sollten. Es gab auch ein Archiv, einen Verlag und eine Sektion für Psychologie und Pädagogik. Professionelle Historiker, unter ihnen besonders ein junger Mann in Warschau, Emanuel Ringelblum – den Namen sollte man sich merken –, schufen neue Studienfelder und neue Arbeitsmethoden. Sie publizierten Studien über die jüdisch-polnischen Beziehungen; sie unterstützten Forschungsreisen, um bedeutende Gebäude und Ausstellungen zu dokumentieren. Durch die synergetische Qualität des Instituts sprang der Funke der Begeisterung eines Fachbereichs leicht auf einen anderen über. Die Organisation wurde schon bald zu einem Mythos.

«Niemand, der es als ein einfaches Institut ansah, in dem ein paar Dutzend Menschen ihren vorgeschriebenen Job taten und dafür ein gewisses (und öfter noch ungewisses) Gehalt bekamen, würde je seine Rolle verstehen», schrieb Weinreich. «Ich meine das nicht abschätzig, denn ich habe nichts gegen Institute, in denen Menschen einen angemessenen Lebensunterhalt verdienen. Doch ich möchte den Unterschied verdeutlichen. Der junge Mann aus Grodno, der wochenlang mit einer Gruppe Bettler durch die Straßen zog, damit er ihre Sprüche und Geschichten aufschreiben konnte, bekam keinen Pfennig für seine Arbeit, aber er gewann eine *mizwe*, einen wichtigen Anteil an einer zukünftigen Welt.»

In den früheren 1930er Jahren entwickelte Weinreich eine kluge Methode, die nächste Generation Jiddisch Sprechender an das Institut zu binden und gleichzeitig soziologische Forschung von innen zu betreiben. Das Institut unterstützte eine Reihe von autobiographischen Wettbewerben, bei denen junge Leute mit Geldpreisen für Aufsätze belohnt wurden, die beschrieben, was sie als die wichtigsten Themen ihres Lebens ansahen.

In einem weiteren Versuch, den Status des Jiddischen anzuheben und zugleich seine zentrale Stellung innerhalb der Juden zu festigen, gab das Institut 1935 Standards für Jiddisch heraus. Zum ersten Mal überhaupt hatte eine Organisation die Grammatik, die Orthographie und die Verwendung reguliert – eine bemerkenswerte Leistung für eine gerade flügge gewordene Institution, deren ganze Autorität von ihr selbst definiert worden war. Und sie hatte Auswirkungen. Die Orthographie wurde von der zentralen Organisation jiddischer Schulen in Polen übernommen und diente Zehntausenden von Schülern als Maßgabe. Damit war Jiddisch wissenschaftlich geworden.

Doch nicht alle Jiddisch Sprechenden waren bereit, dieses Programm zu übernehmen. Zum einen war die Standardsprache des

Instituts willkürlich. Sie musste es auch sein. Die Orthographie reflektierte eine Durchschnittsaussprache. Jiddisch, wie viele größere Sprachen, umfasste verschiedene regionale Aussprachen, der neue Standard war also nicht das Idiom einer bestimmten Gruppe. Er lehnte sich stark an das litauische Jiddisch an, das in Wilna gesprochen wurde. Aber wie alle Menschen ordneten auch Jiddisch Sprechende ihre Gesprächspartner nach ihrem regionalen Akzent ein. Leute, die litauisches Jiddisch sprachen, galten als kühle Intellektuelle – so schlau, dass sie sogar schon bereuten, bevor sie eine Sünde begangen hatten. Galizier hielt man hingegen für impulsiv. Westeuropäern, die ein Jiddisch sprachen, das dem Deutschen näher stand, sagte man stereotype germanische Charakterzüge nach. Doch leidenschaftliche Meinungsverschiedenheiten zwischen Juden waren nichts Neues. *Wenn alle Juden einer Meinung wären, wäre der Messias schon längst gekommen.*

Es gibt eine Geschichte von zweifelhafter Herkunft, die aber immer wieder kolportiert wird. Eine Gruppe jiddischer Schriftsteller fährt von Warschau nach Wilna, um gegen die neuen Standards zu protestieren. In einigen Versionen werfen sie Steine und zerbrechen die Fenster des neuen Instituts. Solche Geschichten zweifelhafter Urheberschaft haben aber oft einen wahren Kern. Inzwischen gilt es als gesichert, dass die jiddischen Zeitungen und Buchverleger das ganze Thema ignorierten und ihre eigene Orthographie nach Lust und Laune fortführten.

Im Rückblick kann man leicht verurteilen, was der beschränkte Blickwinkel einiger Unverbesserlicher gewesen zu sein scheint. Wir sollten uns jedoch an den engen Zeitrahmen erinnern. Institutionen, Handwerksschulen, Denkweisen, die in anderen Kulturen Generationen oder Jahrhunderte gebraucht hatten, um sich zu entwickeln, mussten in den zwei Dekaden zwischen zwei europäischen Kriegen aufgebaut werden. Hätten die Jiddischisten der Zwischenkriegszeit genügend Zeit gehabt, wären ihre Reformen auf eine natürliche Art und Weise akzeptiert worden. Kinder, die aus den neuen Schulen entlassen worden wären, hätten die Institutionen weitergeführt, die von ihren Eltern gegründet worden waren. Doch das geschah nie.

Egal, wie pulsierend und lebendig die jiddische Kultur im Polen der 1920er und 1930er Jahre war, die Welt außerhalb engte die Juden immer mehr ein. Sie wussten es und wussten es zugleich nicht. Jahrhundertlang hatten sie mit dem Antisemitismus gelebt und es geschafft, zu überleben und an den Rändern sogar zu prosperieren. Ihre Reaktion, die zuvor immer funktioniert hatte, war, den Antisemitismus so weit wie möglich zu ignorieren und, in einem brillanten Akt von Mut und Verleugnung, in ihrer eigenen parallelen Welt zu leben.

Im Jiddischen Wissenschaftlichen Institut war diese Haltung bekannt, sie wurde als *dokejt*, bezeichnet, was grob übersetzt «Anwesendsein» bedeutet. Gemessen an ihren Möglichkeiten war es absolut sinnvoll für Juden, genau dort, wo sie sich befanden, eine befriedigende Welt für sich selbst zu schaffen. Mit unserem heutigen Wissen über den unmittelbar bevorstehenden Holocaust kann man sich leicht fragen, warum die Juden nicht fortgingen. Aus ihrer Sicht gab es jedoch keinen sicheren Ort für sie. Und ein Leben in ständiger Flucht wäre kein wirkliches Leben. Weinreich stellte *dokejt* in den Kontext moderner psychologischer Theorien, beschrieb es als eine Art emotionaler Reife, als eine Methode, sich offen der eigenen Situation zu stellen und konstruktiv damit umzugehen.

Unglücklicherweise für das Institut wie für die europäischen Juden bewegten sich die destruktiven Mächte des europäischen Antisemitismus schneller und mit unendlich größerer Kraft. 1933 erlangten die antisemitischen Elemente die Macht über Deutschland, Polens Nachbarland. Und Polen, das Land, das Jahrhunderte zuvor die Juden eingeladen hatte, wollte sie jetzt nicht mehr haben. Obwohl das Land seine staatliche Verpflichtung, jüdische Erziehung sicherzustellen, ständig ignoriert hatte, bat Polen bis 1936 wiederholt den Völkerbund um Hilfe, die Juden loszuwerden.

Isaac Bashevis Singer schrieb über die damalige Zeit: «Ich hatte immer an Gott geglaubt, aber ich wusste genug von der jüdischen Geschichte, um an Seinen Wundern zu zweifeln.» Ihm selbst gelang es, nach New York zu entkommen, wohin sein Bruder, der eine Stelle beim *Forwerts* hatte, bereits einige Jahre zuvor mit seiner Familie gezogen war. Doch die meisten Juden saßen fest. Die ganze weite Welt, welche die Jiddisch Sprechenden vorher gierig aufgesaugt hatten, schien nun keinen Platz mehr für sie zu haben.

Als 1939 der Krieg ausbrach, nur vierzehn Jahre nach Gründung des Jiddischen Wissenschaftlichen Instituts, sprachen auf der ganzen Welt ungefähr elf Millionen Menschen Jiddisch, drei von vier Juden. Weinreich, der zu Kriegsbeginn gerade eine linguistische Konferenz in Finnland besuchte, konnte nicht zurück nach Wilna. Er und einer seiner Söhne machten sich auf nach New York; seine Frau und der zweite Sohn folgten, doch die beträchtlichen Archive des Instituts blieben zurück. Weinreich gründete ein vorläufiges Hauptquartier für die Organisation in New York und begann, Forschung über die amerikanische jüdische Jugend zu organisieren. Außerdem arbeitete er an einem anderen lebenslangen Projekt, einer Geschichte der jiddischen Sprache. Er ging davon aus, dass er nach Kriegsende nach Wilna zurückkehren würde.

Zur selben Zeit befand sich Weinreichs junger Kollege, der Warschauer Historiker Emanuel Ringelblum, in Genf, wo er am Zionistischen Kongress teilnahm. Bei diesem Treffen, gerade als die Deutschen in Polen einmarschiert waren, hielt Chaim Weizman eine Rede, in der er ausdrückte, was alle fürchteten: «Ich habe nur ein einziges Gebet: Dass wir uns alle lebend wiedersehen.»

Teil drei
Vernichtung

13. Kapitel

Singen im Angesicht des Todes

אונדזערע צרות, זיכער, זײַנען געווען אין ייִדיש.

Undsere zoreß, sicher, sajnen gewen in jidisch.

Unsere Sorgen, sicher, sind auf Jiddisch gewesen.
Anmerkung eines Überlebenden

Wenn die Sprecher einer Sprache ermordet werden, wird die Sprache natürlich sterben. Obwohl die Vernichtung des Jiddischen nicht das primäre Ziel der Nazis war, die 1933 in Deutschland an die Macht kamen und sich daranmachten, einen großen Teil Europas zu dezimieren, war die Vernichtung der Sprache in gewisser Weise eine Konsequenz der Vernichtung der Menschen, die sie sprachen. In den zwölf Jahren, in denen die Nazis an der Macht waren, kamen sie ihrem erklärten Ziel, Europa «judenrein» zu machen, auf schreckliche Weise nahe. Sie ermordeten sechs Millionen Juden, das heißt, zwei Drittel der neun Millionen Jiddisch sprechenden europäischen Juden. (Praktisch alle osteuropäischen Juden sprachen Jiddisch oder verstanden es zumindest, ebenso wurde es von der Mehrheit der westeuropäischen Juden verstanden.) Die Nazis ermordeten über die Hälfte der elf Millionen Jiddisch Sprechenden auf der ganzen Welt.

Auch für jene, die überlebten, blieb ihre Sprache unlösbar verbunden mit der Zeit des Terrors und ihrer Schwäche. Egal, was für ein Leben sie sich nach dem Holocaust noch zu schaffen vermochten, es gab für immer das «Davor» und «Danach», wobei das «Danach» oft in einer neuen Sprache stattfand.

Jiddisch Sprechende nannten den Holocaust *Der driter churbn*, die Dritte Zerstörung, in Erinnerung an die Zerstörung des ersten und zweiten Tempels in Jerusalem. Es war das erste Mal in zweitausend Jahren, dass etwas in der Geschichte zu einer derart gewaltigen Umwälzung wurde, dass es sogar diesen Vergleich herausforderte. Manche sagten, dieser *churbn* sei sogar noch schlimmer gewesen.

Aus den Ruinen des Ersten Weltkriegs und dem Aufruhr, den er durch seinen Ausbruch überall hervorgerufen hatte, hatten sich die Nazis erhoben und waren an die Macht gekommen. Die Niederlage ihres Landes und der Zusammenbruch der Wirtschaft machten die Deutschen zu willigen Opfern primitiver Hasstiraden. Die Nazis predigten eine nach rückwärts gerichtete Ideologie von Rassereinheit – ein bizarres Konzept angesichts der multinationalen, multiethnischen, multisprachigen Bedingungen, die in Mitteleuropa vorherrschten. Um die «unreinen» Elemente ausfindig zu machen, mussten die Deutschen nicht lange suchen. Die Juden hatten seit über tausend Jahren unter ihnen gelebt, und seit über einem Jahrhundert waren sie fest in die deutsche Gesellschaft eingebunden. Sie waren Außenseiter, die es geschafft hatten, sich einen Platz zu erobern, sie waren Deutsche, die irgendwie doch keine richtigen Deutschen waren.

Dieses Gefühl der Juden – wir, aber doch nicht wir – wurde in ihrer Sprache schmerzhaft sichtbar. Sogar acht- oder neunhundert Jahre nach der Abspaltung vom Deutschen war Jiddisch noch immer hörbar mit der deutschen Sprache verbunden. Deshalb mussten die Nazis die jiddische Sprache ausrotten, so wie sie die Juden ausrotten mussten. Wenn sie ein benachbartes Land besetzten, war ab sofort nur noch die deutsche Sprache des Dritten Reiches erlaubt. Die Nazis brüllten ihre Befehle auf Deutsch und erwarteten, dass ihnen gehorcht wurde. Nie kümmerten sie sich darum, ob ein bezwungenes Volk sie vielleicht nicht verstand.

Menschen, die nicht Deutsch sprachen, wurden automatisch als Untermenschen angesehen.

Jiddisch Sprechenden ging es besonders schlecht, weil ihre Sprache für die Ohren der Nazis eine verächtliche, korrupte Version der Sprache ihres Vaterlands war. Wenn Juden versuchten, Deutsch zu sprechen, wurde ihr jiddischer Akzent verhöhnt, und oft wurden sie für ihre Anstrengungen bestraft. Obwohl die Nazis die Juden zwangen, Deutsch zu sprechen, fanden sie nichts beleidigender als einen Juden, der Deutsch sprach.

Jiddisch zu sprechen war noch schlimmer. Weil niemand außer Juden Jiddisch sprach, wurde es zu einem einfachen Kennzeichen der Feinde, die es auszurotten galt. Viele Geschichten gibt es darüber, wie ein Leben gerettet wurde, weil der betreffende Jude in der Lage war, entweder seinen Mund zu halten oder eine andere europäische Sprache so gut zu sprechen, dass er unerkannt blieb. Jahrhundertelang hatten Jiddisch Sprechende ihre Sprache dazu benutzt, um beieinander Trost und Schutz zu finden, nun wurden sie durch ihre Worte, ihre Sprechweise und ihren Akzent verraten. Eine Sprache, die in der Kindheit gelernt und ein ganzes Leben lang gesprochen worden war, konnte im Gefängnis des Peinigers zu Hohn und Bloßstellung führen. Jeder, der jiddische Bücher besaß, mit jiddischen Buchstaben schrieb, jiddische Lieder sang, war ein offensichtlicher Todeskandidat.

Der Krieg begann, als Hitlers Armee in Polen, dem pochenden Zentrum jüdischen Lebens, einmarschierte. Kaum hatten die Nazis die Macht übernommen, begannen sie ihre Kampagne der Ausrottung sowohl des jüdischen Volkes als auch seiner Kultur. In Wilna hatten die Deutschen 1941 alle in der Stadt und ihrer Umgebung lebenden Juden in ein Ghetto gepfercht. Sie sammelten auch die jüdischen Bücher ein. Sie brachten alle vierzigtausend Bände der Straschun-Bibliothek sowie Bücher und heilige Gegenstände aus den dreihundert Synagogen des Gebiets in das Gebäude des Jüdischen Wissenschaftlichen Instituts, wo die Reichtümer von Generationen gesammelt und gestapelt waren. Der Plan der Nazis war, die meisten der Bücher, Thorarollen und unschätzbar wertvollen Manuskripte zu verbrennen. Das ganze Material, die Schätze von Jahrhunderten, sollte zerstört werden. Eine kleine Auswahl sollte nach Frankfurt geschickt werden, in das neu entstandene Institut zur Erforschung der Judenfrage. Dieses Institut sollte sich nach einem siegreichen Ende des Krieges auf jüdische Wissenschaft ohne Juden spezialisieren.

Die Nazis zwangen etwa vierzig jiddische Wissenschaftler, unter ihnen den Dichter Abraham Sutzkever, die Reichtümer zu prüfen und herzzerreißende Entscheidungen zu treffen, was zerstört werden musste und was vielleicht gerettet werden durfte. Diese jüdischen Arbeiter, denen durchaus klar war, was ihre Eroberer mit ihnen und ihren Schätzen vorhatten, arbeiteten mit verzweifelter Effizienz. Sie formten sich zu einer *papir brigade*, die sich auf Sabotage und Rettung konzentrierte. Es gelang ihnen, über fünftausend Gegenstände im Gebäude zu verstecken. Tausende andere, darunter Manuskripte von Perez, Scholem Alejchem und Herzl sowie Zeichnungen von Chagall, wurden hinausgeschmuggelt und im Ghetto versteckt.

Wie sie befürchtet hatten, wurden fast alle Angehörigen der *papir brigade* ermordet. Die Nazis töteten im selben Jahr, in der Nähe von Riga, auch den großen Historiker Simon Dubnow. Es gibt mehr oder weniger zweifelhafte Berichte über seinen Tod. Einmal heißt es, dass der achtzigjährige Gelehrte mit seinen Freunden zu einem Massengrab geführt wurde. Einem anderen Bericht zufolge waren seine letzten Worte: «*Jidn, schrajbt un farschrajbt.*» (Juden, schreibt auf und dokumentiert.)

In allen von den Nazis besetzten Ländern wurden Juden, wenn sie nicht direkt ermordet wurden, in Ghettos zusammengepfercht. Im Warschauer Ghetto (oder, wie es auf Jiddisch heißt, *in geto Warsche*) nahm sich ein anderer Historiker Dubnows Auftrag zu Herzen. Emanuel Ringelblum war neununddreißig, als die Nazis 1939 in Polen eindrangen. Er war ein geselliger Mann mit einem ausgeprägten Sinn für Humor und einer grenzenlosen Energie. Er hatte eine Frau und einen kleinen Sohn. Als angesehener Historiker mit der breiten Sichtweise eines Sozialwissenschaftlers und mit dem Bewusstsein eines linken Aktivisten hatte er dazu beigetragen, die historische Sektion des Jiddischen Wissenschaftlichen Instituts aufzubauen. Er gehörte auch zum Mitarbeiterstab des American Joint Distribution Committee, einer philanthropischen Organisation, die Geld von amerikanischen Juden zu ihren bedürftigen polnischen Brüdern brachte. Wie bereits erwähnt, befand sich Ringelblum bei Kriegsausbruch in der Schweiz, doch er kehrte zu seiner Familie und zu seinem Volk zurück. Aufgrund seiner Beziehungen wäre es ihm durchaus möglich gewesen, ein Ausreisevisum zu bekommen. Aber er zog es vor, zu bleiben und Zeugnis abzulegen.

Obwohl alles, was auf Jiddisch geschrieben war, von vornherein als verdächtig betrachtet wurde, begann Ringelblum, systematisch jiddische Belege zu sammeln, Dokumentationen der Kampagnen, die gegen die Juden geführt wurden. Er organisierte eine Geheimorganisation, die als O.S. bekannt wurde, der Abkürzung von *ojneg schabeß* (Schabbat-Vergnügen). Die jiddische Version dieser hebräischen Formulierung wird benutzt, um die Freitagabende zu beschreiben, den Beginn des Schabbat, wenn Juden mit ihren Familien und anderen Gemeindemitgliedern zusammenkommen, um den Abend gemeinsam zu begehen und zu genießen. Die Wahl dieses Namens war außergewöhnlich. In gewisser Hinsicht eine List. Die Eintragungen wurden als Briefe geschrieben, oder als Stücke, die bei den *Ojneg-schabeß*-Zusammenkünften gelesen werden sollten. In anderer Hinsicht war der Name einfach herzzerreißend angesichts der Bedeutung des *schabeß* als Tag der Ruhe und der Freude für die Juden, die sich in Wirklichkeit ständig mit der Frage konfrontiert sahen, wer oder was überleben würde.

Die O.S. wurde zu einer Sammelstelle und einem Archiv. Ihre Mitglieder sammelten Informationen aus Städten, Ghettos und

Lagern und gaben regelmäßige Berichte heraus, die hinausgeschmuggelt wurden, sowohl für Juden wie für Nichtjuden, für
jeden, der es erfahren wollte. Sie führten sorgfältig Protokoll über
das, was Tag für Tag im Warschauer Ghetto passierte, sie machten Interviews und Umfragen und stellten Informationen aus
Notizbüchern und Berichten für Nachrichtenblätter zusammen.
Zusätzlich führte Ringelblum einen eigenen Band mit persönlichen Notizen. Hier beschrieb er, wie die O.S. ihre Aktivitäten
plante. «In stundenlangen redaktionellen Sitzungen grübelten wir
über die wichtigsten Punkte bei jedem der Themen nach. Wir
wollten die Aufmerksamkeit des Autors auf spezifische Trends
richten und die Linien festlegen, die ihm zur Entwicklung seines
Themas nützlich sein könnten – nicht dass wir irgendeinen Autor
zwingen wollten, einer ganz bestimmten Linie zu folgen, die wir
wollten ... Wir entwickelten einen speziellen Fragebogen, um Informationen über ein Thema wie die Beziehungen zwischen Juden
und nichtjüdischen Polen herauszubekommen, über Schmuggeln,
die Situation in verschiedenen Branchen, die speziellen Probleme
junger Frauen und Männer.»

Die Gruppe protokollierte das Ghettoleben, die Versuche, Normalität herzustellen, und sogar Witze. «Ein Jude lacht und schreit
abwechselnd im Schlaf. Seine Frau weckt ihn auf. Er ist böse auf
sie. ‹Ich habe geträumt, jemand hat an eine Wand geschrieben:
Schlagt die Juden! Nieder mit dem rituellen Metzger!› – ‹Und weshalb warst du darüber so glücklich?› – ‹Verstehst du nicht? Das
heißt, dass die gute alte Zeit zurückgekommen ist! Die Polen
beherrschen wieder alles.›»

Eine Geschichte ungeklärter Herkunft scheint die Runde
gemacht zu haben. Es geht um einen deutschen Offizier, der sich
vor einem Juden mit all den fremden Ländern brüstet, die
Deutschland schon eingenommen habe. Der Jude fragt, ob er *a
miße meschune* eingenommen habe, und der Deutsche antwortet,
er glaube es nicht, aber er sei sicher, dass es bald geschehen werde.
Der Witz geht auf seine Kosten, denn der Ausdruck *nem arajn a*

miße meschune ist eine Verwünschung und bedeutet, «einen unnatürlichen Tod erleiden (wörtlich: nehmen)».

Auch als die Bedingungen immer schlechter wurden, behielten Ringelblum und seine Gruppe, zu der inzwischen Dutzende von Mitgliedern gehörten, den hohen Standard ihrer Reportagen bei. Am 18. März 1941 schrieb er: «Die Zahl der Toten im Warschauer Ghetto wächst von Tag zu Tag. Vor zwei Wochen starben etwa zweihundert Juden. Letzte Woche (Anfang März) über vierhundert. Sie werden in Massengräber gelegt, die durch Bretter unterteilt sind. Die meisten Toten, vom Spital gebracht, werden nackt begraben. In meinem Haus sind an einem einzigen Tag ein Vater, eine Mutter und ein Sohn an Hunger gestorben.»

Ringelblum machte sich die Mühe, zwischen dem zu trennen, was er selbst gesehen oder gehört hatte, und dem, was er vom Hörensagen wusste:

Gehört, dass, als sie, die Deutschen, Polen zur Zwangsarbeit festnahmen, einigen Juden mit arischem Aussehen befohlen wurde, Jiddisch zu sprechen, als Beweis dafür, dass sie Juden waren.
Gehört, dass es in Lublin Schilder sowohl auf Jiddisch als auch auf Deutsch gibt. Anträge von Juden an die deutschen Befehlshaber müssen auf Deutsch geschrieben sein.

Er war ein anspruchsvoller Beobachter, wie dieser Auszug vom Mai 1942 zeigt:

Jonas Turkow hat in dieser Saison in einem polnischen Stück gespielt. Der Grund: Es gibt kein gutes Stück auf Jiddisch. Zweitens ist das ein Beweis für die starke Assimilation, die man im Ghetto bemerkt. Alle reden gern Polnisch. Jiddisch hört man nur wenig auf der Straße. Wegen dieser Frage haben wir schon heiße Diskussionen geführt. Eine Erklärung dafür lautete, dass Polnisch zu sprechen als Protest gegen das Ghetto zu verstehen sei – *ihr* werft uns in ein jüdisches Ghetto, aber *wir* werden euch beweisen, dass dies eine polnische Straße ist. Ausgerechnet das, von dem ihr uns abtrennen wollt, die polnische Sprache und Kultur, werden wir, um euch zu ärgern, benutzen. Ich meine aber, dass dies nur die Weiterentwicklung der starken sprachlichen Assimilation ist, die schon vor dem Krieg zu beobachten war und jetzt noch deutlicher geworden ist. Solange die Straßen gemischt waren, als Juden und Polen noch Seite an Seite miteinander lebten, war es einem nicht so ins Auge gesprungen, heute aber, da die Straße jüdisch ist, sieht man, wie groß die Misere ist.»

Doch noch immer gab es die jiddische Neigung zum Sprachwitz. So wurde der deutsche Werkschutz regelmäßig als «Werkschmutz» bezeichnet. Eine beliebte Definition lautete, dass Nazi *nem-zi* bedeute, «nimm hinweg», und *Allemagne*, Deutschland, «alles mein». Jiddisch Sprechende waren Experten für Galgenhumor.

Wie wir von Überlebenden wissen, gab es anfangs in verschiedenen Ghettos noch jiddische Theater, Dichterlesungen und künstlerische Abende. Vorkriegslieder wurden modernisiert und der gegenwärtigen Situation angepasst. Das ziemlich sentimentale Lied *Ojfn pripetschik*, in dem beschrieben wird, wie ein Rabbi Kindern das *alef-bejß* beibringt, das Alphabet, wurde modernisiert:

An dem Ghettotor
ein Feuer brennt. Die Kontrolle ist streng.
Juden kommen
von den Arbeitsbrigaden,
verschwitzte Männer. Soll ich weitergehen
oder stehen bleiben?
Ich weiß nicht, was ich tun soll.
Der kleine Kommandant
in seiner grünen Uniform
nimmt alles weg.

Im Ghetto von Lodz machten sich Sänger über die westeuropäischen Juden lustig, die an den Überresten ihres früheren Lebens hingen. *Es gejt a jeke, oj, mit a teke*, beschreibt einen deutschen

Juden (*jeke*), der, die Brieftasche (*teke*) an sich klammernd, durch das Ghetto geht und verzweifelt nach Butter oder Margarine sucht. Polnische Juden waren sich nicht zu schade dafür, Witze über ihre deutschen Glaubensgenossen zu machen, die, an Entbehrung und Armut nicht gewöhnt, zu einem höheren Prozentsatz starben.

Doch das Singen jiddischer Lieder hatte noch eine tiefere Bedeutung. Eine junge Frau namens Lea Hochberg erinnerte sich an die Art, wie ihre frühere Jugendgruppe sich weiterhin im Ghetto von Lodz traf: «Wochentags saßen wir zusammen, abends sangen wir Lieder bei schwachem Licht ... Wir versuchten, die schlimme Zeit zu vergessen, also sangen wir. Es hat wunderbar funktioniert! Das Problem körperlichen Hungers ist nicht so schlimm wie das des seelischen Hungers. Es ist allgemein bekannt, dass eine hungrige Person nicht hungrig im Magen ist, sondern im Kopf. Es gibt keinen Zweifel daran, dass das Singen half.»

Aber die Juden brauchten mehr als klangvolle Unterstützung. Wie Ringelblum und seine Kameraden mit schmerzlicher Präzision beschrieben, zog sich die Schlinge immer mehr zu. Im Herbst 1942, als man die Juden auf eine Ration gesetzt hatte, bei der sie verhungern mussten, wenn man sie nicht schon vorher zusammengetrieben und erschossen hatte, machte Ringelblum eine Liste der «Anzeichen moderner Sklaven». Nummer eins lautete: «nummeriert und gestempelt», Nummer zwei: «leben in Baracken, ohne ihre Frauen». Die Liste gab als Nummer siebzehn an: «Schlimmer als Sklaven, denn die wussten, dass sie am Leben bleiben würden, hatten eine gewisse Hoffnung, freigelassen zu werden. Die Juden sind *morituri* – zum Tode Verurteilte –, deren Todesurteil auf unbestimmte Zeit verschoben oder schon ergangen war.» Und achtzehn: «Die Kranken und Schwachen werden nicht gebraucht, deshalb sind ambulante Kliniken, Hospitäler und Ähnliches liquidiert worden.»

Je schlimmer die Bedingungen wurden, umso telegrammartiger und kürzer wurden seine Berichte. Die Gemeinschaft schickte Spione aus, um herauszufinden, ob die Gerüchte über ein Todes-

225

lager wahr seien, das Ringelblum Treblinki nannte. «Die Nachrichten über Treblinki, die der Bote zurückgebracht hat, der von den Angehörigen der Deportierten geschickt worden war. – Die Geschichte über die Traktoren: Einer Version zufolge pflügen die Traktoren die Asche von verbrannten Juden unter. Eine andere Version sagt, die Traktoren pflügen die Erde auf und begraben die Leichen dort.»

Als es immer klarer wurde, dass die Deutschen nichts weniger als die totale Vernichtung der Juden im Sinn hatten, planten die zerlumpten Übriggebliebenen des Warschauer Ghettos ihren Aufstand. Um das O.-S.-Archiv zu sichern, das sich inzwischen auf ungefähr siebentausend Einträge belief, wurde das ganze Projekt zusammen mit Ringelblums Aufzeichnungen in drei Milchkannen gepackt und innerhalb des Ghettos vergraben. Ringelblum selbst wurde hinausgeschmuggelt. Seine Kameraden bestanden darauf, dass er zu wichtig sei, um geopfert zu werden.

Der Aufstand dauerte fast einen Monat, er begann am Pessachabend 1943. Nachdem die meisten der verbliebenen Juden getötet worden waren, zerstörten die Nazis methodisch das Ghetto. Sie sprengten eine Straße nach der anderen in die Luft, ein Haus nach dem anderen, bis keine Menschenseele und kein Haus mehr übrig war. Ringelblum, in einem Versteck außerhalb der Ghettomauern, begann die Arbeit an einem neuen Buch. Es beschrieb die polnisch-jüdischen Beziehungen während des Kriegs. Er schrieb dieses neue Buch auf Polnisch, damit es auch von Nichtjuden gelesen werden könnte.

Es gibt zwei Überlieferungen davon, wie Ringelblum den Tod fand, beide enthalten vermutlich mythische Elemente. In der einen bestachen seine jüdischen Mitgefangenen, gegen Ringelblums heftigen Widerstand, die Polizei, ihn freizulassen, mit der Begründung, er sei ein guter Schuhmacher. Doch trotz des Bestechungsgeldes wurde Ringelblum hingerichtet. Später erklärte der Offizier gerissen, er hätte gewusst, dass der Mann kein Schuhmacher gewesen sei.

Nach der zweiten Überlieferung wurden Ringelblum, seine Frau und der dreizehnjährige Sohn von der Gestapo gefoltert, die herausbekommen wollte, wo sich das Ghetto-Archiv befand, doch keiner der drei sprach. Sie wurden dann zu den Ruinen des Ghettos gebracht. Nachdem man Ringelblum gezwungen hatte, bei der Ermordung seiner Frau und seines Sohnes zuzusehen, wurde er selbst umgebracht. Beiden Versionen zufolge wurde Ringelblum mit seiner Familie und seinen Kameraden im gleichen Massengrab verscharrt.

In anderen Teilen des vom Krieg zerrissenen Europas war Jiddisch weiterhin das Bindeglied der Juden, die noch am Leben waren. Die simple jiddische Aussage, *Ich bin a jid,* war der direkteste und sicherste Weg, sich als Kamerad zu erkennen zu geben, egal, welch schützende Verkleidung man trug. Partisanen sprachen Jiddisch in ihren Waldhütten, und für eine besondere militärische Einheit wurde Jiddisch zur offiziellen Sprache.

Zur litauischen Division der Sowjetarmee gehörten während der ganzen Kriegszeit eine Vielzahl von Juden, ihr Anteil stieg zeitweise bis auf achtzig Prozent. In dieser Division gaben die Offiziere ihre Befehle auf Jiddisch und benutzten die Sprache, um die Truppen wieder zu sammeln. Ihr Kampfruf war *Far undsere tates un mames* (Für unsere Väter und Mütter). Dov Levin schreibt:

Für die jüdischen Soldaten war die Verwendung von Jiddisch so natürlich, dass sie es anfangs noch nicht einmal wahrnahmen, und bestimmt sahen sie es als nichts Besonderes an, es gab so viele von ihnen in der Division ... Doch als Ergebnis ihrer Kontakte mit anderen jüdischen Soldaten aus Einheiten der Roten Armee, die ihr Erstaunen über die allgemeine Verwendung von Jiddisch nicht verbargen, und aufgrund einiger, wenn auch unbedeutender Vorfälle innerhalb der Division wegen dieses Phänomens, erkannten die jüdischen Soldaten langsam, dass sie gegenüber den anderen Einheiten der Roten Armee einen Vorteil genossen.

Die Erfolge dieser Division waren überragend. Ihre Mitglieder entschieden sich so oft für gefährliche Aktionen, dass sie vom Oberkommando der Sowjetischen Armee wiederholt für ihre Tapferkeit ausgezeichnet wurden. Neunzig Prozent der Verwundeten oder Gefallenen der Litauischen Division waren Jiddisch sprechende Juden.

Doch die Militärmaschinerie der Nazis war noch in Gang. Wenn die Juden zusammengetrieben worden waren, konnten sie manchmal ihre Reserven an *Jidischkejt* mobilisieren, um sich gegenseitig aufzumuntern. Hier folgt ein Bericht von den letzten Worten, die der verehrte *Rebe Nochem Janischker fun Slobodke* in Litauen auf Jiddisch gesagt hat. Ein Überlebender berichtete, dass der Rabbi, als er sah, wie die anderen Juden seiner Stadt zusammengetrieben wurden, sein Sterbehemd anlegte, darüber seine *schabeß*-Kleidung anzog und zu seinen Anhängern Folgendes sagte:

> Und wenn der Frieden in die Welt zurückkommt, sollt ihr ununterbrochen von der Größe und der Weisheit und der Moral in Litauen sprechen, darüber, was für ein schönes und angesehenes Leben die Juden hier führten. Aber brecht nicht in Tränen und Trauer aus! Ihr sollt eure Worte auch zu Papier bringen. Das wird die größte Rache sein, die ihr den Teuflischen bereiten werdet. Ihnen zum Trotz werden die Seelen eurer Brüder und Schwestern weiterleben, der Märtyrer, die sie zerstören wollten. Denn niemand kann die Buchstaben vernichten. Sie haben Flügel und fliegen durch die Höhen – in alle Ewigkeit.

Ein anderer Überlebender, Elieser Berkowits, berichtet von einem Ereignis, das in Polen stattgefunden hat.

> Die Deutschen kamen nach Lublin, um einen «jüdischen Bezirk» einzurichten, und befahlen dem Vorsitzenden des Judenrats, dass alle Juden sich auf einem offenen Feld außerhalb der Stadt zu versammeln hätten, für einen «allgemeinen Appell». Als die Juden

228

zum angegebenen Zeitpunkt erschienen, forderte der deutsche Kommandant sie auf, eine fröhliche und glückliche chassidische Melodie zu singen. Die Menge war voller Angst und Verwirrung, doch eine zögernde Stimme begann, das anrührende Lied zu singen: *«Lomir sich iberbetn, owinu scheboschomajim.»* Lasst uns uns versöhnen, unser Vater im Himmel. Die Menge blieb still. Die deutschen Soldaten fielen mit mörderischen Schlägen über die Juden her, weil sie ihrem Befehl nicht gehorchten. Plötzlich brach eine Stimme aus der Menge hervor und sang die gleiche Melodie, kraftvoll und freudig, doch mit verändertem Wortlaut: *Mir weln sej iberlebn, owinu schebaschomajim.* Wir werden sie überleben, unser Vater im Himmel. Das Lied ergriff die Menge. Sie sangen es mit Begeisterung und tanzten ekstatisch herum. Das Lied wurde für sie zur Hymne der jüdischen Ewigkeit.

In einem Brief, gefunden auf einer polnischen Straße, die zu einem Todeslager führte, wird ausführlich von Gräueltaten berichtet, die von der Schreiberin und ihrer Gruppe erduldet werden mussten. Auf dem Umschlag stand: «Nur an Juden zu übergeben», und er schloss: «Ich schreibe auf Polnisch, denn sollte jemand einen jiddischen Brief finden, würde er ihn wohl verbrennen ... Wir verabschieden uns von Euch, wir sagen Lebewohl zu dieser Welt und rufen nach Rache!»

Nach den Zwangsmärschen und schrecklichen Zugfahrten fanden sich die Juden aus ganz Europa in *lagern* wieder, in Konzentrationslagern. Sie flüsterten einander zu: Bist du jüdisch? Woher kommst du? Was soll ich tun? In ihrem geteilten Elend fanden sie auch eine gemeinsame Sprache. Obwohl sie mit verschiedenen Akzenten sprachen und die Sprache alles andere als universal war, war Jiddisch doch verbreitet genug, um als Quelle der Verständigung zu dienen.

Die Sprache hatte den weiteren Vorteil, dem Deutschen ähnlich zu sein, sodass Jiddisch Sprechende, wenn sie genau hinhörten, die Sätze der Nazis einigermaßen verstehen konnten. Juden aus

Italien und Griechenland waren dagegen benachteiligt, weil sie kein Jiddisch sprachen. Ein junger italienischer Jude zeigte, welche Auswirkungen das hatte. Primo Levi war ein graduierter Physikstudent, als er 1944 von den Deutschen festgenommen wurde.

Uns war seit den ersten Kontakten zu diesen arroganten Männern mit den schwarzen Kragenspiegeln sofort klar, daß die Kenntnis oder Unkenntnis des Deutschen eine Wasserscheide war. Zu dem, der sie verstand und ihnen in artikulierter Form antwortete, stellte sich eine Beziehung her, die den Anschein des Menschlichen hatte. Bei dem, der sie nicht verstand, reagierten die Schwarzhemden in einer Weise, die uns erstaunte und erschreckte: ein Befehl, der mit der ruhigen Stimme dessen ausgesprochen worden war, der weiß, dass ihm gehorcht wird, wurde bei gleichem Wortlaut mit gellender, zorniger Stimme wiederholt, dann aus vollem Hals gebrüllt, wie man es mit einem Schwerhörigen oder eher noch mit einem Haustier machen würde, das auf den Ton sensibler reagiert als auf den Inhalt einer Mitteilung.
Wenn jemand zögerte (und alle zögerten, weil keiner verstand und alle terrorisiert waren), gab es Schläge ... Menschen waren wir für die anderen keine mehr; für uns gab es, wie für Kühe oder Maultiere, keinen grundlegenden Unterschied zwischen Gebrüll und Faustschlag (...)
Deshalb war jemand, der Deutsch weder sprach noch verstand, per definitionem ein Barbar. Wenn er sich darauf versteifte, sich in seiner eigenen Sprache, genauer gesagt: in seiner Unsprache auszudrücken, mußte man ihn durch Schläge zum Schweigen bringen und auf seinen Platz verweisen, denn schließlich war er ja kein *Mensch*.

Levi wurde bald nach Auschwitz deportiert. Die meisten Insassen waren osteuropäische und deutsche Juden, Menschen, die entweder Jiddisch oder Deutsch sprachen. Levi, der keine der beiden Sprachen beherrschte, war dadurch stark benachteiligt. «Dieses Nicht-angesprochen-Werden hatte rasch verheerende Auswirkungen», schrieb er.

An den, der einen nicht anspricht oder sich mit unartikuliertem Brüllen an einen wendet, wagt man nicht, das Wort zu richten. Wenn man das Glück hat, sich neben jemandem zu finden, der die gleiche Sprache spricht, ist manches gewonnen: man kann Eindrücke austauschen, sich mit ihm beraten, Luft ablassen. Wenn man niemanden findet, verdorrt die Sprache binnen weniger Tage und damit auch die Fähigkeit zu denken.

Was das schnelle Begreifen angeht, so versteht man außerdem nicht die Befehle und Verbote, man entziffert nicht die Vorschriften, von denen einige unwichtig und lächerlich, andere aber lebenswichtig sind (. . .) Der größte Teil der Gefangenen, die des Deutschen nicht mächtig waren, und das traf auf fast alle Italiener zu, starb innerhalb der ersten zehn bis fünfzehn Tage nach der Ankunft: auf den ersten Blick wegen Hunger, Kälte, Erschöpfung, Krankheit, aber bei genauerem Hinsehen wegen unzureichender Information. Hätten sie sich mit den Gefährten verständigen können, die schon länger da waren, hätten sie sich besser zurechtgefunden: sie hätten schneller gelernt, sich Kleidung, Schuhe und Essen auf illegale Weise zu beschaffen; der Schwerstarbeit und den oft tödlichen Begegnungen mit der SS aus dem Weg zu gehen; die unvermeidlichen Krankheiten ohne fatale Irrtümer durchzustehen. Damit will ich nicht sagen, daß sie nicht gestorben wären, aber sie hätten länger gelebt und größere Möglichkeiten gehabt, verlorenes Terrain zurückzugewinnen.

Levi fand, was er «unsere natürlichen Dolmetscher» nannte, nämlich Juden, die deutsche Befehle ins Französische übersetzen konnten; eine romanische Sprache, die von den Italienern leichter verstanden wurde. Diese Menschen «übersetzten für uns die Befehle und grundlegenden Tagesverfügungen, ‹Aufstehen›, ‹Aufstellen›, ‹Antreten zur Brotausgabe›, ‹Wer hat kaputte Schuhe?›, ‹zu dritt›, ‹zu fünft›, und so weiter.»
Levi fährt fort:

Das reichte natürlich nicht aus. Inständig bat ich einen von ihnen, einen Elsässer, mir einen privaten Schnellkurs zu geben, aufgeteilt

231

auf kurze, flüsternd abgehaltene Lektionen zwischen dem Beginn der Ausgangssperre und dem Augenblick, da wir in Schlaf sanken, Lektionen, die mit Brot bezahlt wurden, eine andere Währung gab es nicht. Er war dazu bereit, und ich glaube nicht, daß Brot jemals für einen nützlicheren Zweck hergegeben wurde.

Levi schreibt es diesem Sprachunterricht zu, dass seine Überlebenschancen stiegen.

Manchmal benutzten die Nazis die vertrauten Assoziationen des Jiddischen als weitere Form ihrer Folter. Frieda Aaron berichtete aus dem Lager, in dem sie sich befand: «Jeden Schabbatabend, wenn wir zum Lager marschierten, führten die Bewacher ein Ritual von Schlagen und Töten beim Abspielen des jiddischen Liedes *gut woch* durch; mit diesem Lied war in besseren Zeiten immer die neue Woche begrüßt worden.»

An einem Ort, dessen Ziel die Vernichtung eines ganzen Volkes war, herrschte zumeist eine Stimmung von Verzweiflung und Hoffnungslosigkeit. Ein Überlebender, Jojsef Wajnberg, beschrieb eine Szene, die in Auschwitz zum Kol Nidre stattfand, dem ernstesten Abend des Jahres, einer Zeit, in der man der Toten gedenkt. Hier gleitet das Hebräische ins Jiddische; ein letztes Mal, denn diese Männer wussten, dass sie selbst auch bald vom Leben in den Tod gleiten würden.

Wir hatten uns schon lange versprochen, dass wir dieses Jahr den Kol-Nidre-Gottesdienst halten würden. Ein jüdischer Blockältester hat uns erlaubt, in seinem Block zu beten. Einer hat einen *taleß* (Gebetsschal) aus der Kleiderkammer gebracht. Im ganzen Lager ist der Ernst dieses Moments zu spüren. Es ist, als würde sich die ganze Welt auf das Kol Nidre vorbereiten.
Der Rabbi betet.
Er war erst kürzlich ins Lager gebracht worden. Die Menschen, die ihn kannten, halfen ihm und unterstützten ihn, so weit es ihnen möglich war. So viele Rabbiner sind schon gestorben; kein anderer ist übrig geblieben. Wenigstens dieser eine muss am Leben bleiben.

Eingehüllt in den *taleß*, sagt er das Gebet der Reinigung. Jeder hört deutlich seine Stimme. Alle sind erstarrt – als lägen unsere Körper auf einem Altar, um willig vom Allmächtigen angenommen zu werden, als ganz und gar Gott geweihte Opfer. Durch die Bretter der Baracke blicke ich auf das Krematorium, aus dem Rauch in den grauen Himmel steigt.

Und ich höre die Stimme des Rabbiners, als komme sie nicht mehr aus seinem Herzen, sondern als habe sich sein Herz selbst geöffnet und weine:

«Und unser Fleisch und unser Blut.»

Er wickelt sich fester ein und wiederholt die Worte; aber jetzt blutet sein Herz; «unser Fleisch und unser Blut». Die Gemeinde wiederholt: «Unser Fleisch und unser Blut.» Wie unter einem Bann hält jeder bei diesen Worten inne. Der Rabbiner kann nicht fortfahren. Lauter und lauter wiederholt die Gemeinde: «unser Fleisch und unser Blut.»

An dieser Stelle wechseln die Mitglieder des behelfsmäßigen Gottesdienstes von dem formalen Hebräisch in das aus tiefstem Herzen kommende Jiddisch:

Jemand ruft: «Das Blut und das Fleisch von unseren Eltern, unseren Kindern und Verwandten.»

Allen laufen Tränen aus den Augen. Das Weinen fließt zusammen wie ein Fluss. Die versteinerten Herzen hatten sich geöffnet.

Das Überleben in den Todeslagern war oft eine Sache des Glücks, doch für die meisten europäischen Juden gab es längst kein Glück mehr. Selbst im Angesicht des Todes blieb Jiddisch aber ein Bindeglied, es half Juden, das auszudrücken, was von Würde, Frömmigkeit, Treue und Nächstenliebe geblieben war. Immer wieder werden Geschichten von chassidischen Gruppen erzählt, die vor dem Krematorium angefangen hätten zu tanzen und inbrünstige jiddische Lieder zu singen, wohl wissend, dass sie vor ihrem Untergang standen. Diese Märtyrer übertrafen sich selbst durch ihre Liebe zu ihren Brüdern und zu ihrem Gott. Sie stießen ihren letzten Atemzug, wie Mendele es gesagt haben würde, mit beiden Nasenlöchern aus und mischten noch ein letztes Mal auf ekstatische Weise Jiddisch und Hebräisch.

Teil vier
Nachwirkungen

14. Kapitel

Europa:
Neues Leben aus der Asche

איך האָב געזען טויזנטער ייִדן, וואָס יעדער איינער פון זיי איז א צאַפּלדיקע
טראַגעדיע אָדער אַן אומגלייבלעכער נס.

Ich hob gesen tojsenter jidn, woß jeder ejner fun sej is a
zapldike tragedje oder an umglojblecher neß.

Ich habe Tausende Juden gesehen, und jeder Einzelne
von ihnen ist eine zappelnde Tragödie oder ein
unglaubliches Wunder.
Jacob Pat

D er Krieg endete mit Stille – es war die Stille eines Friedhofs,
angesichts Millionen toter Menschen, zerstörter Schulen, zer-
schlagener Zeitungen, verbrannter Bücher. Jiddische Theater,
Filme und Radioprogramme waren zum Schweigen gebracht wor-
den. Mehr als die Hälfte der Jiddisch Sprechenden auf der ganzen
Welt gab es nicht mehr. Viele traumatisierte Überlebende blieben
stumm. Andere aber wollten Zeugnis ablegen, sobald sie aus den
Todeslagern befreit und aus ihren Verstecken in Kellern und
Scheunen hervorgekommen waren. Denn jene, die einen Sinn im
Chaos suchten, wollten sprechen. Sie wollten schreiben. Sie woll-
ten ihre Geschichten erzählen. Die Überlebenden wollten einer
Generation von Toten ihre Stimme leihen.
Von neun Millionen Juden, die Mitte der 1930er Jahre in Euro-
pa gelebt hatten, von den Britischen Inseln bis zu den fernen

Regionen der Sowjetunion, waren nur drei Millionen geblieben. Die meisten der Ermordeten stammten aus Mittel- und Osteuropa, der kulturellen Heimat der jiddischen Sprache. Viele Gebäude und die meisten der politischen, wirtschaftlichen, pädagogischen und kulturellen Institutionen gab es nicht mehr. So schlimm die Jahrhunderte des verbreiteten Antisemitismus auch gewesen sein mochten, hätte sich doch niemand so etwas vorstellen können.

Sowjetische und amerikanische Soldaten, die die Konzentrationslager befreiten, rangen nach Worten, um das zu beschreiben, was sie sahen. Für diejenigen unter den Soldaten, die selbst Juden waren, war die Situation noch schlimmer. Michael Elkins war amerikanischer Soldat und Journalist. Er war in der Zeit zwischen den Kriegen in New York aufgewachsen und hatte sich von seinen Jiddisch sprechenden Eltern distanziert. Seine kindlichen Tiraden gegen sie beschrieb er so: «‹Seid Amerikaner!›, schrie ich. ‹Amerikaner sprechen Englisch! Englisch, nicht Jiddisch!›» Doch 1945, in amerikanischer Uniform, fand er sich plötzlich in Dachau wieder.

> Eines der Skelette kam auf mich zu und brabbelte etwas. Ich konnte ihn nicht verstehen, und ich hielt ihn aufrecht und hielt ihn fest und sagte:
> «Es ist in Ordnung, du bist jetzt sicher, alles wird gut. Aber ich kann dich nicht verstehen. Ich spreche nur Englisch, ich bin Amerikaner.» Und da sagte er zu mir:
> *«Du kenst nischt redn mameloschn? Du bist nischt a jid?»*
> Eine Erinnerung aus meiner Kindheit stieg in mir auf.
> «Du kannst deine Muttersprache nicht? Bist du kein Jude?»
> Das verstand ich und war beschämt.
> Und in diesem Moment begann meine lange Reise nach Hause.

Die Befreier der Konzentrationslager fanden fünfzigtausend Überlebende vor. Viele von ihnen starben später noch, durch die plötzliche Nahrungszufuhr oder an den Nachwirkungen von Hunger und Krankheit. Sogar unter den Gesunden waren viele zu verwirrt und erschrocken, um die Lager zu verlassen. Sie hatten keine Vorstellung, wohin sie gehen sollten. Juden, die versuchten, ihre alten Wohnungen in Polen zurückzufordern, wurden von ihren früheren Nachbarn ermordet. Palästina war für sie verboten, die Vereinigten Staaten waren verschlossen.

Tausende verwaister jüdischer Kinder wanderten ziellos durch Europa. Viele von ihnen, die niemanden fanden, der sie wollte, zogen durch Italien und Südfrankreich, auf dem umgekehrten Weg, den ihre Vorfahren vor fast zweitausend Jahren genommen hatten. Andere Juden halfen, sie nach Palästina zu schmuggeln.

Doch die erste Station für viele Überlebende war ihre Vorkriegsheimat. Wider alle Hoffnung hofften sie, Familienmitglieder zu finden, eine Gemeinschaft, Freunde. Was sie fanden, war beinahe ebenso entsetzlich wie das, was sie gerade erlebt hatten.

Nochem Krumerkop erinnerte sich an die Reise zu seiner Heimatstadt.

Bei Kriegsende war ich in Lublin und überlegte, wie ich, als Jude, nach Tarnogrod kommen könnte, was große Gefahren mit sich bringen würde. Damals fand der Pogrom in Kelts statt, der vierzig Juden das Leben kostete, und die antisemitischen Banden versetzten jeden überlebenden Juden in Schrecken. Juden wurden gewarnt, nicht mit Zügen zu fahren, bis die Schlägerbanden verschwunden wären.

Krumerkop beschloss, sein jüdisches Aussehen zu verbergen. Im Frühjahr 1945 schnitt er sich den Bart ab, zog Bauernstiefel an und setzte eine Bauernmütze auf und machte sich daran, mit dem Zug über Bilgoraj nach Tarnogrod zu fahren.

Als ich in Bilgoraj ankam, standen polnische Kutscher vor dem Bahnhof. Sie stürzten sich auf mich und fragten mich, wo ich hinwolle; alle wollten mich fahren. Ich stand eine Minute schweigend da, suchte mit den Augen: Vielleicht würde Rosches Sohn Mendle auftauchen, oder Mendl Avel oder ein anderer jüdischer Kutscher von Tarnogrod, die früher jeden Tag nach Bilgoraj und zurück gefahren waren.

Doch meine Suche war vergebens. Keiner von ihnen war übrig geblieben. Nichtjüdische Kutscher hatten ihre Plätze eingenommen. Da ich keine andere Wahl hatte, wandte ich mich an einen der polnischen Kutscher und wir setzten einen Fahrpreis nach Tarnogrod fest. Eine Weile lang saßen wir schweigend da. Er war der Erste, der sprach. Ich versuchte, so wenig wie möglich zu antworten, damit er nicht merkte, dass ich ein Jude war. Dann deutete er mit der Peitsche vor sich und sagte:

«Schau, an beiden Seiten der Straße sind Juden begraben, die von den Deutschen erschossen worden sind. Juden aus Tarnogrod, Bilgoraj und den umliegenden Dörfern. Die Deutschen haben gewusst, was sie taten, als sie alle Juden erschossen haben. Sie haben ein gutes Werk getan, und wir sollten ihnen dafür dankbar sein.»

Der Mann saß beim Sprechen mit dem Rücken zu mir, und ich war wie versteinert. Ich blickte mich um und sah, dass die ganze Straße von Bilgoraj nach Tarnogrod genauso aussah wie zuvor. Nichts hatte sich verändert: die gleichen Häuser, die gleichen Nichtjuden, die gleichen Frauen, die Wasser aus den Brunnen holten, alles wie zuvor. Nur der Kutscher war nicht derselbe. Ich hörte nicht mehr die reiche jiddische Sprache und das jiddische «*Wjo, ferdelech! Gidjap!*» Ich hörte nicht länger die Melodie des Gebets: «Gib uns Kraft für die Heiligkeit dieses Tages», das Jojsef Magid zu singen pflegte, wenn er seine Kunden nach Bilgoraj fuhr. Bedrückt dachte ich: Wohin gehe ich, und zu wem? Ist dort wirklich niemand mehr? Ist es möglich, dass eine ganze Stadt voll Juden abgeschlachtet wurde?

Oft war die Antwort ja.

Hunderttausende Überlebende landeten in den von den Amerikanern geführten *Displaced Persons Camps* in Deutschland, wo sie nach ihren Lieben suchten. Sie brauchten Trost, und sie hofften auf eine Möglichkeit, Europa verlassen zu können. In den Lagern war die jiddische Sprache sehr lebendig. Sie war nicht mehr die Sprache der Angst, sondern wurde wieder zum Medium der Zusammengehörigkeit. Die Überlebenden waren angetrieben von dem Bedürfnis zu sehen, wer übrig geblieben war, sich eine Art Leben einzurichten und der Welt mitzuteilen, welche Schrecken sie gesehen hatten. Eine ihrer ersten Forderungen, gleich nach Nahrung und Medizin, waren Schreibmaschinen mit hebräischen Lettern.

Zum Glück verstanden die Amerikaner dieses überwältigende Bedürfnis der Überlebenden, miteinander und mit der Welt zu kommunizieren. Den Berichten zufolge konfiszierte die *Information Control Division* der amerikanischen Militärregierung Druckausrüstungen, «die der Nazipartei oder individuellen Nazis gehört hatten, und überließ sie den neuen Verlegern; sie kümmerten sich um eine Versorgung mit Zeitungspapier und Druckmaterial, sie sorgten für die Bergung bombardierter Druckerpressen und überwachten den Tausch von bayrischem Käse gegen Zink aus der Britischen Zone, das benötigt wurde, um fotografische Platten herzustellen.»

Das neu gebildete Zentralkomitee der befreiten Juden von Bayern begann sofort damit, eine Liste von Überlebenden zu veröffentlichen, und im Oktober 1945, fünf Monate nach der Befreiung, erschien ein jiddisches Wochenblatt, *Undser weg*. Innerhalb eines halben Jahres wuchs es auf einen Umfang von sechzehn Seiten an.

Leo Schwartz, ein hoher Angestellter des Jewish Joint Distribution Committee, das die Hilfssendungen amerikanischer Juden verteilte, schrieb, dass *Undser weg* sogar «in den Redaktionsbüros von Paris, London, New York, Tel Aviv und Wien gelesen wurde». Für die Redakteure, gierig nach Nachrichten, sei es «eine Fundgrube von Informationen» gewesen. Er sagte, dass «diese Zeitung aus den Ruinen von München ein Beweis für die Vitalität und für das schwache Aufglimmen einer kulturellen Wiedergeburt» gewesen sei.

Bald publizierten die Überlebenden Dutzende jiddischer Zeitungen, die eine Vielzahl politischer und kultureller Richtungen

241

repräsentierten. Zusätzlich zu *Undser weg* brachten *Undsere schtime*, *Dos fraje wort* und *Undsere hofenung* Nachrichten und Ereignisse aus den Camps in die ganze Welt. Es gab auch eine fortlaufende Schrift mit dem Titel *Fun letstn churbn* (Von der letzten Zerstörung). Mit der Gründung einer Vielzahl von Vereinigungen erwachte die jiddische Kultur in den Camps zu neuem Leben. Es gab jiddische Kindergärten und Fußballclubs, Jeschiwot und Theatergruppen. Die Menschen suchten in ihrem Gedächtnis nach jiddischen Liedern und inszenierten Theaterstücke von Scholem Alejchem. Sie etablierten Verwaltungs- und Handelseinrichtungen, sie bildeten Clubs und Bündnisse, kümmerten sich um Hochzeiten. Eine Art «Normalität» kehrte auch zurück, als die Überlebenden viele der politischen und religiösen Gruppierungen aus der Zeit vor dem Krieg wieder zum Leben erweckten. Wieder einmal standen Zionisten gegen Bundisten; Sozialisten konnten gegen Chassidim argumentieren. Die Juden lebten wieder.

Das erste Passahfest im Frieden, im April 1946, war ein Meilenstein. Die Geschichte von der Befreiung der Juden aus der ägyptischen Sklaverei, die jedes Jahr beim traditionellen Sederabend erzählt wird, hatte für die Überlebenden nun eine ganz besondere Bedeutung bekommen. Levi Shalit, der Redakteur von *Undser weg*, schrieb in seinem Leitartikel: «Und man sehnt sich so sehr danach, liebe jüdische Schwestern und Brüder, die die Katastrophe überlebt haben, zumindest an diesem Tag ein Wort des Trostes zu hören – heute, beim ersten Passahfest nach der Befreiung; nach sechs Jahren voller blutiger Sabbatfeste und blutiger Feiertage, heute, am glücklichsten Tag unseres Volkes.» Deshalb riet er seinen Lesern: «Erzählt heute nicht, dass eure Kinder in den Gaskammern vergast wurden ... Erzählt nicht, wie man euch versklavt hat ... zieht keine Parallele zwischen Hitler und Pharao, lasst uns stattdessen die alte Haggada lesen, die uns in der Zeit der Diaspora stets wiederbelebt hat ... Erzählt sie an dem letzten Sederabend hier, in der europäischen Wüste, auf eurem Weg zu eurer Befreiung.»

Überall in der gerade erst befreiten amerikanischen Zone, in *DP-Camps*, in Krankenhäusern, in öffentlichen und privaten Gebäuden, planten die Überlebenden eigene Sederabende. Rabbi Abraham J. Klausner, ein amerikanischer Militärgeistlicher, leitete einen Seder für zweihundert jüdische Überlebende, die, nachdem sie das Camp «absolviert» hatten, in München lebten, und für eine Hand voll Militärpersonal. Bei diesem Seder, der im Restaurant des Deutschen Theaters in München stattfand, wurde eine speziell für dieses Ereignis zusammengestellte Haggada benutzt, das Buch, das die traditionellen Gebete und Geschichten enthält.

Diese Haggada war mit den beklemmenden Holzschnitten von Miklos Adler, einem Überlebenden, illustriert und war in drei Sprachen gedruckt. Die Einleitung war auf Englisch, der Sprache der amerikanischen Befreier. Der Teil, der die Geschichte erzählte, war, wie die folgenden traditionellen Gebete, auf Hebräisch. Doch an der Stelle, an der der Leiter des Seders angehalten wird, die Geschichte seinem Sohn zu erklären, der sogar zu jung ist, um zu wissen, welche Fragen man stellen muss, gleitet die Haggada ins Jiddische über. «Tausende Jahre hat das jüdische Volk den Tag seiner Befreiung aus der Sklaverei gefeiert. Durch Sklavenschaft, Gewalt, Inquisition, Zerstörung und Schwierigkeiten hindurch haben Juden in ihren Herzen die Sehnsucht nach Freiheit bewahrt und diese Sehnsucht immer wieder und überall zum Ausdruck gebracht, um nicht eine einzige gequälte jüdische Seele auszulassen. Von Eltern zu Kindern, von Generation zu Generation, ist die Geschichte vom Auszug aus Ägypten weitergegeben worden wie eine persönliche Erinnerung; sie ist niemals verblasst und hat nie an Glanz verloren.»

Der jiddische Teil geht dann dazu über, eine zentrale Stelle des hebräischen Gottesdienstes zu zitieren; die Stelle, die die Verbindung zwischen den Tausenden von Jahren jüdischen Lebens zieht: «In jeglichem Zeitalter ist der Mensch verpflichtet, sich vorzustellen, als sei er selbst aus Ägypten gezogen.» Auf Jiddisch wird daraus gefolgert: «Es gibt kein höheres geschichtliches Bewusstsein als dieses. Man findet auf der ganzen Welt und in der Tiefe der Generationen keine vollendetere Verbindung zwischen dem Individuum und der Gemeinschaft als dies.»

Die alte Geschichte musste wiedererzählt, die alten Fragen erneut gefragt und beantwortet werden. Die Verbindung war wiederhergestellt: Hebräisch mitten im Jiddischen; Jiddisch als Transportmittel für Hebräisch. Vielleicht würde es doch eine Zukunft geben.

Primo Levi erlebte das Ende des Krieges. Als sein Konzentrationslager befreit wurde, machte er sich mit anderen ehemaligen Häftlingen, die alle nicht wussten, welche Richtung für einen Juden sicher war, auf einen langen, umständlichen Weg in seine Heimat. Unterwegs bewahrte ihn wieder das Jiddisch, das er in den Lagern gelernt hatte. In seinem Roman «Die Atempause» beschreibt er, wie er und seine Freunde in einer kleinen rumänischen Stadt ankamen.

Eine einzige vorsintflutliche kleine Straßenbahn fuhr von einem Ende der Stadt zum anderen hin und her; an einer der beiden Endstationen stand der Schaffner, er sprach Jiddisch, war Jude. Mit einiger Mühe konnten wir uns verständigen. Er sagte uns, dass schon mehrere Transporte mit Heimkehrern aller Art, Franzosen, Engländern, Griechen, Italienern, Holländern und Amerikanern, durch Jasy gekommen seien; es hätten sich oft hilfsbedürftige Juden darunter befunden, weshalb die örtliche jüdische Gemeinde ein Hilfswerk eingerichtet habe; wenn wir eine oder zwei Stunden Zeit hätten, sollten wir doch eine Abordnung dorthin entsenden, sicher würde man uns mit Rat und Tat zur Seite stehen. Oder, noch besser, da seine Tram gerade abfahre, sollten wir gleich selbst mitkommen, er werde uns schon an der richtigen Haltestelle absetzen und auch für das Fahrgeld aufkommen ...
In einem dunklen, staubigen Büro wurden wir von zwei Patriarchen empfangen, die nicht viel wohlhabender und blühender aussahen als wir, aber liebevoll um uns besorgt und voll der guten Absichten waren. Sie boten uns die drei einzigen Stühle an, überhäuften uns mit Aufmerksamkeiten und berichteten uns auf Jid-

disch und Französisch überstürzt von den entsetzlichen Prüfungen, die außer ihnen nur wenige überlebt hatten. Sie lachten und weinten, bestanden darauf, daß wir zum Abschied schrecklichen destillierten Alkohol tranken, und sie gaben uns für die Juden unseres Transports einen Korb Trauben mit. Aus allen Schubladen und aus ihren eigenen Taschen kratzten sie eine in unseren Augen astronomische Summe von «Lei» zusammen, die aber, nachdem sie unter uns verteilt war, und gemessen an der Inflation im Wesentlichen einen symbolischen Wert darstellte.

Wieder einmal half die Wiedererweckung der auf dem Jiddischen basierenden Traditionen und Rituale, die verstörten Menschen mit ihrem früheren Leben zu verbinden und die schrecklichen Erfahrungen des Krieges zu integrieren. Einige Juden, die 1947 im *Displaced Persons Center* in Landsberg am Lech lebten, führten ein *purimschpil* auf. Dabei machten sie sich die Tendenz des Genres, Realität zu verwandeln, zunutze. Die Spieler führten Szenen aus den Konzentrationslagern auf und spielten alle Rollen – auch die von SS-Offizieren und sogar die Rolle Hitlers. Man könnte das als Meisterschaft des Rollenspiels bezeichnen – den Versuch, einen Sinn in einer Welt zu finden, in der jeglicher Sinn verloren gegangen zu sein schien.

Am nächsten Purim führten Überlebende der Bobower Chassidim, die nach New York gekommen waren, ein *purimschpil* auf, das sie *Zajt in farnumen pojln* nannten, Zeit im besetzten Polen. In diesem Spiel wird ein Kind seiner Mutter entrissen und ermordet, doch später wird es wunderbarerweise wiedergeboren und kehrt zu seiner Mutter zurück. Moses Aftergute, der Autor dieses *purimschpils,* berichtete später, dass die Zuhörer auf die Aufführung mit Tränen und Ohnmachtsanfällen reagierten. Das Thema war ihnen zu nahe, die Erfahrung zu emotionsbeladen. Der Bobower *rebbe* selbst schlug vor, dieses Spiel nicht zu wiederholen.

Auch wenn die Überlebenden vorwärts blickten, konnten sie nicht anders, als auch zurückzuschauen. Sie sahen es als ihre Aufgabe an, alle verbliebenen Spuren und Berichte zu suchen und zu veröffentlichen. In Warschau gruben in den folgenden Jahren einige überlebende Mitglieder von Emanuel Ringelblums *Ojneg-schabeß*-Gruppe in den Trümmern, um die drei vergrabenen Milchkannen mit den kostbaren Dokumenten zu bergen. Endlich wurden zwei von ihnen wiedergefunden. Eine davon ist heute im U.S. Holocaust Memorial Museum in Washington, D. C., zu sehen.

In Wilna hatte der frühere *papir brigader* Abraham Sutzkever während des Kriegs als Partisan in den Wäldern gelebt. Er gehörte zu denen, die die Stadt befreiten. Doch was er vorfand, bestätigte seine schlimmsten Befürchtungen. Er schrieb an einen Freund: «Zwei Wochen lang bin ich durch die Ruinen gewandert. Ich habe kulturelle Schätze ausgegraben und ich habe Ponar aufgesucht, den Ort des Massakers. Dort fand ich niemanden mehr. Nur – Asche. Sie hatten die Wilnaer Juden ausgegraben und verbrannt. Menschliche Asche ist klebrig und grau. Ich habe ein wenig Asche in einen Beutel getan (sie könnte von meinem Kind oder meiner Mutter stammen) und trage sie nah am Körper.»

Das Gebäude des Jiddischen Wissenschaftlichen Instituts war vollkommen zerstört worden, auch viele der Verstecke der *papir brigade* im Ghetto. Aber ein unterirdischer Bunker war erhalten geblieben. Sutzkever und Shmerke Kaczerginski, ein anderer Partisan, gruben kaum zwei Wochen nach der Befreiung in den Trümmern der Stadt, die gnadenlos zerbombt worden war, nach allen Kostbarkeiten, die sie finden konnten. In der zerstörten Stadt, in der es großen Mangel an Nahrung, Kleidung, Medizin und Unterkünften gab, arbeiteten sie daran, das reiche jüdische Erbe Wilnas zu sichern. Sie transportierten ihre Funde in Schubkarren und gründeten das Museum für jüdische Kunst und Kultur; eine Verbeugung vor der Vergangenheit und ein Gebet für die Zukunft.

Unglücklicherweise hatten die Sowjets, die das Gebiet kontrollierten, das nun Litauische Sozialistische Sowjetrepublik hieß, kein Interesse am Erhalt jüdischer Kultur. Als sie die noch unzerstörten Überreste des Straschun-Archivs fanden, machten sie sich daran, die Arbeit der Nazis zu vollenden. Sie befahlen, zwanzig Tonnen jiddischer Bücher und Schriften einzustampfen.

Kaczerginski erinnerte sich später: «Das war der Punkt, an dem die Gruppe von Museumsaktivisten eine schreckliche Erkenntnis traf – wir müssen unsere Schätze *wieder* retten und sie hinausschaffen. Sonst werden sie vernichtet. Im besten Fall würden sie, die Schätze, zwar überleben, aber nie wieder das Licht der jüdischen Welt erblicken.» Obwohl sie es schafften, einige Pakete nach New York zu schicken, wurde das gerade erst entstandene Museum liquidiert und vom sowjetischen Geheimdienst KGB geplündert. Der Besitz des Museums wurde im Keller der Litauischen Nationalbibliothek gestapelt, laut Befehl sollte er zerstört werden.

Zur gleichen Zeit, als diese Bücher verschwanden, tauchten andere auf. Im besetzten Deutschland übernahm die U.S. Army die Kontrolle über die Beute, die von den Nazis in der ersten Kriegszeit von Wilna aus nach Frankfurt geschickt worden war. Diese jiddischen Bücher und Schätze waren für das von den Nazis geplante Museum für ein ausgelöschtes Volk konfisziert worden. Die Amerikaner packten diese Kostbarkeiten in vierhundert Kisten und schickten sie an das Hauptquartier des Jiddischen Wissenschaftlichen Instituts (YIVO) in New York. Ungefähr die Hälfte der autobiographischen Berichte, die eine so wichtige und bedeutende Stütze von YIVO waren, gehörten zu dieser Fracht.

Sutzkever, dem *papir brigader*, gelang es, mit seiner Frau und seiner zwei Jahre alten Tochter nach Erez Israel zu übersiedeln. Anders als die meisten seiner Kollegen weigerte er sich, Hebräisch zu sprechen, und vierzig Jahre lang gab er eine jiddische Zeitschrift heraus, *Di goldene kejt* (Die goldene Kette), genannt nach einem Theaterstück von J. L. Perez. Es war die Kette der Erinnerung, das Bindeglied, die unzerstörbare Hoffnung.

In den Nachwehen des Krieges entstand ein ganz neues Genre jiddischer Literatur, die *Jisker bicher*, Bücher der Erinnerung. Ihr Name entstammt dem jüdischen Totengedenkgottesdienst. Einige dieser Bücher begannen als flüchtige Notizen auf Zetteln, geschrieben von Überlebenden der Konzentrationslager. Andere waren ambitionierte Projekte, mit Beiträgen, die überall in Europa gesammelt worden waren, ebenso in Amerika, in Israel, Australien und Südafrika. In ihrer einfachsten Form enthielten diese Bücher Listen der ermordeten Menschen; in ihrer komplexesten Form waren sie ein Versuch, die ausgetilgten Gemeinden wieder auferstehen zu lassen oder sie wenigstens dauerhaft festzuhalten. Sie erzählten von den Geschehnissen und enthielten Landkarten, Fotografien und Abbildungen.

Im Laufe der Zeit entstanden etwa fünfzehnhundert dieser Bücher. Sie wurden vor allem von *landsmanschaftn* herausgegeben, den jüdischen Überlebenden einer Stadt. Oft erforderte dies große Anstrengungen, denn die Überlebenden waren über die ganze Welt verstreut. Doch am schwersten wog die emotionale Belastung. Einige der Bücher sind reich an Erinnerungen an das Alltagsleben. «Jedes *schtetl* hatte seinen Verrückten», liest man in einem Buch über Pysek, zusammengestellt von Chajim Schabach. «Unsere Stadt war so klein, dass unser *meschugener* nur halb verrückt war.» Meist waren die Memoirenschreiber sehr ernst; sie waren sich bewusst, dass sie eine klaffende Lücke ausfüllten. Die Landkarten, Fotos, Dokumente und Listen würden alles sein, was von diesen Dörfern und Städten blieb.

In den Jahren darauf wurden einige nationalsozialistische Kriegsverbrecher vor Gericht gestellt. Oft machten jüdische Zeugen, die mehr als eine Sprache beherrschten, ihre Aussage auf Jiddisch, die Sprache, in der sie am tiefsten verwurzelt waren und in der die Gräueltaten passiert waren. Und wenn Holocaustüberlebende sich im Laufe der Jahre bei öffentlichen Tagungen trafen, brachten die jiddischen Begrüßungen, die jiddischen Lieder die starken Emotionen der Gruppe zum Ausdruck.

Neulich tauchte ein seltsamer Gegenstand in der linguistischen Kolumne des New Yorker *Forwerts* auf: es wurde um Informationen über einen Aschenbecher aus Limoges gebeten. Das weiße

Porzellangeschirr besaß eine Umrandung aus goldenen Davidsternen, in der Mitte stand in blauer Schrift auf Jiddisch: *Nekome baj di wantsn wen doß hojs brent* (Die Rache durch die Wanzen, wenn das Haus brennt). Diese seltsame Dekoration auf einem Aschenbecher ist eine Abwandlung eines jiddischen Ausspruchs, der besagt, es sei eine Rache an den Wanzen, wenn das Haus brennt. Natürlich würde nur ein Verrückter ein Haus abbrennen, um die Wanzen loszuwerden. Aber war es nicht das, was Hitler, dem Verrückten, fast gelungen wäre? Die Nazis hatten Europa beinahe vernichtet. Und sie hatten die Juden behandelt, als wären sie nicht besser als Wanzen.

Bei Kriegsende befanden sich viele Juden in Limoges in Südfrankreich. Einige hatten dort überlebt, für andere war es ein Zwischenaufenthalt auf ihrer langen, emotionsbeladenen Reise nach Israel. Der Aschenbecher zeigt, dass der jiddische Humor noch lebte, trotz der Tragödie und dem unaussprechlichen Entsetzen. Was für ein tiefer Witz, eine typisch jiddische Glanzleistung. In den Ruinen Europas hatte ein Jiddisch Sprechender, in dem noch *a pintele jid* steckte, ein Funken Jüdischkeit, die Idee für einen Aschenbecher gehabt, in Auftrag gegeben von den früheren Wanzen.

15. Kapitel

Amerika: Goldenes Land, Gojisches Land

אַן ייִדישער פּאָעט איז דער וואָס לייענט אָדען אָבער אָדען אים לייענט ניט.

An jidischer poet is emezer woß lejent Auden ober Auden
im lejent nit.

Ein jiddischer Dichter ist jemand, der Auden liest, aber
Auden liest ihn nicht.

Jacob Glatshteyn

Neunzigtausend jüdische Überlebende fanden ihren Weg aus
den Trümmern Europas in amerikanische Häfen. Sie wurden
mit offenen Armen und Tränen der Freude empfangen. Doch der
Empfang hatte einen Preis: Von den Neuankömmlingen wurde
erwartet, dass sie schnell die neue Sprache lernten, sich ein eigenes Leben aufbauten und ihre Gastgeber mit den schrecklichen
Details verschonten. Auch wenn die jahrhundertealten Zentren
europäischer jiddischer Zivilisation zerstört worden waren, sollten sie doch nicht in dem Land der unendlichen Möglichkeiten
und der kollektiven Amnesie wiedergeboren werden.

Frühere Immigranten hatten oft weiterhin untereinander Jiddisch gesprochen, geschrieben und gelesen, und ihre Kinder
bewahrten zumindest ein gewisses Verständnis der Sprache. Mit
ihren Enkeln jedoch war es ganz anders. Jiddisch wurde als Dialekt angesehen, als ein Beigeschmack, als vages Echo einer fremden Sprache. Juden machten sogar mit einem gewissen Stolz

Witze über das allmähliche Verschwinden ihrer Sprache. Die Kinder waren so amerikanisch, *kejn ejne-hore* (die jiddische Form einer hebräischen Beschwörung gegen den bösen Blick), sie verstanden kein Wort.

Dieses Klima steigerte den Druck auf die Nachkriegsimmigranten, sich zu assimilieren, zumindest im öffentlichen Bereich. Viele Institutionen, die Jiddisch Sprechende früher abgeschirmt hatten, waren in der Auflösung begriffen oder bereits ganz verschwunden.

Schuld, Mitleid, Angst und die noch nie da gewesenen Möglichkeiten, all das hatte daran Anteil. Auch die Rolle der Amerikaner im Kriegsverlauf war nicht makellos gewesen. Als die Nazis an die Macht kamen, hatten die Vereinigten Staaten, aufgrund ihres eigenen unterschwelligen Antisemitismus, nur eine Hand voll Flüchtlinge akzeptiert. 1942, als die ersten Nachrichten von Ghettos und Konzentrationslagern kamen, wurden sie vor allem von der jiddischen Presse verbreitet, die damals noch von einem Drittel aller amerikanischen Juden gelesen wurde. Die führenden amerikanischen Presseorgane spielten die Notlage der europäischen Juden ständig herunter und brachten entsprechende Berichte überhaupt nicht oder nur auf den letzten Seiten. Besonders enttäuschend war diese dürftige Betrachtungsweise bei der *New York Times* mit ihren deutsch-jüdischen Besitzern.

Ein Beispiel: Die jiddische Presse hatte einer Massendemonstration vom 21. Juli 1942 im New Yorker Madison Square Garden einen breiten Raum gegeben. Eine Koalition jüdischer Organisationen hatte zu einem Protest gegen die Massaker an Juden in Osteuropa aufgerufen, die Halle war mit zwanzigtausend Menschen gefüllt, und noch mehr standen draußen. Die *New York Times* beschrieb dieses Ereignis als «Massendemonstration gegen Hitlers Gräueltaten». Die Juden als Veranstalter, als Demonstranten und als Opfer wurden kaum erwähnt.

Nach dem Krieg neigten die Juden dazu, mit öffentlichen Forderungen sehr vorsichtig umzugehen. Die Vereinigten Staaten hatten vergleichsweise wenig gelitten, und die Anstrengungen der jüdischen Bevölkerung, die amerikanische Politik zur Hilfe für ihre europäischen Brüder zu bewegen, waren kläglich und wenig effektiv gewesen, deshalb gab es unterschwellige Schuldgefühle. Und nun, im Frieden, zählte der Wohlstand. Die Neuankömmlinge mussten sich bemühen, alles Fremde abzulegen – sie mussten ihre Namen ändern, ihren Akzent, ihre Sprache. Wer brauchte die Last der vergrabenen Erinnerung? Nun, da ein so großer Teil des europäischen Judentums vernichtet war, wurde Jiddisch als Unglück empfunden, als eine unheimliche Verbindung mit den Toten.

Viele Überlebende wollten nach vorne blicken. Wenn sie Familien gründeten, neigten sie zwar dazu, zu Hause mit ihren Kindern Jiddisch zu sprechen, um ein bisschen Trost aus den vertrauten Worten zu ziehen. In einem fremden Land konnte wenigstens der Klang der *mame-loschn* sie in die Wärme einer erinnerten Heimat einhüllen. Sie gaben ihren Kindern Namen von Verwandten, die ermordet worden waren. Sie tradierten die Sprüche, die Lieder, die Ausdrücke. Sie schrieben *jisker*-Bücher und viele, viele Memoiren. Doch nur allzu oft hielt das schreckliche Schweigen der Holocaustopfer an.

Max Weinreich, der die Kriegsjahre in New York verbracht hatte, baute das Jiddische Wissenschaftliche Institut in den USA neu auf. Es gab keinen Weg zurück. Als die Sowjets die Herrschaft über Litauen übernommen hatten, erhielt die Stadt Wilna den Namen Vilnius. So wurde das New Yorker YIVO-Institut zum Zentrum jiddischer Forschung, zum Aufbewahrungsort für jiddische Bücher und jiddische Literatur. YIVO veröffentlichte Zeitschriften, Bulletins und Monographien; YIVO unterstützte Unterricht, Konferenzen, Sommerschulen. Es etablierte ein standardisiertes System der Transliteration oder Transkription mit lateinischen Buchstaben, das sich auf die eigene standardisierte Orthographie stützte. Außerdem wurde es zum Sitz eines neuen Forschungsfelds – Studien zum Holocaust.

Doch das Institut war nicht in der Lage, ein zweites Mal ein Wunder zu vollbringen. Die Amerikaner begrüßten es nicht mit der gleichen verzweifelten Unterstützung, wie es die polnischen Juden vor dem Krieg getan hatten. Die amerikanischen Juden hatten unendlich mehr Möglichkeiten, und Weinreich schaffte es nicht, die amerikanische Jugend so stark zu inspirieren, wie es ihm mit der jüdischen Jugend in Wilna gelungen war. Die traurige Wahrheit ist: Mit jedem Nachkriegsjahr verlor Jiddisch weiter an Bedeutung. Wichtige Institutionen öffneten sich für Juden, die dann nur ein geringeres Bedürfnis nach Trost durch Jiddisch verspürten. In der Zeit nach dem Krieg verschob sich das empfindliche Gleichgewicht zwischen «Wir» und «Ihr» stark zugunsten einer Verschmelzung.

Weinreich selbst konzentrierte sich auf die Wissenschaft. Er wurde der erste amerikanische Professor für Jiddisch am New Yorker City College. Er schrieb, auf Jiddisch, eine vier Bände umfassende Geschichte der jiddischen Sprache. Sein Sohn Uriel, der sich zu seinem Nachfolger entwickelte, gab ein Standardwörterbuch Jiddisch-Englisch heraus, das noch heute als Standard-College-Text gilt. Uriel Weinreich brachte auch ein großes Projekt in Gang: einen linguistischen und kulturellen Atlas des Jiddischen, in dem die Ursprünge und Variationen einer Sprache festgehalten werden sollten, deren Sprecher sich von Ort zu Ort und durch die Zeit bewegten. Das Projekt wuchs zu einem Umfang von sechstausend Aufnahmestunden und hunderttausend Seiten von Feldnotizen an. Doch Uriel Weinreichs Tod im Alter von nur vierzig Jahren wirkte wie das Ende einer Dynastie, und der Atlas blieb jahrzehntelang unveröffentlicht. Es fand sich kein junger, dynamischer Amerikaner, um sein Werk fortzuführen. Der kulturelle Humus lag woanders.

Ein Witz, der unter den amerikanischen Juden lange populär war, stellt einen Immigranten mit starkem jiddischem Akzent und dem unpassenden Namen Shane Ferguson vor. Als er gefragt wurde, wie er an so einen uncharakteristischen Namen gekommen sei, antwortete er, dass er während der Überfahrt mit dem Schiff ständig seinen neuen Namen geübt habe. Doch bei seiner Ankunft stand er einem erschreckenden, Englisch sprechenden Polizisten gegenüber, er brachte nur noch die jiddischen Worte *schejn fargeßn* (schon vergessen) hervor. In Wirklichkeit waren es seine Kinder und Enkel, die das Vergessen übernahmen.

In den politisch konservativen, boomenden Nachkriegsjahren strebten die Juden ebenso wie andere ethnische Gruppen von Amerikanern in die Vorstädte und ließen ihre ethnische Zugehörigkeit hinter sich. Obwohl sich die ältere Generation im Jiddischen noch immer heimisch fühlte – tatsächlich gab es Immigranten, die jahrzehntelang in Amerika lebten und fast kein Englisch sprachen –, kannten die nach dem Krieg geborenen Kinder Jiddisch vor allem als witzige Pointen, die sie nicht verstanden.

Wenn Juden ihre Kinder zu modernen Hebräischen Schulen schickten, fand der Unterricht auf Englisch statt. Nur in den unnachgiebigsten chassidischen Institutionen blieb Jiddisch die Unterrichtssprache. Als 1948 der Staat Israel gegründet wurde, änderte sich sogar der Klang der hebräischen Gebete. Kinder lernten nun die sefardische Aussprache, ein Erbe von Ben Jehudas antijiddischer Kampagne. Die heiligen Worte konnten nicht mehr so leicht in die Umgangssprache übernommen werden. Ein weiteres Bindeglied zu Jiddisch war verloren gegangen.

Allmählich verblasste die alte Heimat in der Erinnerung, die *schtetlech* existierten nicht mehr. Das Alte Land selbst verschwand. Je tiefer der Graben des Kalten Kriegs wurde, umso unerreichbarer wurden für Amerikaner die Länder, in denen früher Jiddisch gesprochen wurde. Russland, die Ukraine und Polen lagen isoliert hinter dem Eisernen Vorhang. Alles, was blieb, war die Erinnerung. Und im vorwärts strebenden Amerika waren Erinnerungen das Erste, was man zurückzulassen hatte.

Die fünfziger Jahre waren weitgehend geprägt von der rechtsgerichteten McCarthy-Politik, die mehr als nur ein bisschen antisemitisch war. Die Tatsache, dass Jiddisch eng verbunden war mit der politischen Linken, half seinem Image auch nicht besonders. Wenn FBI-Agenten Linke aufspüren wollten, stellten sie sich auf die Parkplätze jiddischer Institutionen wie *Camp Kinderland* und notierten die Nummernschilder der Eltern. Die Folge war, dass nur noch die treuesten oder fanatischsten Jiddischisten ihre Kinder in diese Ferienlager schickten, die meisten fanden andere, grünere Wiesen.

Auch die Volkskultur veränderte sich. Die jiddische Filmindustrie kam nach dem Krieg nie mehr in Gang, deshalb kamen jiddische Wörter und Themen nur versteckt in der normalen Filmproduktion vor. Viele der Hollywood-Größen waren Juden, doch diese Tatsache hielt sie ironischerweise davon ab, eine jüdische Färbung zu zeigen. Neal Gabler, der schrieb, dass die Juden Hollywood erfunden hätten, beschreibt dies als «eine heftige, fast pathologische Umarmung Amerikas. Etwas trieb sie dazu, alles zu leugnen, was sie gewesen waren, bevor sie sich hier niedergelassen hatten».

Schauspieler, die den Sprung vom jiddischen Theater an den Broadway geschafft hatten, legten sich amerikanische Namen zu. In Filmen und Theaterstücken schlüpften nur gelegentlich Jiddischismen durch. Groucho Marx sang: «Hooray for Captain Spaulding, the African explorer», und fügte verschmitzt hinzu: «Did someone call me *shnorer*», ein Wort, das über die wörtliche Übersetzung «Bettler» hinaus eher «Abstauber» bedeutet. Viel später, als Mel Brooks 1974 in dem Film *Blazing Saddles* den Häuptling eines Indianerstammes spielte, machte er den Mund auf und sprach eine fremde Sprache – Jiddisch. Doch immer weniger Menschen im Publikum konnten verstehen, was diese «Eingeborenen» mit ihrem Federschmuck sagten, oder auch nur erkennen, um welche Sprache es sich handelte.

Das jiddische Theater existierte noch ein paar Jahrzehnte nach dem Krieg, aber sein Publikum schwand dahin. Die wenigen jiddischen Wörter und Ausdrücke, die in der allgemeinen Kultur auftauchten, waren eine nostalgische Reverenz an eine Ethnie. Die

beliebteste und bekannteste jüdische Vertreterin in der Populär-
kultur, Molly Berg, trat anfangs in einem eigenen Radiosender auf,
später in TV-Shows. In den ersten Jahren sprachen ihre Figuren
ein jiddisch gefärbtes Englisch. «Yes, Jake. Dun't leff, Maybe I'm
a plein peison, and I dun't ridd vhat de high writers is writing, bot
by myself I found out de whull secret.» Doch so offensichtliche
ethnische Zugehörigkeit hatte keinen Platz im Fernsehen, und ihre
Show, obwohl erfolgreich, blieb die einzige ihrer Art. Häufiger si-
gnalisierte ein jiddischer Akzent lediglich, dass es für die Zuschauer Zeit war zu lachen.

Seit ihrer Blütezeit in den dreißiger Jahren sanken die Absatz-
zahlen der jiddischen Zeitungen ständig, ein Blatt nach dem anderen musste schließen, und frühere ideologische Feinde wurden
gezwungen, Seite an Seite zu schreiben. Schon immer waren Zeitungen ein fruchtbarer Boden für verletzten Stolz und hartnäcki-
ge Partisanenkämpfe gewesen, doch nun entfremdeten sich die
ehemaligen Gefährten immer mehr. Isaac Bashevis Singer erzählte einmal, dass sein Bruder Israel Joshua von den mörderischen
Fehden unter den Mitarbeitern des *Forwerts* berichtet habe. Wie
der ältere Singer es beschrieb, schienen die Stalinisten der Auffassung gewesen zu sein, der *Forwerts* und seine Mitarbeiter seien
das einzige Hindernis für die Revolution. Wie immer war es beeindruckend, dass sich Jiddisch Sprechende so leidenschaftlich verantwortlich für das Wohl der ganzen Welt fühlten. Aber die Auseinandersetzungen wurden immer stilisierter und abgehobener.

Die Geschichte schien sich gegen die jiddische Sprache ver-
schworen zu haben. In Osteuropa, ihrer natürlichen Heimat,
waren ihre Träger ermordet, ihre Kultur zerstört worden. Die verbliebenen Jiddisch Sprechenden in der Sowjetunion mussten sich
mit ihren eigenen Kulturkämpfen befassen. Und in den Vereinigten Staaten, wo sich die Kinder und Kindeskinder der Jiddisch
Sprechenden von Generation zu Generation freier bewegen konnten, schien ihnen ihre eigene Sprache eher ein Hindernis als eine
Hilfe zu sein. Für die meisten jüdischen Kinder war Jiddisch die

Sprache, die ihre Eltern und Großeltern sprachen, wenn sie von ihrem Nachwuchs nicht verstanden werden wollten. Nur wenige der älteren Generation erkannten, welche Konsequenz ihre Sprachstrategie haben würde, nämlich, dass Jiddisch nach ihrem Tod aussterben würde.

Als die Traumata des Krieges verblassten und eine neue Generation herangewachsen war, wurde eines vollkommen klar: Es würde nie mehr ein Jiddischland geben. Vielleicht konnte es jiddischen Kaffeeklatsch geben, jiddische Witze, jiddische Sprichwörter und jiddische Lieder, aber die Nachkriegsgeschichte hatte eine andere Richtung eingeschlagen. Die jiddischen Enklaven in den älter werdenden Stadtkernen würden keine Geschäfte mehr machen, die Theater, Schulen, Radiostationen und Zeitungsverlage würden schließen. Und sie würden nicht ersetzt werden.

Man hörte ein neues Wort in Verbindung mit *mame-loschn*: *tojt*. Tot. So unglaublich das klang, das Gerücht hielt sich, dass die tausend Jahre alte Sprache tatsächlich sterben könnte. Die kurze Blütezeit des Jiddischen – es war erst hundert Jahre her, seit Mendele seine ersten jiddischen Geschichten veröffentlicht hatte – war abrupt abgeschnitten worden. Neue Institutionen fanden nicht die Zeit, Wurzeln zu schlagen. Und jetzt war es zu spät – die verbliebenen Jiddischsprachler lebten immer isolierter.

Die Vereinigten Staaten repräsentierten die größte Konzentration von Juden auf der Welt, und die amerikanischen Juden identifizierten sich nun mit Israel, das verstrickt war in einen David-und-Goliath-Kampf gegen seine Nachbarn, die geschworen hatten, alle Israelis ins Meer zu treiben. Jüdische Kinder in den Vereinigten Staaten lernten israelische Tänze, sangen israelische Lieder. Jüdischer Stolz stammte nun vom Hebräischen, der Sprache der tapferen, starken Männer und der lebendigen, freien Frauen der sonnenverbrannten, vorwärts gerichteten Kibbuzim. Um 1960 lernten nur noch drei Prozent der amerikanischen Kinder an jüdischen Schulen die jiddische Sprache.

Die lautesten Lamenti kamen von den jiddischen Dichtern, die nun vorwiegend in New York und Tel Aviv lebten. Nicht nur, dass ihr persönliches kreatives Medium starb, sondern eine ganze kulturelle Vision war drauf und dran, verloren zu gehen. Hitler hatte ihr Volk ermordet, aber die Juden ließen zu, dass ihr eigenes Erbe starb.

Die jiddischen Dichter taten, was sie immer getan hatten. Sie schütteten ihr Herz in jiddischen Versen aus, verkündeten ihre Liebe zu ihrer Sprache, ihre Angst vor deren Untergang. Die immer kleiner werdende Zahl jiddischer Zeitungen, Bücher und Journale waren voll leidenschaftlicher Oden an den Tod der Sprache, in der sie geschrieben worden waren. Mochte ihre literarische Qualität durchaus unterschiedlich sein, die Intensität ihrer Liebe zur Sprache war es nicht. Man kann sich kaum eine Sprache vorstellen, die selbst zum Subjekt so vieler verzweifelter Klagelieder wurde.

Elieser Grinberg schrieb in *Stammler in allen Sprachen der Welt*:

O Stammler in allen Sprachen der Welt,
in welcher Sprache, außer in Jiddisch,
klingt jüdisches Lachen so klar und rein?
In welcher Sprache, außer in Jiddisch,
sind jüdische Schluchzer so herzzerreißend?

1969 schrieb Cynthia Ozick eine Kurzgeschichte unter dem Titel *Neid oder Jiddisch in Amerika*, über einen jiddischen Schriftsteller in New York, der verzweifelt versuchte, seinen Lebensunterhalt zu verdienen.

Er verschlang Reste. Die Synagogen, Gemeindezentren, Gewerkschaften bezahlten ihm so wenig, dass er fast an den Knochen der Toten nagte. Er fuhr von Viertel zu Viertel, von Vorstadt zu Vorstadt, und beweinte auf Englisch den Tod der jiddischen Sprache. Manchmal versuchte er, eines oder zwei seiner Gedichte zu lesen. Beim ersten jiddischen Wort begannen die geschminkten alten

Damen der Reformgemeinden vor Scham zu kichern wie beim Auftritt eines Fernsehkomödianten. Orthodoxe und konservative Männer schliefen sofort ein. So überlegte er es sich anders und erzählte Witze.

Bei einem dieser Witze ging es um einen Beerdigungszug, dessen Route an den Büros der letzten jiddischen Zeitung in der Stadt vorbeiführte. Es gab zwei Redakteure, einen, der die Zeitungen von der Presse nahm und einen, der aus dem Fenster schaute. Derjenige am Fenster sah den Beerdigungszug vorbeiziehen und rief seinem Kollegen zu: «He, Mottel, druck eine weniger!»

Der Schriftsteller, Kritiker und Jiddischexperte Irving Howe gab diesem Tod ein menschliches Gesicht. 1982 schrieb er über den jiddischen Dichter Jacob Glatshteyn: «Glatshteyn wusste – er hatte jedes Recht dazu –, dass er ein ausgezeichneter Dichter war, der, hätte er in einer anderen Sprache geschrieben, berühmt geworden wäre, Preise bekommen hätte und zum Thema kritischer Studien geworden wäre. Es fiel mir schwer zu erklären ... diese vollkommene Gleichgültigkeit amerikanischer Literaturkreise gegenüber der Existenz einer lebendigen jiddischen Kultur, die man buchstäblich und symbolisch, ein paar Blocks entfernt finden konnte.»

Ein Schriftsteller, der nie resignierte, sich niemals anpasste, war Isaac Bashevis Singer. Sogar als alter Mann fuhr er fort, Geschichten von *gojlems* und *dibuks* zu schreiben, von gequälten Mädchen in zeitlosen *schtetlech*, von wahnsinnigen Frauen in den polnischen Städten der Vorkriegszeit, von älteren Männern, die immer noch die Energie aufbringen, mit ihren Freunden zu diskutieren und die ihre Frauen im New York der Nachkriegszeit betrügen. Seine Werke wurden noch immer im *Forwerts* vorabgedruckt, aber eine wachsende Zahl seiner Anhänger lasen seine Werke in der englischen Übersetzung. (Obwohl Singer über vierzig Jahre in Amerika lebte und Englisch hervorragend beherrschte, schrieb er immer auf Jiddisch und verließ sich auf Übersetzer.)

In den siebziger Jahren wurde *The New Yorker* zu seiner regelmäßigen Stimme. Ein amerikanischer Verleger von Singers Memoiren konnte sich die kostspieligen Illustrationen von Raphael Soyer leisten. Die Ironie des Ganzen hätte einen großartigen jiddischen Witz abgeben können, wäre es nicht so tragisch gewesen. Eine reife jiddische Literatur konnte einen Schriftsteller von Singers Format hervorbringen und durch ein langes, arbeitsreiches Leben hindurch seine Kreativität nähren. Ein literarisches Publikum konnte einen Autor genießen, der tief in einer bestimmten Kultur verwurzelt war.

Das einzige Problem war, dass beide, die Kultur und die Sprache, fast verschwunden waren. Ein nichtjüdisches Publikum und eine neue Generation von Juden, die des Jiddischen unkundig waren, entdeckten Singer in Übersetzungen. Vielleicht halfen ihm diese jüngeren Juden, die sich mit Leichtigkeit in der englischsprachigen Welt bewegten, eine größere Leserschaft zu finden. Aber je heimischer sie sich in Amerika fühlten, umso weniger heimisch fühlten sie sich im Jiddischen.

Etwas zu dieser Zeit aber begannen sie zu spüren, was sie verloren hatten. Es gab eine beachtliche Anzahl von jüdischen Autoren in den Zwanzigern mit kaum nennenswerten Jiddisch-Kenntnissen, die den alten Singer interviewten, sich um ihn herum aufhielten oder für ihn arbeiteten. Sie betrachteten diesen Brummbär als eine Art kindischen *sejde*, als Großvater, als sorgsam gehegtes Bindeglied zu einer verlorenen Welt.

Singer erhielt 1978 den Nobelpreis für Literatur. Diese Ehrung, dass einer von ihnen als Schriftsteller so hoch geachtet wurde, gab der jiddischen Sprache einen enormen psychologischen Auftrieb. In einem weiteren Sinn bedeutete der Preis eine Anerkennung der Sprache selbst.

Zur gleichen Zeit nahm ein Teil der amerikanischen jüdischen Gemeinde eine völlig andere Haltung ein. Anders als die Mehrheit der amerikanischen Juden, die ihren Frieden mit den Segnungen der Vereinigten Staaten gemacht hatten, kehrte diese Gruppe der säkularen Gesellschaft nachdrücklich den Rücken zu. Indem sie eine Welt schufen, die sich so weit wie möglich von der sie umgebenden Kultur unterschied, brachten diese Juden ein erstaunliches Nebenprodukt hervor – die Möglichkeit einer realen Zukunft für die jiddische Sprache.

Nach dem Zweiten Weltkrieg war eine kleine Zahl von ultraorthodoxen Juden, die meisten Chassidim, nach New York gekommen, wo sie sich ihren Gesinnungsgenossen anschlossen, die bereits vor dem Krieg ausgewandert waren. Weitere kamen Mitte der fünfziger Jahre, als der Antisemitismus sie aus den kommunistischen Ländern Ungarn und Polen vertrieb. Sie nannten sich selbst *Haredim*, Gottesfürchtige, eine Bezeichnung, die noch etwas mehr als *Chassidim* bedeutet, obwohl es Außenstehenden schwer fallen würde, die beiden Gruppen zu unterscheiden.

Sie behielten ihre Treue zu ihren dynastischen *rebbeim* bei und waren weiterhin bekannt unter dem jiddischen Namen der Heimatstadt ihrer *rebbeim* – Szatmar, Belz, Ger –, Namen von Orten, die es nicht mehr gab. Die Männer trugen die Kleidung der Chassidim aus dem 18. Jahrhundert. Sie bekamen große Familien – sechs, acht, sogar zehn Kinder –, ein verzweifelter Versuch, die Millionen ermordeter Juden zu ersetzen. Ganz bewusst, um sich von der amerikanischen Kultur und von ihren assimilierten Brüdern zu unterscheiden, beharrten sie außerdem darauf, Jiddisch zu sprechen. Sie taten es, weil sie es immer getan hatten. Sie taten es, weil die sechs Millionen Ermordeten, die heiligen Märtyrer, es getan hatten. Sie taten es, weil es sie von der säkularen Gesellschaft trennte. Sie taten es, weil nach allem, was geschehen war, Jiddisch, die einfachste, allgemeinste Sprache, eine heilige Aura bekommen hatte. Sie verglichen Jiddisch mit dem *mentele*, der äußeren, bestickten Stoffhülle der Torarollen. Weil das *mentele* das heilige Gesetz umhüllte und schützte, wurde es ebenfalls heilig.

Die Ultraorthodoxen fuhren fort, in ihren eigenen *jeschiweß* auf Jiddisch zu unterrichten. Ihre *rebeim* fuhren fort, ihre Reden auf

Jiddisch zu halten, und ihre Anhänger fuhren fort, sie auf Jiddisch auswendig zu lernen. In ihren Lehrhäusern und zu Hause, bei ihren sozialen und religiösen Zusammenkünften, erfüllte Jiddisch seine alte Funktion: Es brachte die Gemeinschaft näher zusammen und schirmte sie von der Außenwelt ab. Es spielte keine Rolle, dass sich die Gesetze geändert hatten, dass ihr «fremdes» Gastland ihnen einen Ort bereitgestellt hatte, an dem Juden sich relativ wohl fühlen konnten, oder dass viele der anderen Juden weniger strenggläubig waren als sie. Jiddisch blieb ihre private Sprache, ihre besonders strenge jüdische, mystische Art, auf eine christliche, materiell ausgerichtete und gleichmachende Welt zu reagieren. Für die Ultraorthodoxen spielte Jiddisch eine ähnliche Rolle wie die langen Mäntel und die Pelzmützen der Männer. Es bot eine Isolierschicht. Es ließ sie ständig gewahr sein, dass sie anders waren. Für Außenstehende war das ebenso seltsam und fremd wie ihre *pejeß* und ihre langen, nie geschnittenen Bärte.

Doch sosehr die Ultraorthodoxen sich auch abschlossen und Enklaven in Brooklyn und in den Catskills gründeten, sie konnten die Zusammenstöße mit der Außenwelt nicht vermeiden. Obwohl sie weiterhin auf Jiddisch unterrichteten und den hebräischen Text Satz für Satz übersetzten, wie sie es seit Jahrhunderten getan hatten, wurden ihre Schüler per Gesetz verpflichtet, zumindest so viel Englisch zu lernen, dass sie die Prüfungen in Sprache und Mathematik machen konnten. Deshalb kam es nicht vor, dass sie die Landessprache nicht beherrschten, so wie es früher in Europa oft der Fall gewesen war. Sie mussten täglich mit anderen Menschen umgehen, auch mit anderen Juden, die im Lauf der Jahre immer weniger Jiddisch verstanden. Jiddisch zu sprechen wurde zu einer bewussten Anstrengung. In den 1980er Jahren gaben sogar einige *jeschiweß* auf und begannen, auf Englisch zu unterrichten.

In der nichtorthodoxen jiddischen Welt wurde die Sprache immer schwächer. 1983 stellte der *Forwerts*, einer der wenigen verbliebenen jiddischen Zeitungen, sein tägliches Erscheinen ein und wurde zu einer Wochenzeitung. Ab 1990 begann er, zusätzlich zu dem jiddischen Wochenblatt eine rein englische Version zu publizieren, in der nur noch ein paar Rubriken der alten *mameloschn* gewidmet waren. Inzwischen hat diese Zeitung sogar angefangen, entsprechend dem YIVO-System Jiddisch in lateinischer Schrift zu transkribieren, ein untrügliches Zeichen dafür, wie sehr sich die Zeiten geändert hatten.

Die jiddische Leserschaft, die einmal Dutzende von Zeitungen unterstützte und das Spektrum von extrem rechts bis extrem links abgedeckt hatte, von den religiösen Fanatikern bis zu den fanatischen Säkularisierern, starb aus. Die wenigen Jiddisch sprechenden Kinder von Holocaustüberlebenden waren nirgendwo zahlreich genug, um die Reihen wieder zu füllen. Jüdische Kinder hatten andere Gründe und andere Methoden, um vorwärts zu kommen. Sie hatten größere Chancen als alle früheren jüdischen Generationen. Das Einzige, was ihnen nicht weiterhalf, war Jiddisch. Abgesehen von einer gelegentlichen Funktion als Codewort, dem lächerlichen Akzent, einem zwei Generationen alten nostalgischen oder erniedrigenden Witz gab es für Jiddisch in ihrem Leben keinen Platz mehr.

Als die Generation der Immigranten wegstarb, wurden die Bücher, die sie aus der Alten Welt in die Slums und von dort in die besseren Wohnhäuser in den grünen Vororten mitgenommen hatten, immer häufiger zurückgelassen. Obwohl die Scholem-Alejchem-Schulen und die Schulen des Arbeiterkreises auch in den Jahren nach dem Krieg weiterhin existierten, erreichte ihr Einfluss doch nur eine winzige Minderheit jüdischer Familien.

Aber noch immer waren die Lehrer treue Anhänger der Sprache. Eine Frau erinnert sich, dass ein beliebter Jiddischlehrer, als er gebeten wurde, eine Frage auf Englisch zu beantworten, sagte: «*A ki git bloß milch; ojb men wil flejsch mus men se derhargenen.*» Eine Kuh gibt bloß Milch; wenn man Fleisch will, muss man sie schlachten.

Die Kuh wurde nicht geschlachtet, aber sie wurde auch nicht

gut gefüttert. Als die Kinder eigene Kinder hatten, war Jiddisch zu sprechen, zu lesen oder zu studieren bereits zum Spezialgebiet begeisterter Anhänger geworden. Es war unter Juden zwar noch immer üblich, eine geringe Anzahl jiddischer Wörter und Phrasen zu benutzen, doch nur selten beherrschte man das komplette System der Sprache.

Die geliebten Bände von Scholem Alejchem, die wohlgesetzten jiddischen Gedichte romantischer Träumer und Hitzköpfe, die Übersetzungen von Tolstoi, Shakespeare und der Bibel, die politischen Reden, die Protokolle der *landsmanschaftn*, die Notenblätter der Musikspiele wurden zerrissen, verbrannt, eingeäschert oder weggeworfen. In einigen Fällen konnten die Kinder der großen Poeten kaum lesen, was ihre Eltern geschrieben hatten, ihre Enkel wussten nicht einmal mehr, dass diese altmodischen Bücher mit der seltsamen Schrift überhaupt Poesie enthielten.

In den Jahren nach 1980 geschah etwas Seltsames. Es war wie in dem jiddischen Sprichwort: *Der Enkel erinnert sich an das, was der Sohn vergessen will.* Die Amerikaner entdeckten die Klesmer-Musik. Eine neue Generation von Juden, aufgezogen mit Fernsehen und Rock 'n' Roll, war bereit, etwas anderes zu hören, etwas, was sie vielleicht noch nie gehört hatte – ein lebhaftes Klagen, das sie ihr Leben lang knapp außerhalb ihrer Wahrnehmung umgeben hatte. Inzwischen war eine ganze Generation seit der Hölle des Zweiten Weltkriegs vergangen. Die amerikanische Kultur konnte es sich leisten, ein ethnisches Bewusstsein zu entwickeln, die Hitze des Schmelztiegels ein wenig zurückzudrehen. Amerikanische Juden fühlten sich inzwischen sicher genug, einen Blick zurückzuwerfen und das zu betrachten, was sie verloren hatten. Sogar wenn ihre Eltern die jiddischen Bücher der Großeltern weggeworfen und das Abonnement für die letzte jiddische Zeitung gekündigt hatten, kamen die Jüngeren über die Musik zu Jiddisch zurück.

Ein New Yorker Musiker, Henry Sapoznik, beschrieb die

Umwege seiner Rückkehr. Es war in den späten siebziger Jahren. Er machte seine dritte Pilgerreise, um bei einem Meister der Appalachen-Musik zu lernen, als sein Lehrer erwähnte, wie viele Juden diese uralte, amerikanische Musik der Berge spielten. «Eines Tages fragte er mich in aller Offenheit: ‹Hank, haben deine Leute denn keine eigene Musik?›»

Es stellte sich heraus, dass sie eine eigene Musik hatten. Klesmer-Musik hatte es schon seit etwa hundert Jahren gegeben. Die Wörter *klej semer* stammen aus dem Hebräischen, sie bedeuten «Instrument» und «Melodie». Im Jiddischen waren die beiden Worte zusammengezogen worden und wurden für beides benutzt, für die Musik und die Musiker. (Wie andere hebräische Wörter behielten sie ihren hebräischen Plural, *klesmorim*.)

Ursprünglich waren es Melodien zu besonderen Tänzen bei Hochzeitsfeiern – *Hora mit zibeles* (*Hora mit Zwiebeln*), *Schwer un schwiger* (*Schwiegervater und Schwiegermutter*) –, eine Musik, die aus einer Volkstradition heraus entstanden war und nun Gebrauch machte von moderner Technik und neuen Idiomen. Sie war zugleich leicht zugänglich und exotisch, ganz nah und aufreizend fern. Und alle Texte zu allen Liedern waren jiddisch. Wie auf die Sprache hatte man auch auf die Musik von oben herabgeschaut, als sei sie nicht viel wert. Nun, da die Immigrantengeneration still geworden war und Amerika in eine Epoche der Suche nach den eigenen Wurzeln, der Weltmusik und der Verschmelzung eingetreten war, wollte jeder diese Musik spielen, ob er jüdisch war oder nicht. Zukünftige *klesmorim* lernten Jiddisch, sei es auch nur, um die Texte zu den neu entdeckten Liedern richtig aussprechen zu können.

Nun, vier Jahrzehnte, nachdem Max Weinreich begonnen hatte, an einer amerikanischen Universität Jiddisch zu unterrichten, war es kein glücklicher Zufall mehr, wenn man an irgendeinem College Jiddisch lernen konnte. Dutzende von Colleges boten Einführungskurse an. Man konnte ein Semester lang übersetzte jiddische Literatur studieren. Einige Colleges boten sogar Studiengänge mit einem akademischen Abschluss an. Ein ganzes Jahrhundert nachdem Jiddisch sprechende Juden in großer Zahl nach Amerika gekommen waren, waren ihre Nachkommen in der akademischen Welt außerordentlich gut repräsentiert. Die tradierte jüdische Neigung zum Studium der heiligen Schriften hatte sich spielend auf die säkularen Bereiche übertragen lassen. Es gab keine Quoten mehr, die Juden beim Studium eingeschränkt hätten. 1980 wurden Quoten eher als Mittel der Einbindung von Minderheiten benutzt, mit dem Ziel einer neuen, multikulturellen Gesellschaft. Zu der Zeit, als Afroamerikaner ihre eigene Geschichte erforschten und Frauen sich wissenschaftlich um vergessene oder ignorierte Schriftstellerinnen kümmerten, entdeckte eine kleine, aber wachsende Zahl jüdischer Studenten die jiddische Sprache, die so lange in den Hintergrund geschoben worden war.

Wieder einmal kann man sagen: Die Ironie wäre köstlich gewesen, hätte es nicht diesen unschätzbaren Verlust gegeben. Das alte jiddische Sprichwort *Hebräisch lernt man, Jiddisch kann man* war auf den Kopf gestellt worden. Jiddisch war nicht mehr der Jargon, den die Menschen ohne nachzudenken sprachen, es wurde zu einer Sprache, die man studierte und lehrte. Jiddisch besaß, wie sich herausstellte, eine Geschichte, eine Grammatik, eine Literatur. Nun hatte es sogar Gelehrte.

16. Kapitel

Russland: Der herzzerreißende jiddische Dichter

"בין פֿרײַ, בין פֿרײַ, בין פֿרײַ!" האָסטו געזאָגט;

ווילד ווי דײַנע פּאָעמעס, האָסטו אויסגעשאָקלט דײַנע ווילדע האָר.

«Bin fraj, bin fraj, bin fraj!» hostu gesogt.
Wild wi dajne poemeß, hostu ojßgeschoklt dajne wilde hor.

«Bin frei, bin frei, bin frei!», sagtest du,
wild wie deine Gedichte, hast du geschüttelt deine wilden Haare.
Chaim Grade,
Elegie für die sowjetischen Schriftsteller

Die Unterschiede zwischen den Vereinigten Staaten und der Sowjetunion hätten in der Zeit nach dem Krieg nicht stärker sein können. Um das Schicksal der jiddischen Sprache in der Sowjetunion zu verstehen, gibt es keine bessere Methode, als uns das Leben von Perez Markisch anzuschauen, eines leidenschaftlichen Poeten, der noch dazu sehr gut aussah. Er hatte dichte schwarze Haare über einer breiten Stirn und dunkle, durchdringende, ruhige Augen. Seine Frau Esther schrieb eine Biographie, die uns einen lebendigen Blick auf eine außerordentliche Zeit erlaubt.

Es ist nicht immer leicht, russische jiddische Dichter zu lesen. Oft treten sie blumig und überlaut in unsere eher zynische Zeit. («Ich liege verlassen auf den Straßen, den Wegen der Dämmerung / und weiß nicht, ob ich zu Hause bin oder in der Fremde –

Ich renne!») Wir können förmlich den großen Mann sehen, wie er auf der behelfsmäßigen Bühne steht, in einem warmen Raum mit Holzboden, in dem sich seine Zuhörer auf Klappstühlen zusammenpferchen, die Luft voller Zigarettenrauch und Sehnsucht.

> Dein Herz ist nah. Ich höre seine Musik wie eine Quelle meines
> eigenen Selbst,
> doch ich weiß nicht, wie ich seinen Rand erreichen kann.
> Wie in einem Wald gehe ich in dir, still,
> ein Wald, in dem ich noch nie gewesen bin.

> Der Tag verblasst. Bald wird er hinter einem Hügel versinken.
> Was ist, wenn er verschwunden ist? Wenn die Nacht heruntersinkt,
> eine Nacht ohne Stern?
> Wie in einem Wald gehe ich in dir, still,
> und, wie beim ersten Mal, zeigt ein Weg, wo du bist.

Markisch wurde 1895 in Polonnoje geboren, einer kleinen Stadt, die heute zur Ukraine gehört. Seine Familie war in vielerei Hinsicht typisch: Sein Vater studierte die Tora, während seine Mutter die Familie durch den Verkauf von Heringen ernährte. Der kleine Perez war ein anziehendes, vielseitig begabtes Kind. Mit zehn lief er von zu Hause weg, um seine erste Karriere als Synagogensänger zu beginnen, aber mit fünfzehn schrieb er schon Gedichte auf Russisch. Er kämpfte im Ersten Weltkrieg und wurde verwundet. Als er zweiundzwanzig war, wurden seine Gedichte, nun auf Jiddisch, veröffentlicht. Markisch besaß die alles verschlingende Natur eines Dichters:

> Mit frei ausgestreckten Armen
> umarme ich gierig die Welt,
> und starre in stummem Frohlocken
> in die Ferne, nach oben, in die Weite vor mir.

Seine Frau beschrieb seine Arbeitsweise hier am Beispiel seines Umgangs mit einem Kollegen, der seine Gedichte aus dem Jiddischen ins Russische übersetzte. Bemerkenswert ist daran der Umstand, dass Perez vollkommen in der russischen Sprache zu Hause war.

> Die Luft füllte sich mit Rufen, auf Russisch und Jiddisch, mit Singen, Stampfen und allgemeinem Geschrei: Markisch arbeitete mit seinem Übersetzer – das heißt, er zerriss die Übersetzung in Stücke, demonstrierte, dass Wörter nichts anderes als Gefäße für seine Gefühle seien und dass Poesie nicht übersetzt werden könne, indem man versuchte, Wörter einzusetzen, die dem Original entsprachen. Bei seinen Bemühungen, die ausgedrückten Gefühle zu erklären, bediente sich Markisch oft dramatischer Gesten. Bei einer Gelegenheit, alarmiert durch einen seltsamen, dumpfen Aufschlag, spähte ich durch den Türspalt. Markisch lag auf dem Boden, mit weit ausgebreiteten Armen, ihn buchstäblich umarmend; in den fraglichen Versen ging es darum, wie der Autor die ganze Welt umarmt, das ganze Universum.

Markisch besang vor allem den jüdischen Anteil an der Revolution und am sozialistischen Aufbau. Mit anderen jungen Dichtern, die von den zeitgenössischen Kritikern als *chaljastre*, eine wilde Horde, bezeichnet wurden, arbeitete er an einer Anthologie mit, die sie, stolz den Namen der Kritiker aufgreifend, *chaljastre almanach* nannten. Markisch reiste viel herum, nach Warschau, Paris, London, Berlin, sogar nach Palästina. Nach vier Jahren kehrte er in die Sowjetunion zurück. Viele seiner talentiertesten Zeitgenossen trafen die gleiche Entscheidung. In dem neuen Arbeiterparadies unterstützte der Staat jiddische Schulen, Theater und Verlage. Ganz offensichtlich lag dort die Zukunft eines jiddischen Dichters.

Schon bald traf Markisch Esther, eine gut aussehende, sechzehnjährige Studentin mit einer Begabung für Sprachen, die aus einer wohlhabenden jüdischen Familie stammte. Ihre Familie warnte sie vor dem dreiunddreißigjährigen Poeten, dem ein Ruf als Frauenheld anhaftete, doch es schien keinen Weg zurück gegeben zu haben. Sie heirateten, bekamen zwei Söhne und nahmen, zumindest in der Anfangszeit, eine privilegierte Stellung in der literarischen jiddisch-sowjetischen Welt ein, mit Unterkunft in speziellen Schriftstellerhäusern und Haushaltshilfen.

Markisch arbeitete für das staatlich unterstützte Verlagshaus Emes (*emeß*, Wahrheit) und schrieb weiterhin seine romantischen Verse. Doch in den dreißiger Jahren setzten die Säuberungen ein. Obwohl die Religion der Juden schon demontiert war, bot ihre Verbindung mit dem Jiddischen noch immer Anlass genug, sie des Internationalismus zu verdächtigen.

Eine Zeit lang behielt Perez Markisch seine privilegierte Stellung. (Als Beweis für das Ausmaß der Säuberungen: Esther Markischs Vater, ihr Bruder und ihre fünf Onkel wurden verhaftet, obwohl keiner von ihnen politisch aktiv war.) Im Jahr 1939, auf der Höhe der Säuberungen, als Ester Frumkin in ein sibirisches Arbeitslager verbannt wurde, erhielt Markisch den Sowjetischen Regierungsorden, die höchste Auszeichnung für einen privaten Bürger. Seine Frau stellt die nahe liegende Frage: «Aber war Markisch tatsächlich glücklich über diese Auszeichnung des Sowjetregimes – angesichts jener schrecklichen Jahre, in denen dasselbe Regime Dutzende, wenn nicht Hunderte von Menschen interniert hatte, die ihm nahe standen? Ich bin sicher, dass er es war. Sein Vertrauen in unsere glänzende Zukunft und sein Vertrauen in Stalin selbst waren nicht zerstört, noch nicht einmal ins Wanken geraten.»

Um uns die Linie der Partei vorzustellen, sollten wir dieses Gedicht von Itzik Fefer lesen, einem Zeitgenossen Markischs.

Wenn ich Stalin sage – meine ich Schönheit,
meine ich ewiges Glück,
meine ich, niemals mehr zu kennen,
niemals mehr zu kennen den Schmerz.

Aus dem zeitlichen Abstand heraus kann man nicht wissen, wie weit die literarische Produktion jener Zeit von Herzen kam, wie weit solche Gedichte nur dazu bestimmt waren, Eindruck zu machen. Bedenkt man den prekären Status der Juden und die jiddische Neigung zur Ironie, fällt es einem schwer, solche Aussagen als Nominalwert zu betrachten.

Man darf nicht vergessen, dass die jiddischen Poeten keine Wahl hatten. Sie konnten die Sowjetunion nicht verlassen. Und selbst wenn sie es gekonnt hätten, so hätten sie und ihre Familien nicht gewusst, wohin sie gehen sollten. Während die Welt sich immer mehr einem neuen Krieg näherte, hatten sie ebenso wenig Wahlmöglichkeiten wie die anderen osteuropäischen Juden. Man darf außerdem nicht außer Acht lassen, dass die Sowjetregierung osteuropäischen Juden sogar die Erlaubnis verweigerte, vor der Verfolgung durch die Nazis zu fliehen und sich im unterbevölkerten Birobidschan anzusiedeln.

Als der Zweite Weltkrieg begann, fühlten sich jiddische Schriftsteller noch stärker verpflichtet, den Sowjetstaat zu unterstützen. 1941, mit dem Ende des Hitler-Stalin-Paktes, waren sich die Russen der nationalsozialistischen antisemitischen Politik und ihrer Auswirkungen wohl bewusst. Sobald die Nazi-Truppen in die Sowjetunion eindrangen, begannen sie mit Massenmorden an den Juden.

Zu Kriegsbeginn war Polen zwischen der Sowjetunion und Deutschland aufgeteilt worden, dadurch waren weitere zwei Millionen osteuropäische Juden unter sowjetische Herrschaft geraten. Jiddische Schriftsteller aus den früheren Ländern Russland und Ukraine trafen nun auf ihre Gegenspieler aus den großen jiddischen Zentren Warschau und Wilna. Berichte über diese Treffen sind voller unterdrückter Emotionen. Die sowjetischen Juden, inzwischen daran gewöhnt, auf schmalen Pfaden zu wandeln, gaben nur höfliche Versicherungen der Solidarität von sich, doch die polnischen Juden, die von diesen Zusammentreffen berichteten, waren überzeugt, dass ihre sowjetischen Brüder sie um ihre reiche jüdische Kultur beneideten.

1941 fand Stalin eine Verwendung für die früher «wurzellosen Kosmopoliten». Er entwickelte einen Plan, um die jüdischen Ängste vor ihrer eigenen Zukunft für die sowjetischen Zwecke einzuspannen. Die führenden sowjetisch-jiddischen Literaten richteten sich in einer Radiosendung an die Juden in England und in den Vereinigten Staaten und forderten sie auf, die sowjetischen Anstrengungen zu unterstützen. Als Teilnehmer dieser historischen Ausstrahlung rief Markisch «unsere jüdischen Brüder in der ganzen Welt» auf, «sich dem Kampf anzuschließen ... Wir sind ein einziges Volk, und nun werden wir eine einzige Armee werden».

Diese sowjetischen Schriftsteller wurden zum Kern des Jüdischen Antifaschistischen Komitees, das den ganzen Krieg hindurch seine Arbeit tat. Die Mitglieder des Komitees brachten eine jiddische Zeitung heraus, die international verteilt wurde. 1943 organisierten sie eine außergewöhnliche Tour mit Wohltätigkeitsveranstaltungen durch England, Kanada, Mexiko und die Vereinigten Staaten, um Geldgeber zu gewinnen. Eine Gruppe, zu der Solomon Michoëls gehörte, der bewunderte Schauspieler und Direktor des Moskauer Jiddischen Staatstheaters, reiste nach New York, wo sie von Albert Einstein bis Charlie Chaplin einfach jeden trafen. Sie besuchten Scholem Alejchems Grab in Brooklyn und hielten eine Versammlung auf den Polo Grounds ab, die um die fünfzigtausend Menschen anlockte. Nicht weniger als sieben amerikanische Juden schrieben jiddische Gedichte zu Ehren dieses Ereignisses.

In der Zwischenzeit hatten die Sowjets Schwindel erregende Verluste erlitten. Markisch verbrachte den Krieg als Leiter eines jiddischen Kurzwellenprogramms, das sich an amerikanische Juden richtete. Nun, da der internationale Charakter des Jiddischen nützlich war, stieg das Ansehen der Sprache wieder. Schon damals schien Markisch verstanden zu haben, dass die Juden in der Sowjetunion nur dann toleriert wurden, wenn sie den Bedürfnissen des Staates nützten. Als der Dichter Abraham Sutzkever Markisch am Ende des Zweiten Weltkriegs traf, machte er den

Eindruck eines Mannes, der unter großem Druck stand. In einem Gedicht, in dem er sich an ihren Abschied erinnert, schrieb Sutzkever: «Moskau hatte zu lange rote Sterne regnen lassen / Auf uns, aus seinen Himmeln.»

In der Ära des Kalten Krieges, als offene Feindseligkeiten zwischen den Vereinigten Staaten und der Sowjetunion zu einer realen Gefahr wurden, begann Stalin, schon immer vom Hass gegen die Juden besessen, erneut über ihre internationalen Verbindungen zu wettern. Wieder einmal wurde Jiddisch suspekt. Jüdische Institutionen wurden geschlossen, und Juden lernten, dass sie besser daran taten, ihre Herkunft zu verschweigen.

Die Gründung des Staates Israel im Jahr 1948 machte das Thema der Loyalität noch komplizierter. Juden wie Markisch, die aktiv für den kommunistischen Traum gearbeitet hatten, wurden ebenso aufgerüttelt durch die Existenz eines jüdischen Staates wie die anderen Juden, die sich einfach mit dem sowjetischen System arrangiert hatten. Nun hatten sie ein Ziel für ihre Sehnsucht und ihre Unzufriedenheit.

Die Israelis trafen eine außerordentlich gute Wahl, als sie die in einem *schtetl* geborene Golda Meir als erste Konsulin in die Sowjetunion schickten. Nach ihrer Ankunft bestand sie darauf, einen Gottesdienst in der einzigen noch verbliebenen Moskauer Synagoge zu besuchen. Über ihren Heimweg schrieb sie später: «Ich war noch nicht sehr weit gegangen, als ein älterer Mann auf eine Art an mich stieß, die mich sofort wissen ließ, dass der Stoß nicht zufällig gewesen war. ‹Sag nichts›, flüsterte er mir auf Jiddisch zu. ‹Ich gehe weiter, und du folgst mir.› Als wir in der Nähe des Hotels waren, blieb er plötzlich stehen und drehte sich zu mir um, er stand da, auf der windigen Moskauer Straße, und rezitierte das Gebet *Schehechejanu*.» Dieses hebräische Gebet wird als Dank an Gott gesprochen, dafür, dass er den Sprecher ein Glück erleben lässt. Der Kontakt war auf Jiddisch gemacht worden. Gemeinsam bildeten beide Sprachen noch immer den jüdischen Zusammenhalt.

Später besuchte Golda Meir einen Gottesdienst an *Rosch ha-Schana*, dem jüdischen Neujahrsfest. Trotz aller Warnungen, die innerhalb der Moskauer Juden zirkulierten, welche Gefahr damit verbunden war, öffentlich sein Jüdischsein zu zeigen, verstopften fünfzigtausend Menschen die Straßen. Golda Meir schrieb:

Ich hatte das Gefühl, in einem Strom der Liebe gefangen zu sein, so stark, dass es mir buchstäblich den Atem nahm und mein Herz langsamer schlug. Ich war einer Ohnmacht nahe, glaube ich ...
Aus diesem Ozean von Menschen kann ich immer noch zwei Personen deutlich vor mir sehen: einen kleinen Mann, der sich vor mich hinstellte und sagte: «*Goldele, lebn solßtu. schone tojwe.*» (Goldele, ein langes Leben. Ein Gutes Neues Jahr.) Und an eine Frau, die nur immer wiederholte: «Goldele! Goldele!», und lächelte und mir Küsse zuwarf.

Sie saß in einem Taxi fest, das nicht durch die Menge kam. Golda Meir erinnerte sich:

Ich wollte etwas sagen, irgendetwas, um diesen Leuten zu zeigen, wie sehr ich sie um Vergebung dafür bitten wollte, dass ich nicht gern nach Moskau gekommen war und nicht gewusst hatte, wie stark ihre Bindung an uns ist ... Aber ich fand keine Worte. Alles, was ich sagen konnte, stotternd und mit einer Stimme, die sich nicht wie meine eigene anhörte, war ein einziger Satz auf Jiddisch. Ich schob meinen Kopf aus dem Taxifenster und sagte: «*A dank ajch woß ir set geblibn jidn.*» (Ich danke euch, die ihr Juden geblieben seid.) Und ich hörte, wie dieser armselige, unangemessene Satz durch die riesige Menge weitergegeben wurde, als handle es sich um einen wunderbaren, prophetischen Ausspruch.

Als der Kalte Krieg immer kälter wurde, wurden die internationalen Kontakte der Juden, die Stalin während des Kriegs schamlos ausgenutzt hatte, nun zu ihrem Untergang. Wieder begannen Säuberungen, und die Juden waren das erste Ziel. Es gab keine jüdischen religiösen Vertreter mehr, die man hätte beseitigen können, aber jüdische kulturelle Führungspersönlichkeiten waren leicht zu finden. Sie standen den jiddischen Institutionen vor, die der Staat während der letzten dreißig Jahre mal mehr, mal weniger unterstützt hatte. Markisch und seine Mitbrüder müssen eine von Angst vergiftete Luft eingeatmet haben.

Der jiddische Radiosender war die erste Institution, die geschlossen wurde. Dann bekam Michoëls Morddrohungen. Er hatte solche Angst davor, allein das Haus zu verlassen, dass er Markisch anrief, wenn er abends mit seinem Hund auf die Straße gehen wollte, damit er ihn begleitete. Seine Ängste waren leider nur zu berechtigt. Im Januar 1948 wurde er tot auf der Straße gefunden. Heute wissen wir sicher, was man immer vermutet hatte – er war auf persönlichen Befehl Stalins ermordet worden. Im Jahr darauf wurde sein Theater geschlossen. Ebenso das Jüdische Antifaschistische Komitee.

Gegen Ende des Jahres 1948 wurde das Verlagshaus Emes geschlossen. Esther Markisch beschrieb die Szene wie folgt:

Die Angestellten waren wie üblich in das kleine, alte Haus an der Saropanskistraße gekommen, um zu arbeiten. Die neuen Setzmaschinen, bei deren Anschaffung Markisch geholfen hatte, ratterten. Der Chefherausgeber Moisej Belenki war in einer Besprechung mit Strongin, dem Direktor, als plötzlich, ohne Vorwarnung – wie in einem Film über Nazideutschland – Lastwagen voller Beamter vom Sicherheitsdienst vor dem Haus hielten. Soldaten in Zivil brachen in die Druckerei ein und stellten die Maschinen ab. Alles kam zum Stehen; alles war still.
«Euer Verlag ist geschlossen», bellte einer der Eindringlinge.
Dann machten sie mit dem zweiten Stock weiter, schickten die Redaktionsangestellten zum Verpacken und gaben Strongin und Belenki den Befehl, eine «Schließungsurkunde» vorzubereiten.

Markisch kehrte nach Hause zurück und schrieb dieses grimmige Gedicht:

Wie viel Zeit ist geblieben
Bis zum bitteren Ende,
Wie viel Zeit ist geblieben für den Schmerz!

Füllt unsere Gläser mit Wein!
Heben wir das Gesicht zu den Sternen.
Und mag unsre Bestimmung sich erfüllen.

Es war das Jahr 1949, als Markisch, zusammen mit Hunderten
anderer führender jiddischer Schriftsteller, Kritiker und Gelehrter
verhaftet wurde. Die jiddische literarische Welt saß hinter Schloss
und Riegel. Sechs Jahre lang hatte Markischs Familie keine
Ahnung, ob er tot oder am Leben war. Esther schreibt:

> Kurz nach Markischs Verhaftung wurde die Jüdische Sektion des
> Schriftstellerverbands aufgelöst. Ein Jude, Alexander Bezymenski,
> der «Komsomol-Poet», wurde mit den Formalitäten betraut. Er
> versammelte die jüdischen Schriftsteller, die noch in Freiheit
> waren, und informierte sie, dass in der Jüdischen Sektion Feinde
> des Volkes und Verräter des Heimatlandes entdeckt worden seien
> und dass man beschlossen habe, sie ganz zu schließen.
> Das Spektakel der Auslöschung der jüdischen Literatur musste
> ein paar Tage später in einer feierlichen Fassung noch einmal auf-
> geführt werden: bei einer allgemeinen Versammlung der Moskau-
> er Sektion des Schriftstellerverbandes. Die unrühmliche Rolle des
> Henkers hatte man anlässlich dieses Ereignisses dem jüdischen
> Dichter A. Kuschinirow zugedacht, einem ehemaligen Frontoffi-
> zier, der seinen Sohn im Krieg verloren hatte.

Esther beschreibt den Moment, als Kuschinirow vor seine Kollegen treten und das Ende der Jüdischen Sektion verkünden sollte,
die das Epizentrum jüdischer Literatur und des jüdischen Einflusses auf die Politik gewesen war. Ihre Schließung bedeutete das
Ende des Traums von einer Heimat für jiddische Schriftsteller in
der Sowjetunion. «Kuschinirow, der nur allzu genau wusste, was
von ihm erwartet wurde, wurde buchstäblich auf das Podium

gezerrt. Doch noch bevor er ein Wort herausbringen konnte, brach er in Tränen aus und wurde weggeführt.»

Eine Weile lang ging Esther jede Woche einmal zum Lefortowo-Gefängnisbüro und brachte das wenige Geld hin, das sie bezahlen durfte, angeblich dafür, dass ihr Mann besseres Essen bekam. Doch diese Besuche hörten bald auf, weil sie, zusammen mit ihren Söhnen und einem Neffen, der zufällig bei ihnen wohnte, zu «inländischem Exil» verurteilt wurde, zu einem Aufenthalt in einer abgelegenen Region Kasachstans, bei gleichzeitiger Konfiszierung ihres gesamten Besitzes. Das Vergehen, das man ihr zur Last legte, bestand einfach nur in ihrer Beziehung zu Markisch, einem «Vaterlandsverräter». Bald kam die Polizei, um sie zu verhaften und ihre Wohnung zu versiegeln. Als sie das Klebeband an der Haustür befestigen wollten, schlüpfte die Katze ihrer Söhne, die den jiddischen Namen Schifra trug, wieder hinein. Esther und die Jungen flehten, die Tür noch einmal zu öffnen und die Katze herauszulassen, aber die Polizisten wollten nichts hören. Die Katze wurde in der Wohnung begraben.

Esther und die Jungen verbrachten zwei Jahre in einer abgelegenen Provinzstadt. Esther verkaufte Strickwaren. Ihre Mutter schickte ihnen Päckchen mit Essen. Schließlich wurde es ihnen erlaubt, nach Moskau zurückzukehren, dort durften sie zwei Zimmer ihrer ehemaligen Wohnung beziehen. Während der ganzen Zeit waren die führenden jiddischen Schriftsteller, Herausgeber und Gelehrten in der Hand der Regierung, ohne dass man etwas über ihr Schicksal oder ihren Aufenthaltsort erfuhr.

Wir wissen inzwischen, das Perez Markisch am 12. August 1952, zusammen mit einem Dutzend anderer führender Persönlichkeiten der jiddischen Literatur und Kultur, exekutiert wurde. Diese Nacht wurde später als «Nacht der Ermordung jiddischer Dichter» bekannt. Unter den Opfern waren Dowid Bergelson, Itzik Fefer, Dowid Hofschtejn und Leib Kwitko, die führenden jiddischen Poeten. In dieser Nacht wurden ebenfalls die kulturellen Leitfiguren S. A. Losowski, B. A. Schimeljovitsch, L. Talmi,

E. I. Teumin, I. S. Watenberg, Ch. Watenberg-Ostrowskaja, I. Jusefowitsch und Binjamin Suskin ermordet. Schmuel Persow war mit dieser Gruppe zusammen verhaftet worden und im Gefängnis gestorben.

Stalin hatte offenbar auf einen Schauprozess gehofft, aber die Angeklagten, die unter Folter gestanden hatten, des «bourgeoisen Nationalismus» schuldig zu sein, zogen ihre Geständnisse zurück. Obwohl man ihre genaue Anzahl vermutlich nie erfahren wird, schätzt man, dass vierhundert jiddische Schriftsteller, Redakteure und kulturelle Persönlichkeiten ermordet wurden. Die jiddische Infrastruktur und die ganze Bandbreite jiddischer Institutionen wurden ebenfalls zerstört. Die Atmosphäre von Terror war so durchdringend, dass die Juden routinemäßig ihre geliebten jiddischen Bücher im Ofen verbrannten. Es war schon gefährlich, etwas in dieser verfolgten Sprache Gedrucktes zu besitzen.

Die jiddische Literatur in der Sowjetunion war zum Schweigen gebracht worden. Es gab keine jiddischen Schulen mehr, keine Theater, keine Verlage oder Radiosender, eine Ausnahme war die winzige Zeitung in Birobidschan. In der ganzen Sowjetunion, in der ein halbes Jahrhundert vorher fünf Millionen Jiddisch Sprechende zu Hause gewesen waren, gab es nur noch einen kleinen jiddischen Durchlass. Als sich die sowjetische Schlinge zuzog, wurde Jiddisch die Luft abgeschnürt. Die einzige Umgebung, in der sich Menschen sicher genug fühlten, um Jiddisch zu sprechen, war unter vertrauenswürdigen Familienmitgliedern und Freunden. Die Menschen waren sich sehr wohl bewusst, was sie verloren hatten. Dieses jiddische Sprichwort blieb während der Sowjetzeit sehr populär: *Ein Wort ist wie ein Vogel. Ausgesprochen oder hingeschrieben kann es fortfliegen und niemals wieder eingefangen werden.*

In den folgenden Jahrzehnten fuhren einige ältere Juden fort, untereinander Jiddisch zu sprechen. Einige jüngere übernahmen die Sprache heimlich, als Akt der Rebellion. Öffentliche Zeugnisse gab es aber nicht mehr. Die einfache Tatsache der Existenz

278

einer internationalen, nichtsowjetischen Sprache konnte ihre Sprecher bereits kriminalisieren. Jeder, der darauf hoffte, sich seinen Lebensunterhalt verdienen zu können, musste die alte *mameloschn* vergessen oder sie wenigstens verheimlichen.

Mit Stalins Tod im Jahr 1953 lockerte sich der eisige Griff ein wenig. Markisch wurde posthum «rehabilitiert», die Schuld an seinem Tod wurde «Feinden des Volkes» zugeschoben. Bei einer grässlichen Aufräumaktion, Jahre nach seinem Tod, rief die Polizei seine Witwe an und sagte ihr, sie solle kommen und seine Goldzähne abholen.

Weitere stille Jahre vergingen. Obwohl es noch immer keine Verleger gab, die Markischs Gedichte druckten, keine Schulen, in denen sie gelehrt wurden, keine Zeitschriften, die etwas über sie schrieben, sah es die Familie als großen Fortschritt an, dass sie im Jahr 1965 eine Abendveranstaltung im Haupthaus der Moskauer Schriftsteller abhalten konnte, um Markischs siebzigsten Geburtstag zu feiern.

Esther schrieb: «Was diesen Abend auszeichnete, war nicht die Tatsache (...), dass das Haus voll war, und auch nicht, dass Hunderte von Menschen vor den Toren des Schriftstellerverbands standen, umringt von Polizisten. Nein, das Besondere an diesem Abend war, dass aus jeder Rede der Aufschrei widerhallte: ‹Sie haben ihn ermordet! Sie haben ihn ermordet!› Fünf oder zehn Jahre früher hätte niemand gewagt, das öffentlich zu sagen.»

An diesem Abend hielt ihr Sohn Simon eine Rede, die seines Vaters würdig war: «Erinnerung ist beides, unsere Qual und unser Schatz. Es ist die Natur des Menschen, dass er vergessen will – dass er sich vor seinen Erinnerungen wie ein Feigling versteckt, dass er Scheuklappen aufsetzt, sich seine Ohren zuhält, um vor der Außenwelt und sich selbst so zu tun, als gäbe es die Vergangenheit nicht. Aber es ist noch schrecklicher und quälender, wenn Erinnerungen zurücktreten und still werden (...) Man muss seine ganze Kraft und seinen Mut zusammennehmen, um die Vergangenheit wieder aufleben zu lassen, ganz egal, was es kostet!» Er beschwor seinen Vater, «die Erinnerung an seine Schönheit, sein Talent, sein stürmisches und buntes Leben, seine Visionen und seine Täuschungen, und sein tragisches Ende».

Es dauerte noch ein weiteres Jahrzehnt der Not und Entbehrungen, bis Markischs Witwe, ihre Söhne und Schwiegertöchter die Sowjetunion verlassen und nach Israel auswandern durften. Ihr jiddisches Erbe war, wie Schifra, ihre Katze, lange zuvor versiegelt worden.

17. Kapitel

Israel: Eine neue Nation, eine neue Sprache

‫א שפראך איז א דיאלעקט וואָס האָט אן ארמיי און א פלאָט.‬

A schprach is a dialekt woß hot an armej un a flot.

Eine Sprache ist ein Dialekt, der eine Armee und eine Flotte hat.
Joshua Fishman

Die Errichtung des Staates Israel ist das große jüdische Ereignis der Nachkriegszeit. Für Liebhaber des Jiddischen hat dieser großartige Gewinn auch einen bitteren Beigeschmack. Als der Zweite Weltkrieg zu Ende ging, zogen zwei Drittel der überlebenden europäischen Juden ins Heilige Land. Bei ihrer Ankunft küssten sogar die Nichtreligiösen den Boden unter ihren Füßen oder fingen wenigstens an zu singen. Der Poet Jizchak Manger zeigte, wie stark die Gefühle waren, als er schrieb: «Wie kann ich deinen Staub küssen? Ich bin dein Staub.»

Doch die neue Umgebung bestand nicht nur aus Milch und Honig. Einige der verbliebenen Überlebenden wurden von Schuldgefühlen geplagt, weil sie überlebt hatten. Andere waren schmerzlich berührt von dem, was sie als ein wenig perfektes Willkommen empfanden. Die Juden, die bereits in Erez Israel lebten, sahen die Neuankömmlinge nur allzu oft als passive Ghettobewohner; ihre jiddische Sprache verstärkte dieses Klischee nur noch.

Zum Glück traten diese Ansichten in den Hintergrund, als die

Neuankömmlinge nach der tragischsten Episode der modernen jüdischen Geschichte ihre schönste erleben durften – die Gründung des Staates Israel. Die meisten neuen Siedler waren jung – jugendliche Waisen und junge Erwachsene. Sie waren die Einzigen, die Versteck, Kampf, Hunger, Krankheit und Konzentrationslager überlebt hatten. Der Untergang der älteren Generation und der alten Institutionen verstärkte den Wunsch der Jugend, die Vergangenheit hinter sich zu lassen. Wenn *iberlebung* – Überleben, Erfahrung – sie irgendetwas gelehrt hatte, dann die Erkenntnis, dass ein großer Teil ihres persönlichen und kollektiven Leids aus der Tatsache erwachsen war, dass sie nie ein eigenes Land besessen hatten. Jiddischland war nie Wirklichkeit geworden, deshalb war Israel nun ihre einzige Hoffnung.

Obwohl Jiddisch das emotionale Bindeglied zur Kindheit, zur Familie und dem Zuhause blieb, wurde es auch als tote Last betrachtet; es war die Sprache der Verfolgung und der Angst. Man hörte immer wieder von Jiddisch sprechenden Überlebenden, die der Sprache den Rücken kehrten, einige schworen, sie nie wieder zu benutzen. Viele hatten das Gefühl, es wäre besser, die alte *mame-loschn* sterben zu lassen, zusammen mit den Menschen und den Orten, die es nicht mehr gab. Der Tod einer Sprache schien ein geringer Preis für die reale Chance zu leben.

Die *olim*, die neuen Einwanderer, lernten *iwrit*, das moderne Hebräisch. Sie waren stolz auf diese Sprache, die so sehr Teil des israelischen Wunders war. Als 1948 die Gründung des Staates Israel proklamiert wurde, wurde Hebräisch auch offiziell zu dem, was es seit einem halben Jahrhundert bereits war – das Herz des zionistischen Traums, ein zentrales Element des nationalen Gebäudes. Die Wiedergeburt der Sprache wurde in die Unabhängigkeitserklärung aufgenommen, als eine der wichtigsten Errungenschaften des neuen Staates.

Doch die Auswirkungen dieses neuen Wunders führten zu einer öffentlichen Wertminderung des Jiddischen. Der Dichter Josef Papiernikow schrieb in den fünfziger Jahren: «Mehr als dreißig

Jahre lang habe ich in Armut und Einsamkeit gelebt, in Liebe zu dem Land, und fast allein schrieb ich Lieder an Israel, auf Jiddisch (...) Als ein Verarmter beim Fest eines wohlhabenden Mannes bin ich jetzt in meinem eigenen Land, von dem ich nach Jahrzehnten aber noch immer kein Teil geworden bin. Ich bleibe Außenseiter mit meiner demütigen Poesie: meinen jiddischen Liedern von Liebe, Lob und Dank.»

Der erste Premierminister des Landes, David Ben-Gurion, dessen Muttersprache Jiddisch war, bestimmte den Ton dieser öffentlichen Demütigung. Als er einmal der Geschichte eines Überlebenden des Holocaust lauschte, bemerkte er, wie anrührend sie sei, obwohl alles in der, wie er es nannte, «unglücklichen Sprache» erzählt worden war. Auf der Straße war es üblich, dass fremde Menschen Leute rügten, die sich auf Jiddisch unterhielten.

Weil der neue israelische Staat sozialistisch war, hatte die staatliche Finanzierung der wichtigsten Institutionen einen großen Einfluss auf die Kultur. So kontrollierte der Staat zum Beispiel die Verbreitung von Zeitungspapier, ein wichtiger Rohstoff in einer nachrichtenhungrigen Gesellschaft. Obwohl es ausreichend Papier zum Druck für hebräische Tageszeitungen gab, auch für andere, weniger verbreitete Immigrantensprachen, passierte es immer wieder, dass es an Papier fehlte, wenn es um den Druck jiddischer Zeitungen ging. (Jiddische Zeitungsverleger umgingen diese Hürde, indem sie zwei verschiedene Zeitungen herausgaben, eine montags, mittwochs und freitags, die andere dienstags, donnerstags und sonntags.) Jahrzehntelang wurden auch die Radiostationen von der Regierung kontrolliert. Jiddischen Programmen wurde nur eine halbe Stunde täglich zugestanden, obwohl 1972 ein Viertel aller israelischen Radiohörer angaben, mindestens einmal in der Woche ein jiddisches Programm einzuschalten. Und da das Fernsehen ebenfalls vom Staat gegründet war, gab es auch dort jahrzehntelang überhaupt keine Sendungen auf Jiddisch.

Während dieser ganzen Zeit, in den fünfziger, sechziger und

siebziger Jahren des 20. Jahrhunderts, gab es aber jiddische Radio-sendungen aus Israel, die über Kurzwelle in der Sowjetunion aus-gestrahlt wurden. Damals zirkulierte der bittere Witz, dass man in Moskau mehr Jiddisch hören könne als in Tel Aviv. Eine andere Ungleichbehandlung zeigte sich beim Import von Büchern: hebrä-ische Bücher konnten zollfrei eingeführt werden, auf jiddische Bücher wurde Zoll erhoben. Im neuen jüdischen Heimatland war, entsprechend dem Rückkehrgesetz, jeder mit einer jüdischen Mutter willkommen, aber die Urform der jüdischen Mutterspra-che war es nicht.

Es gab Ausnahmen – Einwanderer, die zu alt waren, zu müde, zu zerschlagen von den Schrecken, die sie durchlitten hatten, um die neue, harte Aussprache und die fremden Wörter zu lernen. Diese Menschen konnten, besonders wenn sie in der Umgebung von anderen Jiddisch Sprechenden lebten, weiterhin ihr Leben auf Jiddisch führen, und sie taten es auch. Ein Witz handelt von Kib-buz-Kindern, die das Spiel «Wenn ich einmal groß bin» spielen. Sie unterhalten sich darüber, wie sie einmal Mamas und Papas werden, im Kinderhaus arbeiten, auf den Feldern und in der Gemeinschaftsküche. «Und dann werden wir alt», sagt einer, «und dann sprechen wir Jiddisch.»

Für die jungen Menschen in einem jungen Land war Hebräisch nicht nur eine Frage des Stolzes, sondern auch ein vertrauter Teil des geliebten Landes. Eine einzige, vereinende Sprache zu haben war auch eine praktische Notwendigkeit. Nur wenige Israelis erlaubten sich, angesichts der Feindschaft der sie umgebenden Länder, den Luxus, für eine konkurrierende Sprache zu kämpfen. Juden kamen aus Nordafrika, aus dem mittleren Osten, aus Ladi-no sprechenden Ländern und später aus Russland, und das bedrängte Land musste einen Zeitsprung über zweitausend Jahre Exil bewerkstelligen. Diese neuen Israelis mussten schnell zu einem einzigen Volk zusammengefügt werden, das sich wenigs-tens miteinander verständigen konnte. Sprachen entwickeln sich normalerweise in langen Zeiträumen und ohne das Licht der

Öffentlichkeit. In diesem bedrängten Land gab es dafür weder die erforderliche Ruhe noch Zeit.

Die Regierung richtete *ulpanim* ein, Zentren für intensive Sprachkurse. In der israelischen Armee mit einer Dienstpflicht sowohl für Männer als auch für Frauen war der Hebräischunterricht Teil der Grundausbildung. Israelische Schulen, die schon lange die wichtigsten Zentren der Sprachbildung waren, hatten das Ziel, Kinder zu erziehen, die Hebräisch nicht nur im Unterricht sprachen, sondern auch auf dem Spielplatz. Ein Standardwitz erzählt von zwei Männern, die sich über die Bedeutung von Jiddisch und Hebräisch unterhalten. Um zu sehen, wie weit die neue Sprache und das neue nationale Ethos gekommen sind, gibt einer der beiden einem Jungen eine Ohrfeige, um zu sehen, ob er auf Jiddisch losheult und zu seiner Mutter rennt oder ob er seinen Angreifer auf Hebräisch beschimpft und zurückschlägt.

Doch Jiddisch Sprechende, die Hebräisch gelernt hatten, behielten, besonders wenn sie als Erwachsene gekommen waren, die Modulation und den Akzent ihrer Kindheit bei. In Europa geborene Frauen begrüßten einander mit einem singenden «Schalom-schalom», das sie von ihren von Geburt an Hebräisch sprechenden Kindern unterschied. Diese sprachen ein Hebräisch, das stark und selbstsicher klang und sogar einen aggressiven und harten Ton annehmen konnte. Die vielen, zärtlichen Diminutive des Jiddischen waren nichts für sie, auch nicht der selbstironische Humor oder die Sprichwörter, die von dem bescheidenen Platz ausgingen, die der Sprecher in der Welt einnahm. Ihre Begrüßung war ein sachliches, kurzes «Schalom».

Wie man bei einer Nation von Immigranten nicht anders erwarten konnte, war das Bewusstsein für die Sprache sehr hoch entwickelt, und Witze benutzten häufig das unerwartete Auftreten eines jiddischen Wortes oder Satzes als Pointe. Sehr oft wurden Jiddisch Sprechende automatisch zum Objekt des Spottes – das hübsche Mädchen, aus der Entfernung gesehen, sank in der Wertschätzung, wenn sie plötzlich Jiddisch sprach. Eine Geschichte, die

1956 in einer israelischen Zeitung zu lesen war, zeigt, dass sogar ein Dreivierteljahrhundert nach Ben Jehudas Ankunft die neue Sprache noch immer gegen das alte Wort *schibolet* kämpfte.*

Man erzählt von einem Mann namens Schtibel, der in den frühen Tagen der Pionierzeit Soldaten zusätzlichen Boxunterricht erteilte. Er wurde beschuldigt, seinen Unterricht auf Jiddisch zu halten. Er verteidigte sich mit dem Argument, dass Hebräisch mit nur vier Wörtern für Schlag, Ohrfeige, Stoß und Faustschlag nicht genug Ausdrucksmöglichkeiten biete. Er beschrieb die jiddischen Alternativen:

Ein trockener Schlag aufs Kinn, der deinen Kopf zum Singen bringt, ist *sbeng*. Ein normaler Schlag, nicht zu hart: *patsch*. Aber ein brennender Schlag, der einen roten Fleck auf deinen Wangen hinterlässt: *flask*. Ein sehr schneller Schlag mit der offenen Hand, der dich so verwirrt, dass du nicht weißt, was los ist: *wisch*. Eine harte Rechte, die dir mindestens eine Rippe bricht: *knok*. Ein Schlag aufs Auge, der für wenigstens zwei Monate lang ein Veilchen hinterlässt: *schnit*. Ein Schlag mit dem Handrücken, der deine Unterlippe platzen lässt und dir manchmal auch einen Zahn ausschlägt: *riß*. Eine kräftige Kopfnuss, die den Kopf des Gegners gegen die Wand haut: *sez*. Eine langsame, aber starke Ohrfeige: *flik*. Ein hingewischter Schlag, der weniger heftig als beleidigend ist und an der Stirn beginnt und die Haare über das ganze Gesicht wischt: *schmir*.

Sein Vorgesetzter war überzeugt. Der Boxunterricht wurde auf Jiddisch fortgesetzt.

Aber in der realen Welt war es das Hebräische, das gewonnen

---

* In Richter 12,5 und 6 heißt es: «Und die Gileaditer nahmen ein die Furt des Jordans von Ephraim. Wenn nun sprachen die flüchtigen Ephraims: Lass mich hinübergehen, so sprachen die Männer von Gilead zu ihm: Bist du ein Ephraiter? Wenn er dann antwortete: Nein, so hießen sie ihn sprechen: Schiboleth, so sprach er: Siboleth, und konnte es nicht recht reden. So ergriffen sie ihn und schlugen ihn an der Furt des Jordans, dass zu der Zeit von Ephraim fielen zweiundvierzigtausend.» A. d. Ü.

hatte. In den ersten zwanzig Jahren nach der Gründung des Staates Israel wurden einige zehntausend neue Wörter eingeführt. Eine ganz neue Literatur entstand. Es war nicht länger eine Frage «ob» oder «bis zu welchem Ausmaß» man Hebräisch sprach. Hebräisch war eine Sprache geworden wie alle anderen auch, mit Markennamen, Slang, mit Kino und Fernsehen und einem Bildungssystem, das alle Zweige, von der Vorschule bis zum Universitätsstudium, bereitstellte.

Zugleich hielt sich ein vollkommen gegenläufiger Trend. (*Er sitzt oben und rührt unten im Topf herum.* Gemeint damit ist Gott, der nichts Besseres zu tun hat, als das Leben der Menschen kompliziert zu machen.) Kleine ultraorthodoxe Kolonien, die meisten in Jerusalem, lebten weiterhin getrennt vom turbulenten Leben des modernen Israel. Und sie sprachen weiterhin Jiddisch, im strikten Gegensatz zur Politik und zu allen Trends ihrer Umgebung. Die Abkömmlinge der früheren Kolonien frommer Juden, deren Zahl sich durch die Ankunft chassidischer Holocaust-Überlebender erhöht hatte, weigerten sich, das moderne Hebräisch zu sprechen, weil sie die heilige Sprache nicht profanisieren wollten. Einige erkannten sogar die Existenz des Staates Israel nicht an. Sie warteten auf die Ankunft des Messias. Bis dahin würden sie die Mauern um sich herum geschlossen halten, Jiddisch sprechen und die Politik so weit wie möglich ignorieren. Bei der Ausrufung des Staates war die Zahl der frommen Gelehrten so klein, dass man sie ihren Studien überließ, befreit vom Dienst in der Armee, eine lebendige Verkörperung der alten Tradition. Trotz einer hohen Geburtenrate stellten die Kinder der ultraorthodoxen Schulen im Jahr 1962, vierzehn Jahre nach der Staatsgründung, weniger als fünf Prozent der Schulkinder.

Die meisten Israelis hielten diese Jiddisch sprechenden Ultraorthodoxen für ebenso antiquiert und rückständig wie ihre Kleidermode, die sie mit den Ultraorthodoxen in den Vereinigten Staaten und Europa gemein hatten. In Israel war der Kontrast jedoch noch größer. Die langen schwarzen Mäntel der Männer, die dicken

Strümpfe und die Pelzmützen waren absurd, rührend, völlig unangemessen in der grellen Sonne des Vorderen Orients.

Die Ultraorthodoxen behielten ihre jiddischen Namen, noch etwas, was sie von den weniger religiösen Neueinwanderern unterschied. Es war üblich, die Ankunft in Israel zu feiern, indem man einen neuen hebräischen Namen annahm, der oft eine Übersetzung des früheren jiddischen Namens war. Jemand, der Hirsch geheißen hatte, wurde zu Zwi, aus Jacobsen wurde Ben Jakov. Wenn jemand ein hohes Staatsamt übernahm, war die Namensänderung Pflicht. David Grün wurde zu David Ben-Gurion. Jitzchak Jsertinski zu Jizchak Schamir. Goldie Meyerson wurde in ihren mittleren Jahren zu Golda Meir. Für sie war dieser Wechsel zu einem hebräischen Namen keine einfache Sache. Sie war im zaristischen Russland geboren worden, war als Kind in die Vereinigten Staaten ausgewandert und hatte ihren ursprünglichen Beruf als Jiddischlehrerin geliebt. «Jiddisch, so schien es mir, war eines der stärksten Bindeglieder zwischen Juden, und ich unterrichtete es sehr gern. Es war nicht das, worauf mich die Milwaukee Normal School vorbereitet hatte, aber ich fand es außerordentlich befriedigend, dass ich in der Lage war, einigen jüdischen Kindern der Stadt die großen jiddischen Schriftsteller nahe zu bringen, die ich so liebte. Englisch war sicher eine schöne Sprache, doch Jiddisch war die Sprache der jüdischen Straße, die natürliche, warme, vertraute Sprache, die eine verstreute Nation einte.» Als sie nach Palästina zog, lernte sie Hebräisch, obwohl sie, wie sie zugab, in dieser Sprache niemals so sicher war wie im Jiddischen, ihrer ersten und geliebtesten Sprache. Während viele Staatsbeamte sich nur zu gern einen hebräischen Namen zulegten, war sie dazu nicht bereit. Dann, als Außenministerin, bekam sie die Anweisung, ihren Namen zu hebräisieren. Sie weigerte sich allerdings, ihren Vornamen Goldie in die offizielle Version Sehava zu ändern, sie ließ sich gerade noch auf ein Golda Meir ein.

Irgendwo inmitten dieses Getriebes schaffte es ein jiddischer literarischer Zirkel, durchzuhalten. Dichter, Journalisten, Schriftsteller und Kritiker, die nach dem Krieg in Israel landeten, waren nicht immer bereit oder auch in der Lage, eine neue Sprache anzunehmen. Wegen der Art ihres früheren Lebens und wegen des großen Verlustes, den sie erlitten hatten, fiel es ihnen oft schwer, sich auf ihre neue Umgebung einzulassen. Obwohl einige von ihnen das Leben in dem neuen Staat beschrieben, waren es weit häufiger die Erinnerungen, mit denen sich jiddische Autoren beschäftigten – ein Versuch, ihre jiddischsprachige Vergangenheit zu erklären. Sie veröffentlichten Romane und Biographien von Leben, die auf Jiddisch gelebt worden waren, ein Textkorpus, das das gesamte Spektrum von hoher Kunst bis zur Trivialliteratur umspannte. Bei den Besten unter ihnen kam das Schreiben aus einer so tiefen Quelle, dass es in ihrer ursprünglichen Sprache ausgedrückt werden musste. Abraham Sutzkever, der Partisan-Poet, der in Wilna jiddische Bücher vor der Zerstörung gerettet hatte, schrieb: «Ich hab nicht einfach gesungen. Es war ein Muss / den Schlamm aus mir herauszuschreien.»

Fast fünfzig Jahre lang gab Sutzkever sein jiddisches Literaturmagazin *Di goldene kejt* (Die goldene Kette) heraus. Hier folgt eines seiner Gedichte, das den Titel *Jiddisch* trägt:

Soll ich mit dem Anfang beginnen?
Soll ich, ein Bruder,
wie Abraham
alle Götzenbilder zerschlagen?
Soll ich mich lebend übersetzen lassen?
Soll ich meine Zunge verpflanzen
und warten,
bis sie sich umbildet
in unserer Vorväter
Rosinen und Mandeln?
Was für einen Scherz
predigt
mein Dichterbruder mit Backenbart,
dass bald meine Muttersprache für immer vorbei ist?

In hundert Jahren mögen wir noch immer
hier sitzen,
am Ufer des Jordan, und argumentieren.
Denn eine Frage
nagt und nagt an mir:
Wenn er genau weiß, an welchen Orten
Levi Jitzchoks Gebete,
Jehoaschs Gedicht,
Kulbaks Lied
herumirren
ihrem Sonnenuntergang zu –
kann er mir bitte zeigen
wo die Sprache untergehen wird?
Vielleicht an der Klagemauer?
Wenn es so ist, werde ich hingehen,
meinen Mund aufreißen
und wie ein Löwe,
gekleidet in feuriges Rot,
werde ich die Sprache verschlingen, wenn sie untergeht.
Und alle Generationen mit meinem Brüllen wecken!

Doch trotz der Kraft ihres Schreibens hatten die israelischen jiddischen Autoren nur geringen Einfluss auf ihr eigenes Land. Zwar mussten Besucher jiddischer Literaturveranstaltungen in der Zeit nach dem Krieg nicht mehr befürchten, mit Steinen beworfen zu werden, es blieb aber bei einer weitgehenden öffentlichen Verachtung der jiddischen Sprache. In den 1970er Jahren wurde vom Staat ein wenig Geld für literarische Preise bewilligt, doch jiddische Zeitungen und Radiosender wurden nur als Beschwichtigungsmittel für alte Leute angesehen, die aus irgendwelchen Gründen den sprachlichen Aufstieg nicht schafften oder nicht schaffen wollten. Studien zufolge, die zwischen 1916 und 1972 durchgeführt wurden und acht Sprachen umfassten, war Jiddisch die einzige, deren Verwendung ständig abnahm.

Trotz der aktiven Entmutigung von staatlicher Seite fuhren viele Israelis fort, im privaten Bereich Jiddisch zu sprechen. Man sagte, dass in Israel Jiddisch gesprochen, Englisch gelesen und

Hebräisch geschrieben werde. Und trotz der offiziellen Sprachpolitik fand ein bisschen Jiddisch seinen Weg ins Hebräische. Eine der bildhaftesten Formulierungen ist *wuß-wuß*. Auf Jiddisch heißt *wuß* (oder *woß*) einfach «was». Die sefardischen Juden machten sich lustig über ihre aschkenasischen Brüder, indem sie sie *wuß-wußim* nannten, weil sie in der Aufregung immer fragten: «Wuß? Wuß?» Die Bezeichnung verbreitete sich, und ein säkularer Israeli nennt heute einen Ultraorthodoxen einen *wuß-wuß*.

Als die hebräische Sprache etabliert und die jiddische keine Bedrohung mehr war, konnte es sich die israelische Regierung erlauben, die Politik von Ablehnung und Spott etwas zu lockern. 1976 wurde ein Weltrat für Jiddisch und Jüdische Kultur unter der Schirmherrschaft des Erziehungsministeriums gegründet. Die erste Konferenz wurde von der früheren Jiddischlehrerin Golda Meir geleitet. Im Jahr 1984 verlieh der Staat seine höchste Ehre, den Israel-Preis, an Abraham Sutzkever für seine Arbeit an *Di goldene kejt*. Doch es war eine bittersüße Geste. Die *kejt* ging rückwärts, ihr Weg in die Zukunft war alles andere als stark. Die Schriftsteller, Redakteure und Kritiker waren alle älter und gebrechlicher geworden. Und es kam niemand nach, der ihren Platz einnehmen konnte.

Wie in den Vereinigten Staaten etablierte sich Jiddisch als akademischer Brückenpfeiler. Die Hebräische Universität, die sich in den 1930er Jahren noch geweigert hatte, einen voll bezahlten Lehrstuhl für Jiddisch anzubieten, gab 1952 nach und begann, Jiddisch zu lehren. (Man bot den Lehrstuhl Max Weinreich an, doch der hatte damals bereits einen Lehrstuhl in New York.)

Anzahl und Einfluss der Jiddisch Sprechenden wurde immer geringer. Die jüngsten Einwanderer aus den ehemals sowjetischen Ländern sprachen eher Russisch als Jiddisch. Sogar das Kampfgetöse der früheren Sprachkämpfe war abgeklungen. Mit Ausnahme der Ultraorthodoxen war der Klang von Jiddisch in Israel zu einem Flüstern geworden. Kraftlos wie das Flüstern eines alten Mannes, der um den letzten Atemzug ringt.

Teil fünf
Gegenwart und Zukunft

18. Kapitel

Europa und Israel:
Bulletins von heute

אין די אידישע היסטאָריע, איז די וועג צווישן קראַנק זײַן און שטאַרבן,
זעהר לאַנג.

In di jidische historje is di weg zwischn krank sajn un
schtarbn ser lang.

In der jüdischen Geschichte ist der Weg zwischen Kranksein
und Sterben sehr lang.
Isaac Bashevis Singer

Zu Beginn des neuen Millenniums – des zweiten für die jiddische Sprache – sehen wir beides, Tod und Veränderung. Der
weitaus größte Teil der weltweit drei Millionen Jiddisch Sprechenden ist alt. In zehn oder zwanzig Jahren werden sie gestorben
sein. In den vier Zentren der alten jiddischen Welt – Russland,
Osteuropa, Israel und den Vereinigten Staaten – haben völlig verschiedene Wege zu ein und demselben Ergebnis geführt: zu einer
unheimlichen Stille, in der nur wenige Worte der *mame-loschn* zu
hören sind.

Die Vereinten Nationen zählen Jiddisch zu den gefährdeten
Sprachen, was bedeutet, dass es zu jener Hälfte der weltweit
sechstausend Sprachen gehört, die nach Befürchtungen der
UNESCO im Lauf des kommenden Jahrhunderts aussterben wird.
(Bei aller Fairness: Die meisten dieser Sprachen wurden schon
immer nur von kleinen, lokalen Gruppen gesprochen. Nur wenige haben einen vergleichbaren Reichtum an Literatur, Kultur und

Befürwortern vorzuweisen wie die jiddische Sprache. Dieser Reichtum ist es gerade, der die Bedrohung des Jiddischen so bitter macht.)

Kann Jiddisch sterben? Es ist möglich. Auch wenn wir etwas von der Geschichte der Sprache und von ihrem Zugriff auf die Welt gelernt haben, müssen wir doch realistisch sein. *Alle Bräute sind schön, alle Toten sind fromm.* Sprachen entstehen und wachsen, weil Menschen sie brauchen. Eine Sprache, die künstlich am Leben erhalten wird, besteht nur noch aus Vokabeln.

Doch Tod kann auch Verwandlung bedeuten. So wie eine geliebte verstorbene Person einem manchmal, nach den Tränen, im Traum erscheint und seltsam lebendig bleibt, so können die Überlebenden auf das vergangene Leben zurückgreifen. Sie können es in ihre Zeit integrieren, es als etwas Ganzes besitzen. Das, was sie geliebt haben, lebt, obwohl tot, in ihren Herzen weiter.

Das bedeutet, dass wir, bevor wir einen Grabstein für Jiddisch setzen, erst die neuen Berichte über den heutigen Status der Sprache kritisch prüfen sollten.

In Europa gibt es, ein halbes Jahrhundert nach dem Ende des Zweiten Weltkriegs, fast keine Jiddisch Sprechenden mehr. Sogar die Zahl der europäischen Juden – ungefähr eine Million in Westeuropa und eine Million in der früheren Sowjetunion – nimmt ständig ab, und je kleiner ihre Zahl wird, umso begründeter ist die Sorge um die Existenz der jiddischen Sprache. Für diesen Rückgang werden niedrige Geburtenraten, die Auswanderung nach Israel, viele Mischehen und Assimilation – *fargojischt*, wie es auf Jiddisch heißt – verantwortlich gemacht. Und wenn es so wenig Juden gibt, gibt es natürlich auch wenig Jiddisch – weder als Sprache noch als kulturelle Erinnerung. Die Literatur wurde nicht übersetzt, die Stücke werden nicht gespielt. Nur ein geringer Teil der Volkskunst wurde bewahrt.

Die große Ausnahme ist die Klesmer-Musik, die weit über die jüdischen Kreise hinaus ihre Anhänger gefunden hat. In einer seltsamen Umkehrung ist dieses Genre vor allem in Deutschland populär. (*Wu den?* Wo sonst?) Vielleicht ist es für eine neue Generation von Deutschen ein relativ sicherer Weg, etwas über Juden zu erfahren. Vielleicht spricht das Auftreten der Musiker und das Tempo der Musik, sogar mit ihren langsameren, seelenvollen Klängen, sie leichter an als die Geschichten über den Holocaust, die häufg mit Schuldgefühlen verbunden sind.

Einige deutsche Universitäten bieten nun Studiengänge und Studienabschlüsse in Jiddisch an, was nicht sehr überrascht, wenn man die historische Verbundenheit der beiden Sprachen bedenkt. (Polnische Universitäten bieten ebenfalls einige wenige Jiddischkurse an. Sie werden, wie in Deutschland, von Nichtjuden gegeben.) Ein deutscher Verlag bringt in Zusammenarbeit mit YIVO endlich den zehnbändigen *Language and Culture Atlas of Ashkenazic Jewry* heraus; eine Karte der verschwundenen Welt, das Ergebnis jahrzehntelanger Forschung, die von Uriel Weinreich begonnen wurde. Man weiß nicht, ob man diese Zusammenarbeit heroisch, tragisch oder einfach dem Wandel der Zeit angepasst nennen soll.

Wer nach einer von Juden geleiteten akademischen jiddischen Szene sucht, muss nach Oxford gehen. (Die älteste englischsprachige Universität der Welt unterrichtete fünfhundert Jahre lang Christen in Hebräisch; Juden waren bis ins 19. Jahrhundert nicht zugelassen.) Das dreißig Jahre alte *Oxford Centre for Hebrew and Judaic Studies* bietet auch Studienabschlüsse in Jiddisch, unterstützt Kurse und Konferenzen und publiziert akademische Schriften in Englisch und Jiddisch.

Die Suche nach einem wirklichen, lebendigen Jiddisch führt in Europa jedoch zu den orthodoxen Vierteln in London, Paris oder Antwerpen. Obwohl in diesen Vierteln zusammengenommen weniger als hunderttausend Menschen leben, sind sie jedoch, dank hoher Geburtenraten, die einzigen zahlenmäßig wachsenden Orte des europäischen Judentums. Es ist möglich, dass sich ihre Bevölkerungszahlen alle fünfzehn oder zwanzig Jahre verdoppeln werden.

Von den drei genannten Gemeinden ist die in Antwerpen die stärkste. Wegen der mutigen Behandlung durch die belgische Regierung und dank des Einsatzes belgischer Bürger während des Zweiten Weltkriegs ging es den dortigen Juden vergleichsweise gut. (Ihre Zahl wuchs von neunzehntausend im Jahr 1935 in den folgenden zehn Jahren auf zwanzigtausend. In den benachbarten Niederlanden lebten nach Kriegsende dreißigtausend Juden gegenüber hundertvierzigtausend zu Kriegsbeginn.) Seit damals hat das multilinguale Schulsystem des Landes der jiddischen Sprache ermöglicht zu gedeihen. Heute kann man in Antwerpen leben und nur Jiddisch sprechen. Natürlich handelt es sich dabei nur um eine kleine Zahl von Juden, nur fünftausend Schüler besuchen jiddischsprachige Schulen. Aber Juden sind *a klejn folk wi schtark*, ein kleines, aber starkes Volk. Es haben sich schon seltsame Dinge ereignet. Und die Zahlen steigen ständig.

In den traditionellen jiddischen Zentren Osteuropas ist ein solches Wachstum aber nicht zu sehen. Es ist schwierig, genaue Zahlen zu bekommen. Schätzungen über die in Polen lebenden Juden schwanken zwischen fünftausend und fünfundzwanzigtausend. Die Spanne ist so groß, weil viele Polen mit jüdischen oder gemischten Vorfahren ihren jüdischen Hintergrund während der kommunistischen Ära unterdrückten und ihn erst jetzt offen bekennen. Doch dieser Hintergrund ist in den meisten Fällen alles, was geblieben ist. Nur wenige dieser Juden, die ihre Herkunft gerade erst entdeckt oder öffentlich gemacht haben, haben ein besonderes Interesse an ihrem Erbe.

Seit dem Ende des Kommunismus werden mit amerikanischem Geld Programme für Gemeindeeinrichtungen polnischer Juden unterstützt. Auch einige sporadische Jiddischkurse für interessierte Nichtakademiker werden angeboten, doch die kulturelle Atmosphäre in Polen ist noch immer so zerbrechlich, dass sogar ihre Anhänger sich von diesen Bemühungen nur geringe Erfolge versprechen.

In der polnischen Gesellschaft kann man noch sprachliche

Erinnerungen an die Jahrhunderte finden, in denen Juden und Polen Seite an Seite lebten, aber keine dieser Reminiszenzen ist schmeichelhaft. Von einer Person, die sich protzig herausgeputzt hat, sagt man, sie sei «angezogen wie für eine jüdische Hochzeit». Ein lärmendes Getöse wird als «ein Krach wie in der Judenschul» bezeichnet. Von einem Feigling sagt man, er sei «so tapfer wie ein Jude vor Hunden»; ein Schuldner ist einer, «der den Bart des Juden küsst».

Das, was am häufigsten als jüdisches Leben im Polen dieser Tage gilt, ist der Verkauf von «Rabbis» – billigen touristischen Souvenirs, nur entfernt chassidisch aussehende, bärtige Figuren, die *kapotes* tragen, lange Mäntel, und *schtrejmls*, pelzbesetzte Hüte. Diese Souvenirs werden an Touristen verkauft, die Konzentrationslager, ehemalige Ghettos oder *schtetlech* besuchen.

Wilna, heute Vilnius, die Hauptstadt von Litauen, spielt noch immer eine Rolle in der jüdischen Geschichte. 1988, als Dr. Antanas Ulpis, der Direktor der Litauischen Nationalbibliothek, seinen Rücktritt erklärte, erfuhr die Welt, dass er vierzig Jahre zuvor den Sowjets nicht gehorcht hatte, als er den Befehl bekam, die jiddischen Bücher, die in den Kellern der Bibliothek gelagert wurden, zu zerstören. Tausende von Bänden, die von der großen Straschun-Bibliothek und von der Sammlung des Jiddischen Wissenschaftlichen Instituts übrig geblieben waren, hatten, zusammen mit fünfundsiebzigtausend Zeitschriften, die Sowjetjahre in einem Kellergeschoss überdauert.

Die Frage, was mit diesen Schätzen nun geschehen sollte, hat sich als äußerst strittig erwiesen. Die litauische Regierung wollte sie nicht hergeben. Die noch verbliebene jüdische Bevölkerung Litauens, obwohl überaltert und im Schwinden begriffen, wollte unbedingt, dass das Erbe in ihrer Stadt bleibt. Israelische und amerikanische Juden argumentierten, dass sie die Buchbestände besser pflegen und sie auch anderen Juden zur Verfügung stellen könnten, die sie tatsächlich auch benutzen würden.

In den letzten Jahren hat sich ein Kompromiss abgezeichnet.

Teile der Wilnaer Sammlung wurden, mit Hilfe von Geldern aus den deutschen Kriegsreparationszahlungen, auf Mikrofilme aufgenommen. Ein anderer Teil des Materials wurde zum YIVO-Institut in New York geschickt, zu den Wilnaer Büchern, die während des Kriegs und danach hinausgeschmuggelt worden waren. Und schließlich ist in Wilna etwas Neues entstanden. Seit einigen Jahren lockt ein jüdisches Sommerprogramm Wissenschaftler und interessierte Besucher an. Für eine kurze Zeit kann man bei warmem Wetter jiddische Worte hören. Es werden jiddische Bücher gelesen und jiddische Lieder gesungen. Doch abgesehen davon ist es ziemlich still. Obwohl manche der Straßennamen Wilnas noch an das alte jüdische Viertel erinnern, rät ein kürzlich erschienener jüdischer Reiseführer dem interessierten Besucher, lieber die Wälder des nahen Ponar aufzusuchen, den Ort des Massakers an siebzigtausend Juden, um mehr vom jüdischen Leben zu erfahren.

In der Sowjetunion hat Jiddisch ebenfalls eine tragische Geschichte. Knapp ein Jahr nachdem Stalin 1952 die Hinrichtungen der «Nacht der Ermordung jiddischer Dichter» befohlen hatte, starb er selbst. Kürzlich entdeckte Dokumente weisen darauf hin, dass er, hätte er länger gelebt, vielleicht doch seinen Plan ausgeführt hätte, alle Juden aus dem Westen der Sowjetunion in die Steppen von Sibirien und das Jüdische Autonome Gebiet von Birobidschan umzusiedeln.

Stalin ist tot, doch der Antijiddischismus hat ihn überlebt. In den 1960er, 1970er und 1980er Jahren waren der *Birobidschaner schtern* und eine Zeitschrift namens *Sowjetisch hejmland* die einzigen Druckmedien auf Jiddisch, und man sagt, auch sie seien nur auf Druck des Westens erlaubt gewesen. Gelegentlich veröffentlichte der staatliche Verlag die Neuauflage eines dünnen Bandes mit Geschichten von Scholem Alejchem, doch sie enthielten nur witzige Geschichten über das *schtetl*-Leben.

Zu einem Wandel kam es erst, als die Sowjetunion zusammenbrach. Im Jahr 1989, im Zuge von Gorbatschows Übergangsregierung, wurden der Dichter Perez Markisch und andere prominente Opfer von Stalins Kulturpolitik endlich rehabilitiert. Im selben Jahr wurde in Moskau ein Jüdisches Kulturzentrum eröffnet, genannt nach dem ermordeten Schauspieler und Theaterdirektor Mikhoels. Zu den feierlichen Eröffnungszeremonien (ausländische Gastredner, internationale Berichterstattung) wurden die Programme auf Russisch, Hebräisch und Englisch gedruckt. Bei der Ehrung einer wichtigen Person des sowjetischen jiddischsprachigen Theaters wurde ihre Sprache also noch nicht einmal gehört, geschweige denn gedruckt.

Ebenfalls 1989 ergab die letzte sowjetische Volkszählung eineinhalb Millionen Juden, eine Population, die man korrekter als eineinhalb Millionen potenzieller Juden bezeichnen müsste. Denn in der sowjetischen Ära, die länger als zwei Generationen gedauert hatte, war es für Juden schwer gewesen, wenn nicht unmöglich, viel darüber zu erfahren, wer sie waren. Außerdem musste ihre «Nationalität» in den Pass eingetragen werden, eine Barriere für eine gute Arbeit oder eine gute Schulbildung. Unter solchen Umständen beschlossen viele, wenn sich ihnen die Möglichkeit dazu bot, ihre jüdische Herkunft zu verleugnen.

Nach dem Ende des Kommunismus machten die Juden als Erstes Gebrauch von den offenen Grenzen. Zyniker mögen diese erleichterten Auswanderungsbedingungen als letzte Version des Versuchs der Russen gesehen haben, ihr Judenproblem doch noch zu lösen, aber die Juden waren mehr an tatsächlichen Möglichkeiten als an Analysen interessiert. In den 1990er Jahren verließen fast eine Million Juden die ehemalige Sowjetunion. Achthunderttausend von ihnen gingen nach Israel. Die Übrigen wanderten vor allem in die Vereinigten Staaten aus und überraschenderweise nach Deutschland, wo ihnen, als Zeichen eines veränderten Kurses, nicht nur die Einbürgerung angeboten wurde, sondern auch eine gezielte finanzielle und soziale Unterstützung.

Welwl Tschernin schrieb, bevor er 1993 die ehemalige Sowjet-

301

union verließ, um nach Israel auszuwandern, ein jiddisches Gedicht mit dem Titel «Der Reiz der Erinnerung.» Ein Ausschnitt zeigt die zutiefst ambivalente Natur des jahrhundertelangen Aufenthalts der Juden in Russland.

Der gestohlene russische Frühling
mit Blüten an fremden Birken
mit betrunkenen Winden und Resten
des letzten Schnees, erinnert mich wieder,
dass ich, alles in allem, ein Jude bin,
der sich danach sehnen muss, heimzukommen.

Doch das jüdische Leben verbesserte sich für jene, die in den heutigen Ländern Russland, Ukraine und Weißrussland zurückblieben. Die Menschen konnten tatsächlich etwas über ihr jüdisches Erbe erfahren. Und es stellte sich heraus, dass ein großer Teil davon Jiddisch war. Einige alte Leute erinnerten sich daran; manche hatten, trotz allem, im privaten Bereich weiterhin Jiddisch gesprochen. Es gab sogar einen kleinen Kreis junger Juden, nach dem Zweiten Weltkrieg geboren, die die subversive Position der Sprache und ihrer Kultur schätzten und Gedichte schrieben, die sie untereinander verteilten.

In der ersten nachsowjetischen Dekade machten die Versuche, Jiddisch zurückzugewinnen, allerdings kaum Fortschritte. Mal gab es das Gastkonzert eines Klesmer, gelegentlich fand ein Jiddischkurs statt, der von einer amerikanischen Organisation finanziert wurde. Eine jüdische Tagesschule in St. Petersburg nahm Jiddisch in den Lehrplan für jüngere Kinder auf. Eine Hand voll Universitäten der früheren Sowjetunion bot Jiddisch an. Doch mit einer fast sechshundertjährigen jüdischen Geschichte, die sie erforschen wollen und einem Land, das wieder aufgebaut werden muss, haben die russischen Juden noch viel Arbeit vor sich.

Es folgt ein Bericht des amerikanischen Gelehrten David Roskies. Er beschreibt, wie er in Kiew 1989 eine Klasse von Senioren in Jiddisch unterrichtete. (Um die Geschichte zu verstehen,

302

muss man sich daran erinnern, dass der traditionelle Sederabend an Pessach ein Lied über den Propheten Elijahu enthält, wie der hebräische Name von Elias lautet. Sein Erscheinen auf der Welt wird die Ankunft des Messias verkünden.)

Ich unterrichte eine Gruppe von einheimischen, jiddisch erzogenen Sowjetpensionären, wir lesen «Der Zauberer», eine der neovolkstümlichen Geschichten von Perez, im jiddischen Original. Eine Geschichte von einem Zauberer, der am Pessachabend in die Stadt kommt. Als seine wahre Identität bei einem Sederabend am Ende der Geschichte buchstäblich hervorgezaubert wird, schauen mich meine Schüler mit großen Augen an. Keiner hatte jemals etwas von *Eljohu hanovi* gehört (Elijahu, der Prophet), nur eine ältere Frau kann ihren Klassenkameraden erklären, dass *novi* etwas mit dem *profet* des alten Testaments zu tun hat.

Die jüdische Hinterlassenschaft der sowjetischen Regierung war Unwissenheit, Verlegenheit und Verwirrung, vermischt mit dem Hunger, mehr zu erfahren.

Nikolaj Borodulin, 1961 in der Sowjetunion geboren, erzählte, wie er 1989, als ihm ein nichtjüdischer Freund ein gutes *Rosch haschone* wünschte, keine Ahnung hatte, wovon der Freund sprach. Er erkannte weder den Namen des jüdischen Neujahrsfestes noch sprach er ein Wort Jiddisch. So wie in vielen amerikanischen Familien sprachen seine Eltern und Großeltern diese Sprache nur, wenn sie nicht wollten, dass er sie verstand.

In der nachsowjetischen Zeit mussten Juden, die hofften, ihre Ursprünge zu verstehen und wieder zum Leben zu erwecken, eine Menge lernen. Viele haben diese Aufgabe mit derselben Anstrengung und Hingabe gemeistert, die ihr Volk schon immer ausgezeichnet hatte. Am Anfang des 21. Jahrhunderts können wir sagen, dass es wirklich eine jüdische Wiederbelebung gegeben hat. Aber bei dieser Aufholarbeit hatte alles, was Religion, Geschichte und die für eine Emigration wichtigen Fähigkeiten betraf, absoluten Vorrang vor dem Jiddischen. Die meisten Russen, die eine jüdische Sprache lernen wollten, lernten Hebräisch. Die wenigen jungen jiddischen Literaten, die auch während der Sowjetzeit schon geschrieben hatten, ließen sich in Tel Aviv oder New York nieder. (Einer von ihnen, Boris Sandler, redigiert nun die jiddische Ausgabe des *Forwerts* in New York.)

In den früheren Sowjetgebieten wird ein Großteil der jüdischen Erneuerung von Israelis und Amerikanern betrieben, von denen kaum jemand Jiddisch als vorrangiges Ziel betrachtet. Die Amerikaner haben wenigstens ein paar Jiddischkurse und Klesmer-Konzerte finanziert. Und im ganzen Gebiet des ehemaligen jüdischen Ansiedlungsrayons haben Anhänger chassidischer Sekten *chadorim* eingerichtet, in denen russisch-jüdische Kinder wieder auf Jiddisch unterrichtet werden. Ihre Zahl ist aber verschwindend gering. Vielleicht ist das, was uns diese Miniaturwiederbelebung über die russischen Juden sagt, ebenso wichtig wie das, was sie uns über Juden im Westen sagt.

Aschkenasische Juden überall in der Welt bemühen sich um einen genaueren Blick auf die ehemalige Sowjetunion, denn was die *jerusche* betrifft, das Erbe, sind diese Gebiete oft weiße Flecken. Säkulare Juden erforschen die Standorte der alten *schetlech*. Ultraorthodoxe Juden besuchen die Gräber ihrer berühmten *rebeim*. Am jüdischen Neujahrsfest unternehmen jedes Jahr fünftausend chassidische Männer eine Pilgerreise nach Uman in der Ukraine, um das Grab des chassidischen *rebe* Nachman aus Brazlaw zu besuchen, der im 18. Jahrhundert gelebt hat. Sie singen und tanzen und beten mit erhobenen Gesichtern, in Erinnerung an Nachmans Ermahnung, direkt mit Gott zu sprechen.

Im Jahr 1992 half westliches Geld, einige der ethnographischen Schätze zu restaurieren, die An-ski in der Zeit vor dem Ersten Weltkrieg gesammelt hatte. Einiges war im Bombenhagel des Zweiten Weltkriegs verloren gegangen, aber Hunderte von Objekten blieben erhalten. Eine Auswahl von Fotos und Artefakten, die seit 1939 nicht mehr zu sehen gewesen waren, wurden für eine anspruchsvolle Wanderausstellung zusammengestellt. Die Ausstellung begann im Russischen Museum für Ethnographie in St. Petersburg und reiste dann weiter nach Amsterdam, Köln, Frankfurt, Jerusalem und New York. Ein internationales Publikum sah diese Fotografien von Menschen und Orten sowie die kleine Auswahl von Gegenständen – Mesusot, Käppchen, Tora-Kronen, Chanukka-Leuchter, Kostümentwürfe für *purimschpiln*, volkstümliche Haggada-Illustrationen –, die vor fast einem Jahrhundert mit großer Sorgfalt in den *schtetlech* gesammelt worden waren.

Inzwischen dämmerte Birobidschan, eine halbe Welt entfernt, weitgehend isoliert und kaum entwickelt, vor sich hin. Als die Sowjetunion 1991 zusammenbrach, waren nur zehntausend der zweihundertzehntausend Einwohner Juden. Obwohl sie sich der geschichtlichen Hintergründe ihrer Region bewusst waren, wussten sie nur wenig von ihrem jüdischen Erbe. Aber eines war ihnen klar: Es stand ihnen endlich die Möglichkeit offen, das Land zu verlassen.

Innerhalb von zehn Jahren waren fast alle Juden ausgewandert, die meisten nach Israel, einige in die Vereinigten Staaten. Von denen, die blieben (es werden wohl wenige Tausend sein – ein bis zwei Prozent der Bevölkerung), hatten nur die sehr alten Leute eine Ahnung davon, was es bedeutete, jüdisch zu sein.

Doch jüngere Juden haben neue Ideen. Zum ersten Mal seit Jahrzehnten wurden jüdische Feiertage öffentlich gefeiert. 1992 wurde die erste jüdische Schule seit fünfzig Jahren eröffnet. Die Unterrichtssprache ist zwar Russisch, aber die Schüler lernen Hebräisch und Jiddisch. Auffallend ist, dass die Hälfte der Schüler nichtjüdischer Herkunft sind. Sie stammen aus russischen, ukrainischen und koreanischen Familien Birobidschans, die sich für das Erbe ihrer Region interessieren und etwas über Juden erfahren wollen. Die allgemeine Auffassung unter Russen war lange gewesen, dass Juden intelligent seien, obwohl es unter dem Kommunismus unklar blieb, was Juden tatsächlich waren. Dieser Witz hat in der ehemaligen Sowjetunion die Runde gemacht: Wie telefoniert ein schlauer russischer Jude mit seinen Verwandten? Antwort: von Tel Aviv aus.

In Birobidschan hat das Pädagogische Institut wieder begonnen, die zukünftigen Lehrer in jiddischer Sprache und jiddischer Literatur zu unterrichten. Zu den Neuerungen gehören auch eine kleine jüdische Gemeindezeitung, eine Sonntagsschule und ein Kindergarten. Nun können ein paar weitere junge Leute die Straßenschilder lesen, die während der ganzen Zeit nicht nur auf Russisch geschrieben waren, sondern auch auf Jiddisch.

Ironischerweise (und was wäre die russisch-jüdische Geschichte ohne Ironie?) kommt heute die wichtigste Unterstützung für eine jüdische Präsenz in Birobidschan aus Moskau, das sich durch die jüdischen Beziehungen einen Schritt hin zu einem wirtschaftlichen Aufschwung verspricht. *Wen kann man wirklich stark nennen? Den, der einen Witz unterdrückt.*

Nikolaj Borodulin, in Birobidschan geboren, lernte erst nach dem Fall der Sowjetunion, was es heißt, ein Jude zu sein; er wanderte in die Vereinigten Staaten aus. Von über sechzig Mitgliedern seiner Familie, die früher in Birobidschan gelebt haben, sind die meisten nach Israel emigriert, nur eine Hand voll ist in Birobidschan geblieben. Borodulin erzählt einen Witz, der sich auf die drei Wellen offizieller Unterstützung der Juden von Birobidschan bezieht (die Anfangsphase, die Zeit nach dem Zweiten Weltkrieg und die Gegenwart):

Ein religiöser Mann wurde vor einer bevorstehenden Flut gewarnt. Als das Wasser um seine Knöchel schlug und seine Freunde ihn einluden, zu ihnen ins Boot zu kommen, sagte er: «Ich habe keine Angst, mein Gott wird mich retten.» Als das Wasser stieg und seine Taille erreichte, boten ihm andere ein trockenes Plätzchen an, was er wiederum ablehnte. Das Wasser stieg weiter, bis zu seinem Kinn. Auch ein weiteres Hilfsangebot wurde zurückgewiesen. «Mein Gott wird mich retten», sagte er noch einmal.

Nachdem der Mann ertrunken und in den Himmel gekommen war, fragte er Gott, warum er ihn nicht gerettet habe.

«Du Idiot!», antwortete Gott. «Ich habe dir drei Boote ge-schickt.»

Alles in allem ist die sowjetische Geschichte nicht besonders ruhmreich. Dieses neue Interesse an dem Gebiet, das noch immer Jüdische Autonomieregion genannt wird, könnte das letzte Stück in einem Muster aus Unterstützung und Preisgabe sein, der zynischen Ausbeutung der Träume eines Volkes.

Der jiddischen Sprache und Kultur ist es nicht gelungen, die Sowjetunion zu überleben. In dem Land, in dem ein Jahrhundert zuvor fünf Millionen Menschen eine lebendige jiddische Kultur geschaffen hatten, ist davon nur noch ein leiser Widerhall zurückgeblieben.

In Israel ist seit der Staatsgründung ein halbes Jahrhundert vergangen. Aus den unsicheren Siedlungen in einem «toten Land» ist eine wohlhabende Nation geworden, mit der die erfolgreiche Wiederbelebung der hebräischen Sprache eng verbunden ist. In Jerusalem drängen sich Israelis und ausländische Besucher durch die Fußgängerzone. Sie kaufen israelische Produkte des modernen Lebens – frisch gebrühten Kaffee, Eiskrem mit lokalen Früchten, T-Shirts mit intelligenten Aufschriften, *kipot* (Käppchen) mit eingestickten Namen. Die Straße, auf der sich das alles abspielt, ist nach dem alten, asketischen und erfolgreichen Träumer Ben Jehuda benannt.

Nun kann sich eine ganze Generation von Israelis, in Wohlstand und relativer Stabilität aufgewachsen, den Luxus leisten, nach ihren Wurzeln zu fragen. In den siebziger Jahren begannen viele Israelis, nach Osteuropa zu reisen. Bei den «Märschen der Lebenden» wurde ihnen langsam klar, dass nicht nur ein Volk und seine Kultur zerstört worden waren, sondern auch eine Sprache. Manche kamen sogar auf den Gedanken, dass diese Sprache es wert wäre, gelernt zu werden. Im Jahr 1978 wurde zum ersten Mal in einigen öffentlichen Schulen Israels Jiddisch als Unterrichtsfach angeboten.

In den folgenden zwanzig Jahren verlor Jiddisch etwas von seinem Pariastatus. Ein Film über eine jiddische Theatertruppe gewann bei einem großen Festival den ersten Preis. Für israelische Universitäten waren Einführungskurse in Jiddisch nichts Ungewöhnliches mehr, und an der Hebräischen Universität konnte man in Jiddisch sogar promovieren.

Doch einige der Opfer der Sprachkämpfe würden dies alles akademisch nennen – Brocken, die man dem Besiegten hinwirft, nachdem der Sieg errungen ist. Jiddisch als eine weit verbreitete, allgemein gesprochene Alltagssprache ist tot. Die Jiddischisten, diese kleine Zahl von Israelis, die diese alte Sprache noch sprechen, sind selbst alt geworden. Manchmal scheint es, als verlöre sich der letzte Rest Vitalität der *mame-loschn* in einer langen Litanei von Geplänkel und Sackgassen.

1996 gründete die israelische Regierung zwei neue nationale Behörden: eine zur Bewahrung des Ladino, der spanisch-jüdischen Sprache, und eine zur Bewahrung von Jiddisch. Die Ladino-Gruppe wurde sofort finanziell und personell abgesichert, die jiddische Organisation musste ein Jahr lang auf das finanzielle Fundament warten. Dann, als Konsequenz aus internen Kämpfen der Jiddischisten und staatlicher Unnachgiebigkeit, wurde das erste große Projekt der jiddischen Autoritäten gekippt; ein Festival mit dem Titel: «Jiddisch lebt!» (Was ist eigentlich mit dem jiddischen Sprichwort passiert: *Lieber Freundlichkeit als Pietät?*)

Trotz allem überleben noch immer einige jiddische Literaten in Tel Aviv. Jedes Jahr wird eine Hand voll jiddischer Bücher publiziert. Und gelegentlich werden jiddische Theaterstücke sogar auf Jiddisch aufgeführt, meist mit einer Simultanübersetzung in Hebräisch und Russisch. Und immer wieder hört man von einer neuen Idee. Es gibt ein wachsendes Empfinden dafür, dass Jiddisch einen besonderen Platz im einzigen jüdischen Staat der Welt einnehmen sollte. Man hört das Argument, dass in Erez Israel Jiddisch – die Sprache der sechs Millionen, die Sprache der frühen Zionisten – einen gewissen Schutz verdiene.

Inzwischen hat Jiddisch, das Gassenkind einer Sprache, einen Weg gefunden, ohne besondere Förderung zu überleben. *Wenn du nicht über etwas gehen kannst, dann geh unten durch.* Trotz der Jahre der sprachlichen Überwachung hat Jiddisch etwas erreicht, was man eine seiner köstlichsten Hinterlassenschaften nennen könnte, nämlich sich in das moderne Hebräisch einzuschleichen. Weil diese neuere, sorgsam verbreitete und geschützte Sprache als Hochsprache begann (ihre Verwendung war formal, öffentlich, höflich), besaß sie kein Vokabular für die vertraulichen Bereiche des Lebens. Als Ben Jehuda neue Wörter erfand, schien es keinen Bedarf an Koseworten zu geben; Gefühlsausbrüche waren nicht auf seiner Liste. Oder vielleicht können solche Worte auch nicht vorgeschrieben werden, vielleicht müssen sie sich, wie die Sprache selbst, aus einem tiefen menschlichen Bedürfnis heraus entwickeln.

Nach über einem Jahrhundert einer modernen hebräischen Sprache stammen, wenn Israelis schimpfen, schreien, ihre Babys im Arm halten oder Liebesworte murmeln, viele dieser Wörter aus dem Jiddischen. (Schimpfwörter sind allerdings ebenso oft arabischen oder russischen Ursprungs. Zumindest gibt es da genauso viele Möglichkeiten.) Die Kosenamen für Babys werden durch das Anhängen des jiddischen *-ele*, des zärtlichen Diminutivs gebildet. Manchmal wird der jiddische Hintergrund eines Wortes nur durch die Aussprache sichtbar. Das hebräische Wort *mischpacha*, mit Betonung der letzten Silbe, bedeutet Familie, sowohl im formalen Sinn als auch als Menschheitsfamilie. Wenn es einen jiddischen *ta'm* (Geschmack) bekommt, wird das Wort jedoch zu *mischpoche*, mit Betonung der mittleren Silbe. Das jiddisch ausgesprochene Wort ist intimer und hat einen leicht veränderten Charakter. Es bedeutet noch immer Familie, aber im Sinn der eigenen, geliebten, unvollkommenen, zusammenhaltenden Gruppe. Einige jiddische Wörter, die ihren Weg ins Englische gefunden haben, wurden auch im Hebräischen üblich, zum Beispiel *ganef*, «Dieb», und *mentsch*, Mensch.

309

Doch die wirklich neuen Nachrichten aus Israel, die jiddische Sprache betreffend, kommen von den Ultraorthodoxen. Obwohl sie alle *Iwrit* verstehen, das moderne Hebräisch, sei es auch nur wegen seiner Verbindung zur *loschn kojdesch*, der heiligen Sprache, beharren sie darauf, untereinander Jiddisch zu sprechen. In der letzten Dekade sind sie ungehemmter und aggressiver geworden. Mit ihren hohen Geburtenraten und ihrem übermäßigen Verlangen, sich von der säkularen Kultur zu distanzieren, repräsentieren sie heute einen Raum jiddischen Wachstums.

Für die Ultraorthodoxen, die weltweit etwa drei oder vier Prozent der Juden ausmachen, stellt Jiddisch eine weitere tägliche Verbindung mit ihrer geliebten Vergangenheit dar. Es ist die Sprache, die Generationen verehrter *rebeim* gesprochen hatten, die Sprache des «reinen» chassidischen Lebens. Es ist die Sprache der frommen europäischen Juden, die über die Jahrhunderte nach Erez Israel zurückgekehrt sind, die Sprache der heiligen Märtyrer des Holocaust.

Auf diese Art, mit der neuesten jiddischen *ironje,* hat die jiddische Sprache selbst eine Aura von Heiligkeit angenommen. *Wenn du nur lang genug lebst, siehst du alles.* Eine orthodoxe Lehrerin hat es so formuliert: «Alles, was auf Jiddisch gelehrt wird, geht direkt zur Seele.»

Ultraorthodoxe erklären ihre Hingabe an Jiddisch mit Argumenten, die sich auf die Zeit beziehen, als die Israeliten in der ägyptischen Knechtschaft gelebt hatten. Sie sagen, dass jene Juden ihre jüdische Identität nur dadurch bewahrt hätten, dass sie an ihrer jüdischen Sprache und ihren jüdischen Namen festhielten. So geben sie jetzt ihren Kindern jiddische Namen, um an die zu erinnern, die verloren gegangen sind. Kleine Mojsches und kleine Frumes helfen, an die Toten des Holocaust zu erinnern.

Die Ultraorthodoxen haben eine komplizierte Beziehung zu Jiddisch. In Fortsetzung der aschkenasischen Tradition lernen Studenten in den besten *jeschiweß* hebräische Texte, indem sie sie auf

Jiddisch diskutieren. Diese Schulen sind so angesehen, dass sie sogar Ladino sprechende Sefardim anlocken.

Die Situation ist für ultraorthodoxe Frauen noch komplizierter. Weil sie es sind, die die meisten Funktionen in der Außenwelt übernehmen, sind sie im Allgemeinen vertrauter mit dem modernen Hebräisch als ihre Männer. Doch wegen des neuen jiddischen Bewusstseins versuchen auch Frauen, die Jiddisch nicht so gut beherrschen, es mit ihren Kindern zu sprechen. Fundamentalismus nimmt überall zu, man kann also davon ausgehen, dass die neue Generation Jiddisch wieder fließender sprechen wird, als ihre Eltern es tun, eine neue Kehrtwende im Gebrauch der Sprache.

Ultraorthodoxe Schulen sind jedoch sehr uneinheitlich, was die Verwendung von Jiddisch betrifft. Die Praxis unterscheidet sich von einer Sekte zur anderen, manchmal auch innerhalb der Schulen, die der gleichen Richtung angehören. (Man erinnere sich daran, dass die Sekten nach den alten Wohnorten ihrer Führer benannt sind – Gerer, Szatmarer, Belzer.) In einigen Schulen wird Jiddisch hauptsächlich in den unteren Klassen gesprochen, in anderen erst, wenn die Kinder älter sind. Und Schulen für Mädchen betreiben oft eine andere Politik als Schulen für Knaben.

Einige Sekten, vor allem die Lubawitscher, benutzen Jiddisch nicht so häufig, weil sie ein Interesse daran haben, assimilierte Juden in den Schoß der Gemeinde zurückzubringen. Das bedeutet, dass sich in ihren Reihen auch viele nicht Jiddischsprachige befinden. Es sprechen also nicht alle Ultraorthodoxen Jiddisch, und die, die es tun, benutzen es in verschiedenem Ausmaß.

Ein weiteres Beispiel für etwas, das seltsam ist, aber wahr: Obwohl israelische Ultraorthodoxe sehr aggressiv reagieren können, wenn es um das geht, was sie für anständige Kleidung und anständiges Benehmen halten, machen sie keinen Versuch, den Nichtorthodoxen die jiddische Sprache aufzudrängen. Sie sind daran gewöhnt, sie für sich selbst zu behalten. Eine säkulare Sprachforscherin stellte fest, dass sie, als sie begann, sich wie eine orthodoxe Frau zu kleiden, in den Straßen Jerusalems viel öfter alltäglich gesprochenes Jiddisch hörte als vorher.

Bei aller sprachlichen Bewusstheit betrachten Ultraorthodoxe die Sprache nicht so, wie es säkulare Sprecher tun. Sie interessieren sich nicht per se für die Sprache. Sie nehmen Jiddisch, wie es kommt, mischen es unbekümmert mit Iwrit, wenn sie in Israel leben, oder mit Englisch, wenn sie in New York leben. Sie haben keine Verwendung für das YIVO-System einer Standardorthographie, sie lernen weder Rechtschreibung noch Grammatik oder überhaupt Sprachwissenschaft. Den gleichen Umgang haben sie mit der Literatur, die für sie nur eine Ablenkung von den wichtigen spirituellen Beschäftigungen ist.

Obwohl der größte Teil ihres Lebens durch die Religion strukturiert und definiert ist, gibt es auch so etwas wie eine weltliche Literatur, wobei man diesen Begriff im weitesten Sinne verstehen muss. Jiddische Zeitungen, die sich an ein ultraorthodoxes Publikum richten, befinden sich im Aufwind. Eine Hand voll Wochenzeitungen werden in New York publiziert und in die ganze Welt geschickt. Es gibt ein paar jiddische Unterhaltungsromane und auch einige Kinderbücher, doch sie sind von minderer Qualität und genießen nur ein geringes Ansehen. (Ein geringes Ansehen! Ist es das, wo wir hingekommen sind? *Für jedes neue Lied kann man eine alte Melodie finden.*)

Vieles von dem, was die Ultraorthodoxen heutzutage tun, hört sich an wie das, was Jiddisch immer getan hat: einen sicheren Platz für die Eingeweihten schaffen und die Außenstehenden draußen halten. Jiddisch funktioniert wie eine Isoliermasse, nur dass die Ultraorthodoxen es jetzt vor allem dazu benutzen, sich von anderen Juden zu distanzieren. Ein noch größerer Unterschied besteht wohl darin, dass die jiddische Kultur traditionell die ganze jüdische Welt und die menschlichen Schwächen des Volkes mit einschloss, die Ultraorthodoxen aber einen engeren Blickwinkel haben. Sie glänzen nicht in der Skala der menschlichen Natur. Ihre Kultur umfasst weder Poesie noch Wissenschaft; sie hat wenig

Verwendung für große oder weniger große Kunst. Selbst Wirtschaft wird gerade eben toleriert. Es gibt zwar noch so etwas wie Wortwitz, aber im Allgemeinen spielt das für die Sprache keine besondere Rolle.

Niemand kann sagen, wie sich die Zukunft der jiddischen Sprache anhören wird, doch man kann wetten, dass sie wesentlich lauter sein wird, wenn die ultraorthodoxen Gemeinschaften weiter anwachsen. Schätzungen gehen weltweit von einer ultraorthodoxen Bevölkerungszahl von fünf- bis siebenhunderttausend um die Jahrhundertwende aus. (Die jüdische Bevölkerung der ganzen Welt wurde 1997 auf dreizehn Millionen geschätzt.) Von der halben Million Ultraorthodoxer lebten etwa dreihunderttausend in Israel. Zwei Drittel davon sind Kinder. Bei einer gleich bleibenden Geburtenrate wird ihre Zahl bald in die Millionen gehen.

Logischerweise wird jetzt jeder sagen, die Zukunft der jiddischen Sprache liegt bei diesen Ultraorthodoxen. Aber Logik hat in dem historischen Drama, das wir verfolgt haben, noch nie die Hauptrolle gespielt, und auch heute gibt es keinen Grund, dass sie mehr als eine winzige Nebenrolle spielen sollte. Es ist noch immer möglich, dass Jiddisch wieder zu einer weit verbreiteten, nützlichen Sprache wird, die hilft, eine Kultur wiederzuerwecken.

Manche sagen sogar, dass sie das schon getan hat.

19. Kapitel

Amerika:
Das Lied von morgen bewahren

א ייד קען ניט לעבן אהן ניסים.

A jid ken nischt lebn on nissim.

Ein Jude kann nicht leben ohne Wunder.

Zu Beginn des 21. Jahrhunderts kann man in den Vereinigten Staaten noch immer Jiddisch hören. Doch wenn man sich nicht gerade in den ultraorthodoxen Kreisen bewegt, wird das nicht allzu oft geschehen. Eineinviertel Jahrhundert, nachdem die Juden das jüdische Herzland verlassen hatten, ist ihren Nachkommen in Amerika und darüber hinaus nur wenig von der *mameloschn* geblieben. Wenn Juden falsch ausgesprochene oder halb verstandene jiddische Wörter in ihre Sprache streuen, wie Zucker über Cornflakes, ist das nur eine Art Code: Ja, ich bin jüdisch, oder wenigstens cool.

Doch die amerikanische Landschaft ist voller Nester der Kreativität und des lebendigen Wachstums. Eine interaktive Website macht die jiddischen Theater erreichbar. Das *National Center for Jewish Film* vertreibt Dutzende wiederhergestellter jiddischer Filme auf Videos mit Untertiteln. YIVO, in funkelnagelneuen Büros, prahlt mit über dreihunderttausend Bänden und zwanzig Millionen Dokumenten. Es bietet Jiddischunterricht für Studenten an, Studienmöglichkeiten und ein breites Angebot informeller Hilfe.

In New York wird jährlich zumindest ein jiddisches Theaterstück aufgeführt, mit einer Simultanübersetzung in Englisch und Russisch. In Toronto zieht ein einwöchiges, zweimal im Jahr stattfindendes Festival neuer jiddischer Kultur siebzigtausend Teilnehmer an. Landesweit ist der jiddische Kalender voller Konferenzen, Festivals und Musikvorführungen. Frauengruppen entdecken und beanspruchen eine Sprache, die immer eine feminine Assoziation gezeigt hatte. Schwule und lesbische Juden haben, aufgrund des Außenseiterstatus der jiddischen Sprache, eine verwandte Kultur entdeckt, und bei gemischtreligiösen Familien vermag es ein wenig Jiddisch oder *Jidischkejt*, den Stachel aus dem belasteten Thema Religion zu nehmen.

Doch es gibt noch immer Menschen, für die Jiddisch mehr ist als ein Ablenkungsmanöver.

Aaron Lansky, 1955 in Massachusetts geboren, erinnert sich noch daran, wie es war, als seine Hebräischlehrer in der Schule – jiddische Muttersprachler – durch junge Israelis mit ihrer sefardischen Aussprache und ihrer Abneigung gegen Jiddisch ersetzt wurden. Lansky selbst hatte kaum einen Begriff von Jiddisch. Obwohl es die erste Sprache seiner in Amerika geborenen Mutter war, wurde Jiddisch innerhalb seiner Familie nicht mehr gesprochen, als er heranwuchs. Doch als er jüdische Geschichte studierte, erkannte er, dass er, wollte er die letzten tausend Jahre wirklich verstehen, die *mame-loschn* lernen musste.

In den späten siebziger Jahren, als der zukünftige Klesmer-Experte Henry Sapoznik seine Reisen nach South Carolina überdachte, absolvierte Lansky die McGill University in Montreal. Doch er fand bald heraus, dass nur wenige kostbare Bücher verfügbar waren. Es wurden kaum jiddische Texte gedruckt, und Studenten waren gezwungen, in ihrer jüdischen Nachbarschaft von Haus zu Haus zu gehen, um nach alten Exemplaren jiddischer Klassiker zu suchen. Innerhalb einer Generation waren jiddische Bücher, früher überall erhältlich, fast völlig verschwunden.

Lansky unterbrach sein Studium und plante, zwei Jahre lang

alle Bücher zu sammeln, die noch übrig geblieben waren. Jüdische Experten, die ihn davor warnten, seine Zeit mit dieser undankbaren Aufgabe zu vergeuden, schätzten, dass er fünfundsiebzigtausend Bände finden würde, die eine unbekannte Anzahl von Titeln repräsentierten.

Lansky, zu unwissend und zu idealistisch, um ihrem Rat zu folgen, fing mit dem Sammeln an, zuerst mit einem Motorrad mit Gepäckträger, später mit einem gebrauchten Lastwagen. Er saß in Küchen, in denen alte Leute darauf bestanden, ihn mit Gerichten zu füttern und mit Geschichten darüber, welche Bedeutung die jiddischen Bücher in ihrem Leben gehabt hatten.

Lansky rettete nicht nur die Bücher, sondern auch das Konzept der *samlers*, das bereits Dubnow und Weinreich vor ihm eingesetzt hatten. Schon bald durchkämmte ein Heer von älteren Jiddischisten und jungen Leuten Nordamerika, während Lansky immer mehr Lagerraum anmietete. Sein Studium stand im Schatten seiner Mission. Er gründete das National Yiddish Book Center in Amherst, Massachusetts, und zehn Jahre später hatte er eine Million Bücher gesammelt. Als die gemieteten und geborgten Gebäude so voll waren, dass ihre Fußböden sich senkten, gab er Duplikate an die über vierhundert Bibliotheken in sechsundzwanzig Ländern weiter, die damals Jiddische Sammlungen zusammenstellten.

Zu Beginn des neuen Jahrtausends zog das National Yiddish Book Center in ein hochmodernes Gebäude um, dessen Architektur an die zerstörten hölzernen Synagogen Osteuropas erinnerte. Mit dreißigtausend Mitgliedern begann ein groß angelegtes Projekt ungeheuren und weit reichenden Ausmaßes: fünfunddreißigtausend verschiedene jiddische Titel, praktisch die gesamte jiddische Literatur, wurden digitalisiert. Die Sprache machte einen Bocksprung vom Abfallhaufen der Geschichte an die vorderste Front der Technologie. Lansky hatte sich die Aufgabe gestellt zu sammeln. Das Material, das er fand, ermöglichte es ihm, einen bequemen Weg in eine schon fast verlorene Welt zu bauen.

Denn das Jiddisch, das es einmal gab, ist nicht mehr. Der Tod einer Kultur und der Zustand ihrer Sprache, die dem Tod nahe ist, muss anerkannt und betrauert werden. Egal, wie viele Anzeichen kultureller Bewegung wir sehen, all die Konferenzen und Konzerte und Sammlungen der Welt sind kein Beweis einer lebendigen Sprache. Und obwohl einige wenige entschlossene Jiddischisten ihren Kindern beibringen, die *mame-loschn* zu sprechen, sie können, so hervorragend und mutig und ungestüm sie auch sind, nur als die Vertreter einer speziellen Interessengruppe gesehen werden.

Es ist unglaublich, sogar bei diesem schlechten Stand der Dinge kann man immer wieder von einem Wiederaufleben der jiddischen Sprache hören. Ein Reporter entdeckt ein Festival, findet Universitätskurse, setzt sich vielleicht sogar Kopfhörer auf und schaut sich, auf der Suche nach einer farbigen Reportage, ein jiddisches Theaterstück an. Aber das ist noch lange keine Renaissance. Sieht man von den Klesmer-Konzerten ab, handelt es sich vorwiegend um ein Publikum, das entweder grauhaarig oder akademisch oder beides ist. Bei den Festivals, die ein breiteres Publikum anziehen, mag Jiddisch im Mittelpunkt stehen, doch ihre eigentlichen Aktivitäten und «Entdeckungen» schlagen einen weiten Bogen. Ihr Inhalt ist oft nur «Jiddisch beeinflusst» oder «in jiddischem Stil» – beispielsweise ein Geschichtenerzähler, der die neue Version einer chassidischen Geschichte erzählt, oder ein Künstler, der einen Workshop über jüdische Scherenschnitte gibt. Wie Ruth Wise, Professorin des J.-L.-Perez-Lehrstuhls für Jiddisch an der Universität Harvard, schrieb: «Wenn dies eine Auferstehung bedeutet, wie soll man dann das Sterben einer Sprache beschreiben?»

Wir sollten uns nichts vormachen. Die Nachkommen der Jiddisch Sprechenden benutzen Jiddisch als nostalgische Kulisse. Sie stellen Jiddisch in einen historischen Kontext, beginnen zu würdigen, was war und was noch hätte sein können.

Jiddisch wird nun routinemäßig an amerikanischen Universitäten gelehrt, obwohl die Zahl der Studenten und der angebotenen

Kurse seit ihrem Höchststand in den siebziger Jahren abgenommen hat. (Das Studium von Sprachen ist nicht mehr so beliebt, die ethnische Wiederbelebungsbewegung ist gekommen und gegangen.) Diese Angebote sind schwankend; eine zuverlässige Schätzung geht von ungefähr fünfzig angebotenen Kursen aus, und nur eine Hand voll Universitäten bietet mehr als ein Einführungsjahr an.

Manchmal beinhaltet ein Kurs in Jüdischer Literatur auch einige jiddische Texte in Übersetzung, doch der jiddische Kanon ist fast nie in ein breiteres Curriculum aufgenommen. Scholem Alejchem wird nicht als Teil der europäischen Literatur gelehrt; Glatshteyn wird in einem Kurs über amerikanische Dichtung nicht auftauchen. An amerikanischen Universitäten muss ein akademischer Grad in Jiddisch aus verschiedenen Fakultäten zusammengeflickt werden. Harvard hat den einzigen ausgestatteten Lehrstuhl für Jiddisch. Ja, man findet Jiddisch im akademischen Bereich. Aber das Kursangebot ist so dürftig, die Qualifikationen der Fakultäten sind so uneinheitlich, dass ein Professor sein Feld als «ein stilles Desaster» bezeichnet hat.

Doch es kommen noch immer Studenten. Sie suchen nach einer inneren Verbindung zu ihrer unmittelbaren Vergangenheit. Sie möchten die Klänge hören, die Seelen treffen, sie möchten die Wurzeln von Liedern und *schtikn* ausgraben. (Das Wort *schtik* bedeutet wörtlich «Stück», im übertragenen Sinn «Witz, Unfug». Im Englischen hat es eine besondere Bedeutung angenommen, es bezieht sich auf Sprachwitze, die vor einer oder zwei Generationen aus der Muttersprache übernommen worden sind. Das Wort ist, wie seine Sprecher, aus seinem jiddischen Ursprung emigriert.) Die Resonanz ist also da. Matthew Goodman beschrieb kürzlich seine Erfahrung, als Erwachsener Jiddisch zu lernen: «Jiddisch hat noch immer etwas, was jemanden wie mich – assimiliert, im Konflikt mit seinem Judentum, aufgewachsen in einer Familie, in der ausschließlich Englisch gesprochen wurde – dazu bringen konnte, mich in die Sprache zu verlieben (...) die Arbeit hatte

318

nicht nur die Qualität des – natürlich notwendigen – Lernens, sondern viel mehr des Erinnerns.»

Ein wachsender Bereich sind die jiddischen Sommerprogramme. Abgesehen davon, dass man in den Unterrichtsräumen das *alef bejß* lernt, das Alphabet, bieten diese Urlaubsprogramme, bei denen man Scheine für das Studium sammeln kann, Singen, Tanzen und *schmueßn* an. (Das Wort, das nun die Bedeutung einer entspannten, vertraulichen Art von Gesprächen angenommen hat, kommt vom jiddischen Wort *schmueß*, Konversation, Unterhaltung. Ein weiteres Beispiel dafür, wie sich kulturelle Begriffe einer Sprache anpassen.) Man kann jetzt jeden Sommer einen Monat lang *schmueßn*, in New York, Oxford, Paris, Wilna oder Kiew.

Ungefähr hundert jiddische Bücher werden jedes Jahr noch gedruckt. Einige könnte man eher als Pamphlete bezeichnen, andere sind Neuausgaben alter Werke, es gibt auch Geschichten für Kinder, aber die Produktion ist nicht gerade groß. Über die Hälfte der jiddischen Publikationen richten sich an ein orthodoxes Publikum. Jiddisch Sprechende tendieren zu den Extremen des politischen und religiösen Spektrums, und die Angehörigen der rechten und linken Flügel beäugen einander über die Mitte, die Nachkommen von Holocaustüberlebenden, hinweg.

Die Ultraorthodoxen teilen die jiddische Literatur in traditionell und modern auf. Doch für sie heißt «traditionell» weltlich und bezieht sich auf das, was bis zum Zweiten Weltkrieg als «modern» galt. Und als «modern» definieren sie, was so ist wie sie. Sie geben sowohl religiöse Traktate heraus als auch etwas, was man als religiöse Romane bezeichnen könnte. Die Produktion säkularer oder zumindest nichtorthodoxer Literatur tendiert dazu, wissenschaftlich, literarisch oder einfach nostalgisch zu sein.

Von den jiddischen Werken ist nur ein minimaler Prozentsatz englischen Lesern zugänglich. Lansky schätzt, dass gerade mal 0,5 Prozent der jiddischen Literatur ins Englische übersetzt worden ist. Das bedeutet, dass die Werke jiddischer Dichter, Lyriker und Essayisten praktisch unbekannt sind. Und auch wenn man an die gegenwärtige hohe Popularität der Klesmer-Musik denkt, muss man bedenken, dass ein jiddischer Text nur ein einziges Mal den Sprung nach draußen geschafft hat, nämlich als die Andrew Sisters vor fünfzig Jahren eine Version von *Baj mir bistu schejn* aufgenommen haben. Das einzige jiddische Lied, das seinen Weg in die amerikanische Volksmusik gefunden hat, war Joan Baez' leise, poetische Version von «Dona, Dona», 1960. Obwohl der letzte Vers eine Interpretation war.

> Calves are easily bound and slaughtered
> Never knowing the reason why
> But whoever treasures freedom
> Like the swallow, has learn to fly.

Die jiddische Original und die wörtliche Übersetzung sind direkter und härter.

> Bidne kelber tut men bindn,
> Un men schlept sej und men schecht,
> Wer ß'hot fligl, flit arojfzu
> Is baj kejnmen nit kejn knecht.

> Arme Kälber tut man binden,
> Und man zerrt sie und man schlachtet,
> Wer hat Flügel, fliegt nach oben,
> Wird bei keinem nicht kein Knecht.

Doch ein gewisser *ta'm* (Geschmack) vom Jiddischen hatte sich verbreitet. Ein jiddischer Tonfall und eine jiddische Modulation sind im Werk amerikanischer Schriftsteller wie Philip Roth und Bernard Malamud fühlbar. Hier folgt ein Ausschnitt aus Grace Paleys Erzählung *In diesem Land, aber in einer anderen Sprache, weigert sich meine Tante, den Mann zu heiraten, von dem alle wollen, dass sie es tut.*

320

Meine Tante machte das Bett. Schau, deine Großmutter schwitzt nicht. Nichts muss gewaschen werden – ihre Strümpfe, ihre Unterwäsche, die Laken. Davon würde man nicht glauben, was für ein Leben sie hatte. Es war kein Leben. Es war eine Qual. Liebt sie uns nicht?, fragte ich. Euch lieben?, sagte meine Tante. Was sonst wäre es wert? Ihr Kinder. Euer Cousin in Connecticut.

Jiddisch hat nicht nur die literarische Sprache gefärbt, es hat auch das Alltagsenglisch bereichert. Die neue Ausgabe des Oxford English Dictionary enthält 144 Wörter jiddischen Ursprungs. Einige wie *schlep* (Schlag), *nosch* (Näscherei) oder *chuzpe* (Frechheit) haben sich so weit im amerikanischen Hinterland verbreitet, dass man sich, wenn man sie benutzt, ihrer Herkunft vermutlich gar nicht mehr bewusst ist. (Dahinter steckt: Je weniger Juden Jiddisch können, umso mehr Nichtjuden wissen ein bisschen mehr.) Andere Wörter, die sich auf Feiertage und kulturelle Praktiken beziehen, wie zum Beispiel unser alter Freund *purimschpil*, sind innerhalb der jüdischen Grenzen geblieben. Es gibt jiddische Sprichwörter, die, in der Übersetzung, die amerikanisch-jüdische Sprache durchziehen: *Wenn meine Großmutter Räder hätte, wäre sie ein Motorrad.* (Diesen Spruch gibt es auch in anderen, weniger freundlichen Versionen.) *Der Apfel fällt nicht weit vom Stamm. Wenn du dich mit Hunden schlafen legst, stehst du mit Flöhen auf.*

Es gibt auch strukturelle Anleihen: Ausdrücke wie *enjoy!, don't ask, better you should, go know, I should care* sind wörtliche Übersetzungen der jiddischen Formulierungen *hob hanoe, frog nischt, beßer du solßt, gej wejß, nem sich in acht.* Die Art der Argumentation, in der die Logik bis zu einem unlogischen Schluss getrieben wird, hat ihre Quelle im talmudischen Disput, einem Grundstein jüdischer Erziehung. *Ich brauche es wie ein Loch im Kopf.* Und die Gewohnheit, eine Frage mit einer Gegenfrage zu beantworten (du fragst es mich?), wurde als Taktik beschrieben, die Identität zu verbergen – ein Muss für Jiddisch Sprechende, die heimatlos in einer unfreundlich gesinnten Welt herumwanderten.

Heute könnten sich Jiddisch Sprechende und Liebhaber der Sprache über Internet finden. *shtrosers*, Surfer, machen ihre *kompjuters* an und *schmueßn*, über Zeitzonen und Kontinente hinweg, an einem Ort wie dem *Virtuellen Shtetl*, einem passenden Namen für eine Gemeinde im Nirgendwo. Im Internet wird Jiddisch normalerweise in lateinischen Buchstaben geschrieben, damit wird zwar die alte Verbindung zum Hebräischen abgebrochen, doch man erreicht ein breiteres Publikum. Es gibt einen gewissen Trend im Internet zur standardisierten YIVO-Transskription, aber das System ist so wenig bekannt, dass die Schreibweisen noch immer zwanglos gehandhabt werden.

Mendele, eine ziemlich intellektuelle Website, die wissenschaftliche Aufsätze enthält, hitzige Diskussionen und, ähnlich wie bei einem schwarzen Brett, Ankündigungen und Anfragen, hat Abonnenten auf allen Kontinenten, außer in der Antarktis. In einigen Diskursen geht es um Trauer: Auseinandersetzungen, auf Jiddisch und Englisch, darüber, ob Jiddisch nun tot sei oder nicht. Die Argumente der Fatalisten lauten etwa so: Die Sprache ist nicht ausgestorben, sie wurde ermordet. Die Tatsache, dass einige jiddische Wörter und Formulierungen ihren Weg in die amerikanische Sprache gefunden haben, bedeutet nichts. Es ist damit wie mit dem amerikanischen Bagel (*bejgl*), der groß, klitschig und ohne Geschmack ist.

Inzwischen hat ein neues Unternehmen, das Projekt Onkelos, weitgehend auf freiwilliger Basis, damit begonnen, Jiddisch für diejenigen verfügbarer zu machen, die es überhaupt nicht sprechen. Dieses große Projekt, genannt nach dem Gelehrten Onkelos, der in der Antike den Pentateuch ins Aramäische übersetzte, hat sich darangemacht, Schritt für Schritt jiddisch-englische Übersetzungen wichtiger Texte zu veröffentlichen. Wie ein *Mendelyener*, ein *Mendele*-Korrespondent, schrieb: «Was für eine großartiger Weg, die *moschiach-zajt* (die Zeit des Messias) zu beginnen!»

Doch so vieles ist verloren gegangen. Chagalls Bild *Der*

322

Geburtstag, auf dem ein Mann über seiner Geliebten in der Luft schwebt und mit seinem Gesicht das ihre berührt, ist mit Recht sehr bekannt. Nur wenige Betrachter machen sich allerdings klar, dass dieses Gemälde, wie viele von Chagalls Werken, eine jiddische Phrase illustriert. Sich wahnsinnig zu verlieben ist *fardrejn dem kop* (den Kopf verdrehen), genau das, was der junge Mann auf dem Bild tut.

Wir müssen uns auch daran erinnern, wie sehr eine Sprache, die unsere Sicht auf die Welt verändert, selbst ständig im Fluss ist. Obwohl Jiddisch in den meisten Teilen der Welt im Verfall begriffen ist, wird die Sprache doch von den Ultraorthodoxen erneuert. Und deren Welt ändert sich ebenfalls.

In den Jahren nach dem Zweiten Weltkrieg machten die Ultraorthodoxen einige Zugeständnisse an die säkulare Welt, die sie umgab. Sie schickten ihre Töchter in öffentliche Schulen, sie machten Kompromisse, was die Kleidung betraf. In den letzten beiden Jahrzehnten jedoch sind sie, wie die Angehörigen anderer fundamentalistischer Religionen auch, in die Offensive gegangen. Ihre Schulen werden strenger, sie beachten noch genauer die religiösen Vorschriften, sie distanzieren sich noch entschiedener von der Gesellschaft. Und wie ihre Gesinnungsgenossen in anderen Teilen der Welt, sprechen sie verstärkt Jiddisch.

Amerikanische Ultraorthodoxe, die selbst nur stockend Jiddisch sprechen, kämpfen darum, es wieder zu ihrer familiären Sprache zu machen. Ein Mitglied ihrer Gemeinde beschreibt, wie die Eltern «sich die Zunge zerbrechen, um mit ihren Kindern Jiddisch zu sprechen». In den Vereinigten Staaten lernen Zehntausende Kinder aus orthodoxen Familien inzwischen zuerst Jiddisch und dann Englisch. Es gibt sogar noch einige jüngere erwachsene Männer in der orthodoxen Gemeinschaft, die, obwohl sie in den USA geboren und aufgewachsen sind, praktisch kein Englisch sprechen.

Es wird von einem ultraorthodoxen Mann erzählt, der seinem

Freund wiederholt eine Frage auf Jiddisch stellte. Die Frage betraf dessen Frau. Doch weil es in dieser Sekte als unanständig gilt, direkt über eine Frau zu sprechen, versuchte der Frager einige Formen der Umschreibung. Als sein Freund vorgab, ihn nicht zu verstehen und seine Fragen wörtlich nahm, platzte der Erste endlich mit einer direkten Frage heraus – doch er konnte das nur, indem er ins Englische wechselte.

In den Vereinigten Staaten, ebenso wie in Europa und Israel, nimmt die Literatur für Kinder und, allerdings in geringerem Ausmaß, populäre Literatur einen immer größeren Raum ein. Doch obwohl viele Sekten Jiddisch nun ganz besonders fördern, ist Sprache für sie noch immer nur ein Mittel, kein Ziel an sich.

New York ist das Weltzentrum orthodoxer Zeitungen. Einige Wochenzeitschriften, darunter *Der jid* (Der Jude) und das *Algemejner schurnal* (Allgemeines Journal) werden international verkauft. Sie konzentrieren sich auf Politik und lokale Nachrichten, die für die Gemeinschaft von Interesse sind. Ihre Sprache ist hybrid, das heißt, sie ist in den amerikanischen Ausgaben mit vielen englischen Wörtern durchsetzt, so wie die israelischen Äquivalente viel Iwrit enthalten. Eine Anzeige in einer New Yorker jiddischen Zeitung bietet, in jiddischen Buchstaben, einen *«bus serwis»* an, eine andere sucht nach *«drivers mit kars oder on kars»*, Fahrer mit oder ohne Wagen.

Sowohl unter den säkularen als auch unter den orthodoxen Jiddisch Sprechenden haben sich, als Folge der gewaltigen regionalen Umwälzungen des letzten Jahrhunderts, die Akzente verwischt. Bis zu einem gewissen Grad sind die unterschiedlichen Akzente auch durch das Standardjiddisch ausgeglichen worden, vor allem deshalb, weil immer mehr Jiddisch Sprechende die Sprache erst als Erwachsene lernen, in akademischen Kursen. In der orthodoxen Welt reflektieren die Akzente eher den Aufenthalt des Sprechers – New York, Jerusalem, Johannesburg oder Melbourne.

Die Ultraorthodoxen haben auch etwas entwickelt, was man einen eigenen Dialekt nennen könnte. Linguisten haben für die

Art, wie besonders Männer unbefangen Hebräisch und Jiddisch in ihr Englisch mischen, das Wort «Jeschiwisch» geprägt. Drei Viertel des Vokabulars von Jeschiwisch stammt aus dem Jiddischen. Es ist längst keine komplette Sprache, spiegelt aber die soziale Abgrenzung wider. Zum Beispiel wird ein Ultraorthodoxer, wenn er *tisch* sagt, etwas anderes als die wörtliche Bedeutung meinen. Das Wort stammt zwar von dem lockeren Gespräch, das ein *rebe* nach einer Mahlzeit an einem Tisch geführt hat, jetzt wird damit aber ein Ritual bezeichnet, der Höhepunkt eines Schabbat oder eines Festtages. Der *rebe*, umgeben von Hunderten oder sogar Tausenden seiner Anhänger, sitzt an einem weiß gedeckten Tisch, isst sein vor allem symbolisches Mahl und bietet anschließend seinen Anhängern nicht nur die Reste an, sondern auch Gebete, Vorträge und Lieder.

Ein Mann, der in beiden Welten zu Hause ist, ist Abraham Heschel, ein Chassid vom Borough Park, Brooklyn, der nicht nur Bart und *pejeß* trägt, sondern selbst in der New Yorker Sommerhitze den langen schwarzen Mantel und den schwarzen Hut. Nun, da er an einem Forschungsprojekt des YIVO-Instituts mitarbeitet, ist er sich seines seltsamen Status bewusst geworden. Er sagt, in den alten Zeiten, als die Organisation noch von den Bundisten geführt wurde, hätte man jemanden wie ihn niemals eingestellt.

Auf beiden Seiten, auf der mit Bart und *pejeß* und auf der ohne, ist man überzeugt davon, dass die jeweils andere Seite Jiddisch entführt habe. Einige assimilierte Jiddisch Sprechende oder Anhänger der Sprache können im orthodoxen Leben einige Qualitäten der alten *schtetl*-Welt erkennen, die sie bewundern; andere betonen jedoch die bedrückende Abgeschlossenheit jenes Lebens. Sie wehren sich dagegen, dass einige der Ultraorthodoxen so tun, als säßen sie auf einem hohen Ross.

Doch auch die Orthodoxen ihrerseits sehen Fanatismus und Raub im Gange. Bis vor zweihundert Jahren, sagt Heschel, gab es so etwas wie einen säkularen Juden nicht. Alle Juden lebten in Gemeinden, die so aussahen und sich so anhörten wie seine eigene und in die das Sakrale und Weltliche integriert war. Heschel beschuldigt die weltlichen Jiddisch Sprechenden, den gleichen Fehler zu machen wie seine Nachbarn vom Borough Park, wenn sie sich auf Schriftsteller konzentrieren, deren Ansichten ihre eigenen nur bestätigten.

Heschel beklagt, dass heutige Jiddischisten «sich benehmen, als wären Perez und Scholem Alejchem der Anfang und das Ende. Was ist mit dem *Zenerene*, dem Buch für Frauen, mit Gebeten und Geschichten, das vor vierhundert Jahren gedruckt wurde? Was ist mit den *tchines*, den Gebeten der Frauen?»

Er hat Recht. Doch sogar in der «guten alten Zeit» haben die Chassidim nie mehr als die Hälfte der Bevölkerung ausgemacht, und sie lebten, ob sie es wollten oder nicht, Seite an Seite mit weniger religiösen Juden. Heute könnte man Jiddisch als Medium bezeichnen, das verschiedenen Interessengruppen dient und sie miteinander verbindet.

Es ist denkbar, dass die Ultraorthodoxen die Zukunft der jiddischen Sprache bestimmen. Tatsächlich gibt es unter ihnen Leute, die sagen, dass die Zukunft des Judentums bei ihnen liege, da weniger strenge Juden auf Assimilation ausgerichtet seien. Doch eines ist sicher, niemand kann die Zukunft voraussehen. Um die Wahrheit zu sagen: Wir alle betrachten den Kaffeesatz und suchen nach Zeichen.

Isaac Bashevis Singer berief sich auf die Zukunft, als er die oft gestellte Frage beantwortete, warum er in einer sterbenden Sprache schreibe. Singer führte das Beispiel der Wiedergeburt von Hebräisch an und sagte: «Bei Juden ist Auferstehung kein Wunder, sondern eine Gewohnheit.»

Inzwischen versuchen Juden aller Richtungen, die Ewige Flamme am Leben zu erhalten. Selik Akselrod schrieb in seinem Gedicht «Sie sagen mir»: «Jetzt weiß ich den Sinn von all dem ... Aber ich kann es nicht einfach sagen. Manchmal fällt kein Regen vom Himmel. Doch tief in mir hüte ich ein zukünftiges Lied für dich.» Das Gedicht wurde geschrieben, als die Nazis das jüdische

Leben in Wilna stilllegten. Akselrod forderte die Schriftsteller auf, gegen die Schließung der letzten jiddischen Zeitung *wilner emeß* (Wilnaer Wahrheit) zu protestieren. Er wurde verhaftet und ermordet. Sein Gedicht ist geblieben.

Lansky drängt uns, solche kulturellen Erinnerungen zu sammeln und zu bewahren, er stellt die jiddische Literatur in den ewigen Kreislauf von jüdischer Kreativität, von jüdischem Leben und Denken. Er fordert uns auf, die Sprache und ihre Kultur wie andere anerkannte und literarische Epochen zu betrachten, die, obwohl sie zu Ende sind, von Juden noch immer studiert werden und aus denen sie nach Tausenden von Jahren noch immer zitieren. «Jiddische Literatur», erklärt er, «stellt die Frage: ‹Wie leben wir unser Leben als Juden in einer modernen Welt?›» Und er fährt fort: «In typisch jüdischer Art verweigert uns Jiddisch eine allgemein gültige Antwort. Doch es bietet uns einen geeigneten Weg, die Frage zu stellen, und ich denke, das ist genau das, was wir brauchen.»

Es ist verführerisch, sich vorzustellen, was passiert wäre, wenn … Was wäre, wenn alles anders gelaufen wäre? Was wäre aus den großen Zentren Wilna und Warschau heute geworden? Erlauben wir uns, für einen Moment, zu träumen. *Wenn du schon Schweinefleisch isst, dann lass das Fett in deinen Bart rinnen.*

Angesichts der Ambivalenz der Zwischenkriegsjahre kann man sich verschiedene Entwicklungen des Jiddischen vorstellen. Seine Lebendigkeit könnte verschwunden sein. Es könnte sich in eine Ecke ethnischer Nostalgie verkrochen haben, nicht mehr als eine Touristenattraktion in einem Europa, das die alten, trennenden Unterschiede geglättet hat.

Doch auch das Gegenteil wäre möglich. Die jiddischen wirtschaftlichen, politischen und künstlerischen Gemeinden könnten sich gegenseitig gestärkt und Kraft aus der tiefen Quelle der Tradition gezogen haben. Polnische Juden könnten weiter eine reiche und lebendige Kultur auf Jiddisch geschaffen haben. Statt ein Einzelfall zu sein, könnte Lucy Dawidowicz zu einer ersten Welle junger Amerikaner gehört haben, die nach Osteuropa zogen, um an einer dynamischen kulturellen Renaissance teilzuhaben. Und wenn Jiddisch sich in Europa verbreitet hätte, wäre es für spätere Generationen jüdischer Amerikaner viel einfacher, ihre Wurzeln zu finden.

Wir müssen auch an eine Tatsache denken, die uns vielleicht nicht so angenehm ist: Ohne den Holocaust hätte es den Staat Israel mit seiner Phobie vor Jiddisch und dem bitteren Preis für den Aufbau einer Nation vielleicht nie gegeben. Wir bleiben also auf einem Paradoxon sitzen.

Es ist unwahrscheinlich, dass Jiddisch je als weithin gesprochene Sprache wieder auflebt. Aber man kann sich an Jiddisch erinnern. Es kann noch immer Juden miteinander und mit ihrer Vergangenheit verbinden. Es kann Juden und Nichtjuden mit einer der größten, ausdrucksstärksten Traditionen der Welt in Kontakt bringen.

Manchmal kann man eine Person in der Erinnerung mit einer Klarheit und Vollständigkeit erkennen, wie es in den Wirren des Lebens nicht möglich war. Matthew Goodman, der als Erwachsener Jiddisch studierte, beschreibt, wie er darauf kam, eine Sprache zu erlernen, die vor seinen Augen im Sterben begriffen war. Er sah den Tod nicht notwendigerweise als Ende des Lebens an. «‹Hier›, werden wir sagen und unseren Kindern ein Foto hinhalten, ‹du hast sie nie gekannt, aber sie war wunderschön, und wir haben sie sehr geliebt.›» Die Aufgabe der kommenden Jahre wird sein, die Vergangenheit aufleben zu lassen und Jiddisch in die jüdische und allgemein menschliche Geschichte zu integrieren.

Manchmal könnte man, wenn man an jiddischen Konferenzen teilnimmt, an einem Festival oder einem Sprachunterricht, glauben, dass die Sprache und ihre Welt wirklich noch existierten. Konferenzbesucher neigen dazu, außerordentlich begeistert zu sein. In der Intensität der Fragen und Antworten spiegeln ihre Gesichter ihre Erleichterung und ihre Aufregung wider, *a jidische wort* öffentlich ausgesprochen zu hören. In unserem unpersönlichen, homogenen Leben kann uns Jiddisch wie eine Abkürzung zu einem verlorenen Paradies erscheinen. Es ist die Mutter, die *chale* backt, das *schabeß*-Brot. Es ist der Schuster, der sein Werkzeug niederlegt, um eine Stunde lang mit seinen Schusterkollegen zu lernen. Jiddisch zeigt uns, dass es auf dieser Welt nichts Vollkommenes gibt, dass es möglich ist, ein reiches Leben am Rand zu leben. Jiddisch lehrt uns, etwas aus nichts zu machen, und es lehrt uns, wie wir unser eigenes Leben in seiner Fülle definieren und leben können.

Wenn man heutzutage an einem *schabeß* durch Mea Sche'arim oder Borough Park geht, die ultraorthodoxen Viertel von Jerusalem und New York, wird man die fröhliche Ruhe spüren. Familien wandern zwischen *schul* und zu Hause hin und her. Warme Mahlzeiten warten; langsam köchelnder *tscholent*, knusprige *chale*, süßer ritueller Wein. Die Juden besitzen ihr eigenes Stück Welt, und wie die Kinder sagen sie auf Jiddisch, das Leben ist gut. *Für jedes neue Lied kann man eine alte Melodie finden.* Wenn weltliche Juden argumentieren, dass die Ultraorthodoxen einer modernen, allgemeinen Kultur den Rücken kehren, könnte man dagenhalten, dass es den Genius des Jiddischen ausmacht, ein paralleles Universum zu schaffen.

Vielleicht hat Jiddisch deshalb einen mythischen Status bekommen, weil es in seinem Leben in so viele große Schuhe passen musste. Sagen wir es noch einmal: Die jiddische Sprache hatte den Platz all jener Dinge einzunehmen, die sonst der Staat zur Verfügung stellt – offizielle Zentren des Lernens, Rechtssysteme, wirtschaftliche Stabilität, Schutz. Weil sie so viele Zwecke erfüllen musste, kann die Sprache noch immer eine ganze verschwundene Welt heraufbeschwören, das Jiddischland, das nie Wirklichkeit geworden ist. Das mag der Grund sein, warum viele sagen, Jiddisch lasse sich nicht übersetzen. (Meist hört man das von jenen, die es nicht als komplettes Sprachsystem benutzen.) Obwohl keine Sprache erwarten kann, das sich all ihre Idiome, Obsessionen und Eigenarten übersetzen lassen, gibt es etwas, was sich aus dem Jiddischen wirklich nicht übertragen lässt, nämlich das Gefühl einer ganzen Welt, die zerstört worden ist.

Dieses Gedicht Sutzkevers gibt uns eine Vorstellung davon, wie es uns Menschen noch immer gelingt, viel aus wenigem zu ziehen.

Wenn du bleibst
werde ich noch am Leben sein

Wie der Kern einer Pflaume
in sich den Baum trägt

Das Nest und den Vogel
und alles dazu.

Die wenigen allgemein gebräuchlichen jiddischen Wörter sind die Pflaumenkerne für zeitgenössische Juden. Sie haben es geschafft, aus diesen Wörtern, Sätzen, Ausdrücken und Sprüchen in ihrer Vorstellung eine ganze Vergangenheit wieder aufleben zu lassen. Heute brauchen die Juden in den Vereinigten Staaten und in Westeuropa nicht mehr die Wärme und den Schutz der wunderbaren Sprache der Ausgestoßenen. Sie sind, wenn auch nicht immer einflussreiche und mächtige, so doch willkommene Mitglieder der Kulturen, in denen sie leben.

Doch Jiddisch hat noch immer einen besonderen Platz im Herzen der Juden wie der Nichtjuden. Es tat, was Mütter immer für ihre Kinder taten: Es gab ihnen ein Gefühl der Sicherheit, vermittelte zwischen ihnen und der großen, weiten Welt. Auch heute ist seine Rolle nicht anders. So wie der Geist der Mutter in ihren Kindern noch lange nach ihrem Tod lebendig bleibt, ist in uns der jiddische Blick auf die Welt lebendig und zeigt uns, wer wir sind. Die Sprache und die Kultur haben eine Schlüsselrolle in der Entwicklung der modernen Juden gespielt, und durch diese Juden hat diese Sprache auch nichtjüdische Kulturen beeinflusst.

Der Satz, dass kein Teil der menschlichen Gesellschaft für sich allein steht, das Bewusstsein, dass auch der Geringste ermutigt werden muss, nach den höchsten Möglichkeiten zu greifen: das ist Jiddisch. «Lasst uns *mame-loschn* sprechen» bedeutet nicht wörtlich «lasst uns Jiddisch sprechen». Es bedeutet, «lasst uns ehrlich zueinander sein, lasst es uns sagen, wie es wirklich ist.» *Weder Weisheit noch Gebet werden uns helfen, wenn das Blatt nicht gut ist.*

Die große Frage ist, ob das Blatt für Jiddisch heute gut ist oder nicht. Ganz sicher ist die jiddische Sprache in der Geschichte häufig unterschätzt worden. Das Jiddische erwuchs aus einer heiligen Sprache, hat sie aber nie hinter sich gelassen. Es hat sie an einem «warmen Platz» aufbewahrt, schützend, aber zugänglich. Jiddisch blieb offen für benachbarte Sprachen, ohne je das Gefühl für sich selbst zu verlieren. Es nährte ein weit verstreutes, heimatloses Volk. Und sogar sterbend erlaubte Jiddisch der jüdischen Nation, wiedergeboren zu werden.

Wenn ein geliebtes Familienmitglied stirbt, beten Juden: «Möge ihr Leben als Segen erinnert werden. Mögen sie aufgenommen werden in den Bund des Lebens.» Heutzutage dienen jiddische Festivals, Konferenzen und Websites der Wiedererneuerung und Stärkung dieses Bundes. Die Ultraorthodoxen ihrerseits schaffen ebenfalls Formen der Erneuerung.

Das Schicksal der jiddischen Sprache ist zugleich erhaben und tragisch – erhaben dadurch, dass sie tausend Jahre lang im Zentrum einer Kultur stand; tragisch wegen der extremen Kürze ihrer Blütezeit und des ebenso kurzen Verlaufs ihres Niedergangs. Obwohl die große Stärke der jiddischen Sprache und ihres Blicks auf die Welt in ihrer Fähigkeit bestanden hat, Vertrauen und Mut und Hoffnung aus einer Tiefe von Tragik und Verzweiflung zu ziehen, kann meine Hoffnung für die Sprache nur der jiddische Segensspruch sein – *mögen wir uns nur bei glücklichen Anlässen treffen.*

Für eine Sprache, die dem Herzen vieler Menschen so nahe gestanden hat, ist die Zahl der Bücher über die Sprache selbst relativ gering. Die meisten sind scherzhaft zärtlich oder gelehrt, und sie enden oft mit einer Prophezeiung für die Zukunft. Wenn man die alten Bücher liest, mit ihren Vorhersagen dessen, was kommen wird, ist ihr ungebrochener Optimismus verwirrend. Bücher, die in der Zeit nach dem Zweiten Weltkrieg geschrieben wurden, können nicht anders, als das Altern und den Niedergang der Jiddisch sprechenden Bevölkerung festzustellen, aber sie erwarten eine bevorstehende Wende. Und wirklich, wer könnte ihnen das vorwerfen?

Wer hätte sich, trotz der schrecklichen Geschichte der europäischen Juden, die Schläge vorstellen können, von der die jiddische Sprache getroffen wurde? Niemand, der bei klarem Verstand war, hätte die Vernichtung durch den Holocaust oder die stalinistischen Säuberungen vorausgesehen. Niemand hätte ahnen können, wie schnell und mit welcher Begeisterung die Jiddisch sprechenden Amerikaner ihre geliebte Sprache fallen ließen.

Und wenn wir noch weiter zurückgehen, vielleicht tausend Jahre, hätte damals doch niemand geahnt, dass diesem zusammengestoppelten kleinen Dialekt ein so langes, reiches und gesundes Leben bevorstehen würde. Ja, im Moment sehen die Chancen für Jiddisch als eine allgemein verbreitete, gesprochene Sprache ziemlich schlecht aus. Und was die Ultraorthodoxen bewirken werden, bleibt abzuwarten. Doch wie der große fiktive weise Milchmann Tewje auf Jiddisch sagt, wieder einmal in Bezug auf einen hebräischen liturgischen Text: «Es ist, wie wir an Jom Kippur sagen: Der Herr entscheidet, wer auf einem Pferd reitet und wer zu Fuß kriecht. Die Hauptsache ist Hoffnung! Ein Jude muss immer hoffen, er darf nie die Hoffnung verlieren.»

Hoffnung war auch eine machtvolle Kraft in Singers Dankesrede für den Literaturnobelpreis 1978, die er sowohl auf Englisch als auch auf Jiddisch hielt:

Die hohe Ehre, die mir durch die Schwedische Akademie zuteil wurde, ist zugleich eine Anerkennung der jiddischen Sprache – einer Sprache des Exils, einer Sprache ohne Land und ohne Grenzen, nicht getragen von einem Staat; einer Sprache, die keine Wörter kennt für Waffen, Munition, militärische Übungen und Kriegstaktiken; einer Sprache, die von Ungläubigen wie von emanzipierten Juden gleichermaßen verachtet wurde. Die Wahrheit ist: Was die großen Religionen predigten, das wurde von jiddisch sprechenden Menschen in den Ghettos tagein tagaus gelebt. Sie waren im wahrsten Sinn des Wortes das Volk des Buches, der Bibel (...)

Für mich sind die jiddische Sprache und die Lebensart derer, die sie sprachen, identisch. Im Jiddischen finden sich unvergleichliche Ausdrucksformen für fromme Freude, Lebenslust, für die Erwartung des Messias, für Geduld und die Würdigung des menschlichen Individuums. Es gibt einen stillen Humor im Jiddischen, eine Dankbarkeit für jeden Tag des Lebens, für jedes bißchen Erfolg, jeden Funken Liebe. Die jiddische Mentalität ist nicht hochmütig, sie nimmt den Sieg nicht als etwas Selbstverständliches. Sie fordert nicht und befiehlt nicht, sie windet sich durch, sie gibt klein bei, schmuggelt sich in die Mächte der Zerstörung ein – und weiß, daß Gottes Schöpfung noch immer ganz am Anfang steht (...)

Das Jiddische hat noch längst nicht sein letztes Wort gesprochen; es enthält Schätze, die der Welt erst noch vor Augen geführt werden müssen. Es war die Sprache der Märtyrer und Heiligen, der Träumer und Kabbalisten – reich an Lebenskraft, Humor und an Erinnerungen, die die Menschheit nie vergessen wird. Das Jiddische ist im übertragenen Sinn die weise und demütige Sprache unser aller, die Sprache der entsetzten *und* hoffnungsvollen Menschheit.

Glossar

Der sorgsame Leser wird feststellen, dass dasselbe jiddische Wort in verschiedenen Schreibweisen existiert. Wir sollten die Orthographie der Sprache als Teil ihrer größeren Geschichte akzeptieren. Da das Jiddische genau so gesprochen wird, wie man es schreibt, ist eine Umschrift ziemlich unproblematisch. Nur um zwischen stimmlosem und stimmhaftem s unterscheiden zu können, wurde für das scharfe stimmlose s die Form des ß gewählt – sogar am Wortanfang.

Das Wort am Satzanfang, Namen und Eigennamen sowie bestimmte, als heilig geltende Wörter werden großgeschrieben. Anführungszeichen gibt es in der Regel nicht, getrennt werden kann an jeder beliebigen Stelle. Aus anderen Sprachen – Ausnahme: Hebräisch – übernommene Begriffe werden ebenfalls so geschrieben, wie man sie spricht.

Für die Aussprache gelten ein paar einfache Grundregeln.

Das r wird, wie im Italienischen und Spanischen oder auch im Russischen und Polnischen, immer mit der Zunge gerollt, das ch ist stets guttural. Einen Laut wie in dem deutschen Wort ‹Dichter› gibt es im Jiddischen nicht. Es kennt auch keine Umlaute, dafür aber bei den Diphthongen zusätzlich das ej. Für das deutsche ei wie in ‹Meinung› oder ‹Maid› steht daher im Jiddischen stets aj, um Verwechslungen der beiden Diphthonge zu vermeiden. Ein i oder j lässt den vorangehenden Konsonanten etwas weicher klingen.

Die Vokale sind klar, aber grundsätzlich kurz, a wie in Matte, e wie in Mette, i wie in Mitte, o wie in Motte und u wie in Mutter. Anders als im Deutschen existieren bei identischer Schreibweise nicht zwei unterschiedliche Aussprachen, wie ‹Weg› und ‹weg›. Bei den Vokalen gibt (oder gab) es allerdings große regionale Unterschiede, auf die hier nicht weiter eingegangen werden kann.

Was das Jiddische für deutsche Ohren vor allem so anders und fremd klingen lässt, ist die so genannte Ligatur, wie sie beispielsweise auch die südamerikanischen Varianten des Spanischen kennen: Die Worte werden miteinander verbunden ausgesprochen und nicht wie im Deutschen mit einer ganz kurzen Pause bzw. einem winzigen Knacklaut. Dadurch wirkt die Sprache melodiöser, fast ein wenig singend. Wer Polnisch oder Russisch kann oder den ostpreußischen Dialekt beherrscht, wird kaum Schwierigkeiten haben, sich die jiddische Sprachmelodie anzueignen.

aba (hebräisch) Vater
af, ojf (auf, in)
alef bejß (hebr.: alef bet) Alphabet (buchstäbl. a, b)
ale alle
alter alt
am israel (hebr.)Volk Israel
ascher-jozer-papir Toilettenpapier
aschkeneser Aschkenase, deutscher Jude
Awro'm ovinu (hebr.: Awraham avinu) Abraham unser Vater
balebuste (hebr.: ba'alat ha-bait) Hausfrau
bank-kaßir Bankkassierer
bentschn segnen, hier: Dankgebet nach dem Essen
bes Flieder
beßer besser
blinze Pfannkuchen
bobe (bube) Großmutter
bobe (bube) majße Großmuttergeschichten, Ammenmärchen
brojt Brot
bulbe Kartoffel
bund Bund, Vereinigung
chale (hebr.: challa) rituelles Brot, Weißbrotzopf
chaljastre Bande
chanuke Chanukka, Fest, an dem der Sieg der alten Juden über die Römer gefeiert wird
Chassid, pl. Chassidim Frommer, Orthodoxer
chawer (hebr.) Freund
cheder (hebr.) Elementarschule (wörtl. Zimmer, Raum)

chumesch (hebr.: chamesch) die fünf Bücher Mose
churbn, chorbones (hebr.: chorban) Zerstörung
chuzpe (hebr.: chuzpa) Frechheit
derech (hebr.) Weg
dinschtik Dienstag
dokejt Hiersein, Anwesendsein
donerschtik Donnerstag
driter dritte, dritter
eder eher, lieber
eijfer (hebr.) Asche
emeß (hebr.: emet) Wahrheit
erew (hebr.) Abend; hier: Vorabend (jüdische Feiertage beginnen mit dem Sonnenuntergang)
Erez Israel (hebr.) Land Israel
fargojischt assimiliert
farsogerin Übersetzerin
farwuß warum
fejgele kleiner Vogel
ferdlech kleine Pferde
folkschul Volksschule
forwerts vorwärts
fotografje Fotografie
frajhejt Freiheit
frajnt Freund
gan eden (hebr.) Garten Eden
ganef (hebr.: ganaw) Dieb
gasolin Benzin
gass Gasse, Straße
gimnasjum höhere Schule
glesele kleines Glas
goj Nichtjude
gojisch nichtjüdisch
goldene medine (hebr.: medina – Land) goldenes Land

goleß (hebr.: Galut) Exil, Diaspora

gotnju lieber Gott

griner Greenhorn, Neuling

haggada (hebr.) Buch, in dem der Auszug der Juden aus Ägypten beschrieben ist, wird am Sederabend vorgelesen

harz Herz

harzik herzlich

haßkole (hebr.: haskala) Aufklärung

hejm Heim

hojsfrajnt Hausfreund

hored, harejdim (hebr.: charad, charadim) (Gottes)fürchtige

hos Hase

iberlebung Überleben

internets Internet

iwriim (hebr.) Hebräer

iwrit Hebräisch

iwri-tajtsch stilisiertes altes Jiddisch, z. B. bei der Übersetzung sakraler Texte

jaldi (hebr.) mein Kind

jente eifrige Person, Wichtigtuerin

jerusche (hebr.: jeruscha) Erbe

jeschiwe (hebr.: Jeschiwa) talmudische Hochschule

jeschiwe bocher Student an einer Jeschiwa

jid Jude

jideln jüdisch-deutscher Dialekt

jidischkejt Jüdischkeit; die ganze Judenheit

jidischtajtsch Judeo-Deutsch

jisker (hebr.: jiskor) Gebet für die Toten

jisker buch Gedenkbuch (für die verlorenen Gemeinden)

jor Jahr

judenteutsch Jüdisch-Deutsch

junge Jugendliche

kadime (kadima) vorwärts, los; auch: ostwärts

kantor Sänger bei Gottesdiensten

kasche Brei

kehile (hebr.: kehila) Gemeinde

kejt Kette

kest Kost; bei Juden die Verpflichtung des Schwiegervaters, auf eine gewisse Zeit für die Kost der jungen Familie aufzukommen, damit der junge Ehemann Zeit zum Studium der Tora hatte

klesmer (hebr.: klej semer – Musikinstrument) Musik, Musikant

kol mewaßer (hebr.) eine verkündende Stimme

kol mit waßer Kohl mit Wasser

Kol Nidre ernstes Gebet am Jom Kippur, dem Versöhnungstag

kompjuter Computer

kowed (hebr.: kawod) Ehre

kulturjudn kulturbeflissene Juden

kumsiz Zusammensein (oft an einem Lagerfeuer)

landsman Landsmann

landsmanschaft Organisation von Menschen, die aus demselben Gebiet stammen

latke, latkes Pfannkuchen
legaler jontef (hebr.: jom tow –
Feiertag) legaler oder säkularer Feiertag
loschn (hebr.: laschon) Sprache,
Zunge
loschn aschkenas Sprache der
aschkenasischen Juden
loschn kojdesch die heilige Sprache (= Hebräisch)
machsor (hebr.) Gebetbuch für
die Feiertage
mame-loschn Muttersprache
margeritke Gänseblümchen,
Margarite
maskil, pl. maskilim (hebr.) Aufklärer
mechaje (hebr.: mechaja) Freude,
Vergnügen
megile (hebr.: megila) Rolle;
vor allem die Purim-
Geschichte
mejwn, mejwinim (hebr.: mewin,
mewinim) Sachverständiger,
Experte
mentele Tuch, mit dem die Torarollen eingehüllt werden
mentsch Mensch
mer Karotte; auch: mehr
meschuga'ß Verrücktheit
meschugener Verrückter
meßakn (hebr.: metaken) fortge-
schritten
mikwe (hebr.: mikwa) rituelles
Tauchbad
milchiker Milchmann (wörtl. der
Milchige)
milon (hebr.) Wörterbuch

minche (hebr.: mincha) Nachmittagsgebet
mischpoche (hebr.: mischpacha)
Familie
mizwe (hebr.: mizwa) gute Tat,
religiöse Vorschrift
mojel, mojlim (hebr.: mohel,
mohalim) Beschneider
montik Montag
moschiach (hebr.: maschiach)
Messias
motozikl Motorrad
nasch eine kleine Menge essen
nichter nüchtern
nign, nigunim (hebr.: nigun, nigunim) Melodie
ober aber
ojneg schabeß (hebr.: oneg schabat) Schabbatfreude
ojrech (hebr.: oreach) Gast
on ohne
owent Abend
papir Papier
pejeß (hebr.: peot) Schläfenlocken
pilpl (hebr.: pilpul) spitzfindige
Argumentation, Frage und
Antwort
pintele jid ein Funken Jude
(wörtl. ein Pünktchen Jude)
Pojln, Pojlin Polen
pripetschik Ofen, Herd
Purim wörtl. Lose; üblich für ein
Fest, an dem die Rettung der
Juden im alten Persien gefeiert
wird
purimschpil Theaterstück, das an
Purim gespielt wird

rebe (hebr.) Rabbi
rebezn die Frau des
Rabbiners
rojs Rose
Rosch Haschone (hebr.: Rosch
ha-Schana) jüdisches Neu-
jahrsfest
rugelech Hörnchen (aus Hefe-
teig)
saftik saftig, drall
sajn sein
samar (hebr.) singen
samler Sammler
schabeß (hebr.: schabat) Schabbat
schalachmoneß (hebr.: schalach
manot) Geschenke, die man
an Purim gibt
schargon Jargon
schiker (hebr.: schikor) betrunken
schlemil (hebr.: schelumi'el –
der nichts taugt. 4. Mos. 1,6)
Schlemihl, Unglücksrabe
schleper Vagabund, Herumstreu-
ner
schlepn ziehen
schlimasl (hebr.) unglückliche
Person, Unglück, Pech
schmok Schwanz, Penis; auch:
Taugenichts
schnorer Schnorrer, Bettler
schojfer (hebr.: schofar) Widderhorn, das am Neujahrsfest
geblasen wird
schpil Spiel, Theaterstück
schpilmener fahrende Sänger,
Musikanten

schtetl kleine Stadt, Städtchen
schtik Stück
schtikl kleines Stück
schtot Stadt
schwue (hebr.: schwu'a) Schwur,
Eid
seder (hebr.) rituelles Pessach-
Essen, an dem die ganze
Familie und Gäste teilneh-
men
shtrossers Surfer (im Internet)
simcheß tojre (hebr.: simchat
tora) Simchat Tora, Fest zu
Ehren der Tora
soldaske soldatisch
suntik Sonntag
swetschop (amerik. sweatshop)
Ausbeutungsbetrieb
ta'm (hebr.: ta'am) Geschmack
tajere teure, geliebte
take so
tchine (hebr.: tchina, Flehen)
Frauengebet
tej Tee
tismoret (hebr.) Orchester
tog Tag
togblat Tageblatt
tojt tot
tscholent – Eintopf mit Fleisch
und Bohnen
un und
wajbertajtsch alte jiddische
Drucktype
warhejt Wahrheit
weltlech kleine Welten
wi wie
wort Wort
wu den? wo sonst

wus machst? Wie geht's? (Wörtl.
Was machst du?)
zadek (hebr.: zadik) Gerechter,
weiser Mann
zajt Zeit

zenerene (hebr.: Ze'ena ure'ena)
Buch für Frauen mit Bibelkommentaren
zwejter zweiter
zwi Hirsch

Bibliographie

Aleichem, Shalom: *Tewje, der Milchmann.* Leipzig, 1995
Eine Hochzeit ohne Musikanten. Erzählungen. Frankfurt a. M.,
1988
*Fünfundsiebzigtausend (75000) und andere Geschichten um Gott,
Geld und Glück.* Leipzig, 1997
Ben-Avi, Itamar: *Avi (My Father).* Jerusalem, 1927
Ben Yehuda, Eliezer: *A Dream Come True.* Boulder, 1993
Brenner, Michael: *Nach dem Holocaust.* München, 1995
Cahan, Abraham: *The Rise of David Levinsky.* New York, 1917
Davidowicz, Lucy: *From That Place and Time.* New York, 1989
Deutscher, Isaac: *The Non-Jewish Jew.* Oxford, 1968 (dt.: *Der nichtjü-
dische Jude.* Hamburg, 1988)
Eliach, Yaffa: *There Once Was a World.* Boston, 1998
Faitelson, Aleks: *Heroism and Bravery in Lithuania, 1941–1945.* New
York, 1996 (dt.: *Im jüdischen Widerstand.* Zürich, 1998)
Fishman, Joshua A.: *Yiddish: Turning to Life.* Philadelphia,
1991
Frieden, Ken: *Classical Yiddish Fiction.* Albany, 1955
Gitelman, Zvi: *A Century of Ambivalence: The Jews of Russia and the
Soviet Union.* New York, 1988
Goldsmith, Emanuel S.: *Modern Yiddish Culture: The Story of the Yid-
dish Language Movement.* New York, 1997
Greenspoon, Leonard Jay: *Yiddish Language and Culture Then and
Now.* Omaha, Neb., 1998
Gutman, Yisrael: *The Jews of Poland Between Two World Wars.* Hano-
ver, N. H., 1989
Harshav, Benjamin: *Language in Time of Revolution.* Berkeley, Los
Angeles, 1993 (dt.: *Hebräisch. Sprache in Zeiten der Revolution.*
Frankfurt, 1995)
Howe, Irving/Greenberg, Elizier: *Ashes Out of Hope: Fiction by Soviet-
Yiddish Writers.* New York, 1977
Howe, Irving/Wisse, Ruth R./Shmeruk, Kone: *The Penguin Book of
Modern Yiddish Verse.* New York, 1987
Kramer, Aaron: *A Century of Yiddish Poetry.* New York, 1989

Kugelmass, Jack/Boyarin, Jonathan: *From a Ruined Garden.* New York, 1983

Kumove, Shirley: *Words Like Arrows: A Collection of Yiddish Folk Sayings.* New York, 1985 (dt.: *Ehrlich ist beschwerlich.* Jiddische Spruchweisheiten. Berlin, 1992)

Laqueur, Walter: *A History of Zionism.* New York, 1972 (dt.: *Der Weg zum Staat Israel.* Wien, 1985)

Levi, Primo: *Die Untergegangenen und die Geretteten.* München, 1990, 2002
Ist das ein Mensch?. München, 1988, 2002
Die Atempause. München, 1988, 2002

Levin, Dov: *Fighting Back: Lithuanian Jewry's Armed Resistance to the Nazis, 1941–1945.* New York, 1985

Lötzsch, Ronald (Hrsg.): *Jiddisches Wörterbuch.* Mannheim, 1992

Meir, Golda: *My Life.* New York, 1975 (dt.: *Mein Leben.* Hamburg, 1982)

Mlotek, Eleanor Gordon: *Mir trogen a gezang!.* New York, 1987

Omer, Dvorah: *Rebirth: The Story of Eliezer Ben Yehuda and the Hebrew Language.* Philadelphia, 1973

Passow, David: *The Prime of Yiddish.* Jerusalem, 1996

Peretz, I. L.: *Selected Stories.* New York, 1973

Pinker, Steven: *The Language Instinct.* New York, 1994 (dt.: *Der Sprachinstinkt.* München, 1996)

Ringelblum, Emanuel: *Notes from the Warsaw Ghetto.* New York, 1958

Roskies, Diane K./Roskies, David: *The Shtetl Book.* New York, 1975

Rosten, Leo: *Jiddisch. Eine kleine Enzyklopädie.* München, 2002

Sapoznik, Henry: *The Compleat Klezmer.* Cedarhurst, N. Y., 1987

Singer, Isaac Bashevis: *In My Father's Court.* New York, 1966 (dt.: *Mein Vater der Rabbi.* Reinbek, 1971)
Lost in America. Garden City, N. Y., 1981 (dt.: *Verloren in Amerika.* München, 1983)
Antwortrede auf die Verleihung des Nobelpreises. Lachen bei Zürich, 1978

Singer, Israel Joshua: *Of a World That Is No More.* New York, 1970 (dt.: *Von einer Welt die nicht mehr ist.* München, 1991)

Sutzkever, Aaron: *A. Sutzkever.* Berkeley, Los Angeles, 1991

Touster, Saul: *A Survivors' Haggadah.* New York, 1998

Waife-Goldberg, Marie: *My Father, Sholom Aleichem.* New York, 1968

Weinberg, Robert: *Stalin's Forgotten Zion.* Berkeley, Los Angeles, 1998
Weinreich, Max: *History of the Yiddish Language.* Chicago, 1980
Weizman, Chaim: *Trial and Error.* New York, 1950
Wolf, Siegmund A.: *Jiddisches Wörterbuch.* Hamburg, 1986, 2002
Zborowski, Mark/Herzog, Elizabeth: *Life Is With People: The Culture of the Shtetl.* New York, 1952 (dt.: *Das Schtetl. Die untergegangene Welt der osteuropäischen Juden.* München, 1991)
Zucker, Sheva: *Yiddish: An Introduction to the Language, Literature and Culture.* New York, 1994

Register

345

346

Singer, Batsheba 61
Singer, Isaac Bashevis 11, 13,
53ff., 57ff., 70, 162f., 178, 180,
191f., 196f., 199, 213, 256,
259f., 295, 326, 332
Singer, Israel Joshua 13, 53f., 58f.,
174, 178, 196, 213, 256
Singer, Pinchas Menachem 54, 59,
196
Sowjetunion 113, 122, 124f.,
129f., 134, 137, 140f., 183,
191, 238, 246, 254, 256, 267,
270ff., 276, 278, 280, 284,
295f., 299–307, *siehe auch*
Russland
Spanien 32, 156, 284, 308
Soyer, Raphael 260
Stalin, Jossif 127, 129, 133, 137,
142f., 271–275, 278f., 300f.
Straschun, Mattityahu 206, 219,
246
Südafrika 104, 111, 165, 248, 324
Südamerika 98, 165, 248
Suskin, Binjamin 278
Sutzkever, Abraham 5, 13, 185,
220, 246f., 272f., 289, 291, 330

Talmi, Leon 277
Tarnogrod (Ukraine) 239f.
Tel Aviv 160, 162, 241, 258, 284,
304, 306, 308
Telushkin, Devora 162
Teumin, Emilia 278
Tolstoi, Lev 264
Toronto 315
Treblinka (Polen) 226
Trotzki, Leo 115, 120, 174
Troyes (Frankreich) 35
Tschechoslowakei 186
Tschernin, Welwl 301f.
Türkei 112, 150
Turkow, Jonas 223
Tuwim, Julian 200

Uganda 100
Ukraine 42, 47, 73, 119, 122f.,
133, 254, 271, 302, 304

Ulpis, Antanas 299
Uman (Ukraine) 304
UNESCO 295
Ungarn 261

Vanzetti, Bartolomeo 190
Vereinte Nationen 295
Vereinigte Staaten von Amerika
26, 95, 98, 119, 122, 163, 166,
168ff., 180, 192, 199, 200, 239,
250ff., 254, 256f., 259ff.,
264–267, 272, 291, 301, 305,
314, 323f.
Verne, Jules 86
Versailles 11, 111

Waife-Goldberg, Marie 88f., 96
Wajnberg, Jojsef 232
Warschau 149, 185, 189ff., 193,
196, 208f., 211, 220, 222, 226,
269, 271, 327
Watenberg, Ilja 278
Watenberg-Ostrowskaja, Chaika
278
Weinreich, Max 13, 20, 206–213,
252f., 265, 291, 316
Weinreich, Uriel 253, 297
Weißrussland 122f., 302
Weizman, Chaim 147, 213
Wien 43, 110, 208, 241
Wilna (Litauen) 47, 99, 114, 118,
167, 183, 190, 199, 206f., 211,
213, 219, 246f., 253, 271, 289,
299f., 319, 327
Wise, Ruth 317
Worms 11, 38

Yarmolinsky, Avraham 122, 127
YIVO 11, 202, 247, 252, 263,
297, 300, 312, 314, 322, 325

Zamenhof, Ludwik Lazarus 98
Zionisten 11, 99, 108, 158, 183,
190, 213, 242, 282, 308
Zolatorevsky, Isaac 19
Zypern 100

Websites

Das Internet ändert die Natur der jiddischen Gemeinde. Die folgenden Websites sollen eine Vorstellung des gegenwärtigen kulturellen Interesses an Jiddisch geben und auf detaillierte Informationen hinweisen.

Der Bay www.derbay.org

Mendele http://shakti.trincoll.edu/~mendele

National Center for Jewish Film www.jewishfilm.org

National Yiddish Book Center www.yiddishbooks.com

The Spoken Yiddish Language Project at Columbia University
www.columbia.edu/cu/cria/Current-projects/Yiddish/yiddish.html

Virtual Shtetl www.ibiblio.org/yiddish/shtetl.html

Yiddish Theater Digital Archive Project at New York University
www.yap.cat.nyu.edu

YIVO www.yivoinstitue.org

Zemerl, eine Datenbank jüdischer Lieder
www.princeton.edu:80/zemerl

Danksagung

Mein erster Dank gilt meinen beiden engsten Mitstreitern: Sally Brady, meiner Agentin und Betsy Seifter, Lektorin und Freundin.

Besonders danken möchte ich auch meinem Lektor, Alan Lelchuk, und Chip Fleischer, meinem Verleger, sowie Kristin Camp, Stephanie Carter, Robin Dutcher und Helga Schmidt für ihre Mitarbeit.

Für die umfangreiche und humorvolle Hilfe bei Fragen zum Jiddischen gebührt Rabbi Myron Geller ein großer Dank; ebenso Aaron Lansky und Dr. Mordkhe Schaechter, die mich von Beginn an ermutigten und an dieses Buch glaubten.

Die Unterstützung des YIVO-Instituts hat mir die Arbeit sehr erleichtert. Deshalb danke ich Dina Abramowicz, Aviva Astrinsky, Erica Blankstein, Nikolai Borodulin, Paul Glasser, Abraham J. Heschel, Batya Kaplan, Herbert Lazarus, Yeshaya Metal und Yankl Salant für ihre Hilfe.

Darüber hinaus danke ich Sidney Belman, Arthur Z. Berg, Irwin Block, Evy Blum, David Braun, Camp Kinderland, Charles Cutter, Joshua Fishman, Ronnie Freidland, Lewis Glinert, Barry Goldstein, Susannah Greenberg, Marjorie Schonhaut Hirshan, Miriam Isaacs, Janos Kobanyai, Fishl Kutner, Curt Leviant, Stephen C. Levinson, Deborah Dash Moore, Bogna Pawlisz, Rakhmiel Peltz, Harriet Reisen, Robert Rothstein, Joshua Rubenstein, Boris Sandler, Betty Silberman, Jessica Singer, Anna Smulowitz, Mark Southern, Kobi Weitzner, Selma Williams, Gershon Winer, Seth I. Wolitz, sowie Mimi Krant und Sharon Pucker Rivo vom National Center for Jewish Film und der Yiddish-Gruppe der Woodbridge-Altersresidenz.

Der größte Dank schließlich gehört meiner Familie; meinen Kindern, Mirka und Eli, und vor allem meinem Ehemann, Peter Feinstein.

Quellenverweise